东欧戏剧先锋导演 20 杰

——铁幕降落 30 年之后

［保加利亚］卡莉娜·斯蒂芬诺娃，［美］马文·卡尔森　主编

上海戏剧学院外国戏剧研究中心翻译组　译

中国戏剧出版社
CHINA THEATRE PRESS

图书在版编目（CIP）数据

东欧戏剧先锋导演20杰 : 铁幕降落30年之后 / （保）卡莉娜·斯蒂芬诺娃，（美）马文·卡尔森主编；上海戏剧学院外国戏剧研究中心翻译组译 . -- 北京 : 中国戏剧出版社，2024.2（2024.12重印）

书名原文：20 Ground-Breaking Directors of Eastern Europe

ISBN 978-7-104-05427-6

Ⅰ. ①东… Ⅱ. ①卡… ②马… ③上… Ⅲ. ①戏剧—导演—列传—东欧 Ⅳ. ①K835.157.8

中国国家版本馆CIP数据核字（2023）第204152号

Translation from the English language edition: *20 Eastern European Theatre Directors*, edited by Kalina Stefanova and Marvin Carlson, Copyright © The Editors, under exclusive license to Springer Nature Switzerland AG, part of Springer Nature 2020. All Rights Reserved.

本书翻译自英文版《20位东欧戏剧导演》，由卡莉娜·斯蒂芬诺娃和马文·卡尔森主编，版权归主编所有，独家许可给施普林格·自然（瑞士）版权所有。

All rights reserved. No part of this book may be reprinted or reproduced or utilised in any form or by any electronic, mechanical, or other means, now known or hereafter invented, including photocopying and recording, or in any information storage or retrieval system, without permission in writing fromthe publishers.

本书中文简体译本版权为上海戏剧学院所有，由中国戏剧出版社独家出版。未经出版方书面许可，不得以任何形式或任何电子、机械或其他方式（无论是已知还是今后发明的，包括复印和录制），或者在任何信息存储和检索系统中，重新印刷、复制或使用本书的任何部分。

北京市版权局著作权合同登记号 图字：01-2023-4961

东欧戏剧先锋导演20杰：铁幕降落30年之后

责任编辑：肖　楠　齐　钰
责任印制：冯志强

出版发行：中国戏剧出版社

出 版 人：樊国宾
社　　址：北京市西城区天宁寺前街2号国家音乐产业基地L座
邮　　编：100055
网　　址：www.theatrebook.cn
电　　话：010-63385980（总编室）　010-63381560（发行部）
传　　真：010-63381560

读者服务：010-63381560
邮购地址：北京市西城区天宁寺前街2号国家音乐产业基地L座

印　　刷：北京九州迅驰传媒文化有限公司
开　　本：787mm×1092mm　1/16
印　　张：17.75
字　　数：278千字
版　　次：2024年2月　北京第1版第1次印刷
　　　　　2024年12月　北京第1版第2次印刷
书　　号：ISBN 978-7-104-05427-6
定　　价：128.00元

版权专有，违者必究；如有质量问题，请与出版社联系调换。

序一
改变人生的东欧戏剧

[保加利亚] 卡莉娜·斯蒂芬诺娃* 著

艾菲 译

"有一天,我读了一本书,于是我的整个人生都改变了。"① 这是土耳其诺贝尔奖获得者奥尔罕·帕慕克(Orhan Pamuk)的小说《新生活》开篇第一句话。接着,他描述了这本书的能量是如何强烈地袭裹了他的灵魂,以至于觉得自己的身体都好像与他阅读时坐着的那把椅子分离了。与此同时,他又依然锚定在上面,身体的每个细胞都感受到这本书所产生的影响,不仅冲击着他的灵

---

* [保加利亚] 卡莉娜·斯蒂芬诺娃(Kalina Stefanova),已出版16本书,其中14本为戏剧类书籍,部分在纽约、伦敦和弗罗茨瓦夫(Wroclaw)发行,另外两本小说在九个国家出版,仅在中国就有两个版本。纽约大学(The New York University)富布赖特访问学者,南非开普敦大学(The University of Cape Town)、日本明治大学(Meiji University)和中国上海戏剧学院等院校的访问学者。2016年被聘为武汉大学艺术学院客座特聘教授,同时担任武汉大学中国艺术批评专项基金项目特聘研究员。曾担任国际戏剧评论家协会(Congress of the International Association of Theatre Critics)副主席(2001/2006)及该协会研讨会主任(2006—2010)。2007年在加拿大斯特拉特福艺术节(The Stratford Festival of Canada)上担任编剧,制作了由姆拉登·基谢洛夫(Mladen Kiselov)执导的大卫·埃德加(David Edgar)广受好评的作品《五朔节》(*Pentecost*)。自2001年起,卡莉娜定期担任欧盟委员会(The European Commission)文化和教育项目评估专家,目前她任教于保加利亚索菲亚国家戏剧电影艺术学院(The National Academy for Theatre and Film Arts)。

① Orhan Pamuk, *The New Life* (London: Macmillan Publishers, 2014), p.4.

魂，而且冲击着所有使他成其为自己的东西。

这正是我在观看那些收录在本书中的导演们的许多作品时的感受。他们的影响是如此之大，仿佛光线从舞台上喷射而出，炽烈的光芒让我心神眩晕，但又赋予其极致的清澈——我在这里仅仅是对帕慕克的话稍做一番演绎。他在书里这样写道："这是那种我可以在其中重塑自己的光；我会在这种光中迷失方向；在光中我已经感觉到某种存在的阴影，一种我还得去认识和拥抱的存在。"[1]

我清楚地记得所有这些遭遇，当我坐在观众席里渴望着体验舞台上崭新的现实时，我几乎已经意识不到自己正在看戏，并且我的整个人生都跟着舞台上的每一分钟改变着（我只是再一次稍稍地对帕慕克的话进行演绎）。此外，这些演出作品让我感觉到不仅是我自己的人生发生了变化，而且我周围的整个世界也在发生变化，就像帕慕克随后在他的文章中描述的人物所感受到的那样。

帕慕克俏皮地引用了诺瓦利斯（Novalis）的话作为他这本书的箴言："其他人即使听过同样的故事，但并没有经历过任何类似的事情。"[2] 我所提及的戏剧并非如此。我敢说，戏剧不仅对我，而且对无论是东欧的还是东欧以外的许多人，都产生了足以改变人生的影响。

例如，倘若你看过立陶宛已故导演埃蒙塔斯·涅克罗修斯（Eimuntas Nekrošius，1952—2018）的《哈姆雷特》[3]，你又怎能忘记那个冰块的场景呢？当父亲的鬼魂脱下哈姆雷特的鞋子，一边用冰块擦拭着他那双赤脚和双手，一边告诉他发生了什么时，丑陋的真相也就变得极其贴近字面意义上的毛骨悚然。然后，哈姆雷特把冰块砸碎，发誓要报复那把从冰块中心迸出的匕首，匕首掉入摇椅的火焰上面，那火是他父亲在离开舞台前点燃的。所有这一切都暴露在无所不在的细雨和寒冷之中，仿佛渗透到周围世界的每一根纤维之中⋯⋯

抑或是由波兰人扬·克拉塔（Jan Klata）执导的《哈姆雷特》——《H.》[4]，

---

[1] Orhan Pamuk, *The New Life* (London: Macmillan Publishers, 2014), p.4.
[2] 同上。
[3] 该剧于1997年在艺术堡垒（Meno Fortas）剧院上演。
[4] 该剧于2004年在威布里兹（Wybrzeże）剧院上演。

其中与之异曲同工的一个令人毛骨悚然的场景是，奥菲莉亚跌落在格但斯克造船厂边的运河之中，哈姆雷特和雷欧提斯在刺耳的警笛和救护车呼叫声中跳下去，把她捞上来。这部戏中如此多的历史层面和不同的参照交织在一起，让人印象深刻。从 42A 号仓库的表演空间——曾经是团结工会和渴望自由的象征，如今空无一人，破败不堪，代表着"波兰痛苦的过去、令人失望的存在和不确定的未来"①——到哈姆雷特和霍拉旭在打涡轮高尔夫游戏，父亲的鬼魂穿着 18 世纪的轻骑兵服装，骑着马，庄严地走进大楼；从宫廷里自命不凡的法语、品尝加胡椒的葡萄酒（这是当今波兰新富们的爱好）、白色条纹乐队（The White Stripes）音乐，以及在某种真人秀中表演的"生存还是毁灭"的多个版本，到哈姆雷特手中的《圣经》，暗示着对"复仇还是宽恕"这一主要两难困境的解读……

或者是另一个立陶宛人奥斯卡拉斯·科索诺瓦斯（Oskaras Koršunovas）的《哈姆雷特》②的开场：黑暗的舞台上，九张化妆桌上的镜子中有九张脸的九个映像，还有先是以几乎听不见的低声回响，然后以九种声音逐渐加强的"你是谁"③的问题。演员们背对着我们坐着，凝视着自己，询问着自己，作为观众的我们亦是如此，因为我们同样映照在镜子里面。这些化妆间里的桌子，也是演员们围着它们旋转的唯一场景道具，会变成一张停尸桌，上面将躺着父亲的尸体，他会告诉哈姆雷特真相，可下一分钟他就会变成克劳狄斯（一个演员先是对着镜子说话，接着直接对着哈姆雷特说话）；它们还会变成"挂毯"，法庭将在"挂毯"后面见证哈姆雷特和奥菲莉亚十分真实的接吻，然后又变成屏幕，变成现世与来世的边界……这些镜子不仅仅是为了照鉴，更是"我们内心真实的捕鼠器"④，也就是灵魂的镜子，这样的场景怎么会不令人印象深刻呢？

---

① Alexandra Sakowska, "The Politics of Space—Jan Klata's H. at Gdansk Shipyard, Warehouse 42A," *Romanian Shakespeare Journal*, issue 1, 2013, p. 98.

② 该剧于 2018 年在 OKT（Oskaras Koršunovas Theatre）剧院上演。

③ 在立陶宛语的《哈姆雷特》译本中，霍拉旭问鬼魂道："你是谁？"实际上，在一些东欧语言里，这代表着"谁在那里"的意思。

④ Oskaras Koršunovas, https://www.okt.lt/spektakliai/hamletas/ (accessed 22 March 2020).

或者是捷克人丹尼埃尔·什皮纳尔（Daniel Špinar）对这部戏所作的惊人的现代的诠释①，他那天马行空的想象一贯地具有逻辑性，有时甚至展现出超现实的风格。在这部戏里，哈姆雷特与霍拉旭合二为一后被鬼魂附体：灯光闪烁之际，一扇门自动打开，哈姆雷特陷入迷狂状态，用另一种声音说话，之后，精神错乱之中，他用自己的血在类似博物馆的玻璃柜上写着父亲的遗言（通常该剧在此处使用的道具有：几柄剑、一只头颅骨、一套骑士铠甲）。在这部戏中，疯狂的奥菲莉亚俨然一个街头妓女，这样的场面定会让你心痛：她半裸着身子，穿着一件过大的男式夹克，脸上胡乱涂抹着口红，大声叫着，咯咯地笑着，一边还在用话筒自慰着。之后，我们看到她坐在另一个类似博物馆的玻璃柜里玩着泥巴。柜子又长又窄，上面写着"死者遗骸"。"这是谁的坟墓？"哈姆雷特一边问一边从大玻璃柜里出来，玻璃柜同时就变成了他的牢笼——疯人院。"我的。"奥菲莉亚答道。在坟墓场景的对话中，哈姆雷特坐在奥菲莉亚的身旁，两个人像孩子一样互相扔掷泥巴，而当奥菲莉亚把脏头发拨到后面的时候，哈姆雷特才认出她。哈姆雷特震惊得几乎呕吐，他又退回到玻璃柜子里——这个场景就像两个柜子里面装着两件令人沮丧的"展品"。当他在说有关河流和柳树的台词时，奥菲莉亚朝玻璃柜弯下腰，"溺水"并躺下，代表她真的回到了坟墓里。"我看过几十个不同版本的奥菲莉亚，"捷克评论家理查德·埃姆尔（Richard Erml）说道，"但还是必须去亲身体验一下祖扎娜·奥努弗拉科娃（Zuzana Onufrakova）扮演的这个角色——不过风险自己承担。"②

在这部《哈姆雷特》中还有一个更加精彩的场景：戏在结束时，什皮纳尔挑战了扬·科特（Jan Kott）的莎士比亚研究范式。哈姆雷特不仅对自己的角色反感，实际上他也拒绝扮演这个角色。毫不夸张地说，这段场景是真正的杰作。哈姆雷特和霍拉旭在明亮的玻璃柜里，玻璃柜是此刻黑暗的舞台上唯一的物体，就在中央。"我没有疯。"哈姆雷特说道。他手中拿着展示用的剑，庄严

---

① 该剧于 2013 年在斯瓦达剧院（Švanda Theatre）上演。

② Richard Erml, as quoted by the programme of the Pilsen Theatre Festival, *Reflex*, 2014, p.84.［引自皮尔森戏剧节（Pilsen Theatre Festival）的节目单］

地把门打开，走了出来。霍拉旭跟在后面，然后背对着我们，脱下衣服，而其他人物则进入玻璃柜。他举起剑来，已然一个剪影，好像在发出"开始"的信号，里面三维立体的人则在鲍比·温顿（Bobby Vinton）的歌曲《孤独先生》（*Mr. Lonely*）的背景音乐中，开始朗诵决斗场景的台词。一开始，这首歌几乎听不见，之后音量增大，又再次减小，其间台词继续，在霍拉旭念出哈姆雷特的那句"我死了，霍拉旭"之后，副歌部分在剧场里强烈地回荡："我是一个士兵，孤独的士兵／远离家园，无人祝福／这就是为什么我孤独，孤独先生／我希望我能回家。"最后的和弦结束之后，剑从哈姆雷特的手中滑落；他走近仍然亮着灯的玻璃柜，抚摸着它，所有人物都在里面。由演员帕特里克·德奇尔（Patrik Dergel）表演的这段短暂的告别爱抚，带着如此明显的悲伤，尽管他背对着我们，只是一个剪影，但是让我们感觉好像是自己在和生命诀别。"剩下的是沉默。"他说道，幕布随即落下。

事实证明，不可调和的"历史的伟大机制"[①]是可以被挑战的，"情节"可以被归结为"词语、词语，还是词语"，只要大声念出来即可。事实证明，一直被视为无路可走的局面还是可以有一条出路，哈姆雷特不仅可以选择自己的动机，也可以选择自己的行动。在那最关键的时刻，即轮到他来延续冤冤相报的复仇循环之际，他可以选择不被盲目的愤怒所控制，退到一边，不参与屠杀，从而拯救自己的灵魂。当然，这个场景可以有另一种解释：作为一种逃避——一种纯粹"不行动"（Not to be）的选择。然而，对我来说，这是一个相当大胆的脱离体系的行为——这个"情节"已经呈现出它是唯一的可能生存方式。这就是为什么哈姆雷特的选择是一种力量的体现。无论如何，这部《哈姆雷特》是一部非常现代和迫切的求救主题之作，它不仅呼吁人们拯救我们的灵魂，也呼吁人们为了我们的灵魂而拯救我们的世界。

还有一部与《哈姆雷特》有关的改变人生的作品——一部发生在国王死后守夜期间的"前传"——《评论哈姆雷特》（*Hamlet: A Commentary*，2017年），由波兰人格热戈日·布拉尔（Grzegorz Bral）和他的山羊之歌剧团创作。死去的国王躺在一张铁床上，一只手颤抖着，伸过去摸脸上的面具，把它取下来；

[①] Jan Kott, *Shakespeare Our Contemporary* (London: Methuen, 1965), pp.52–55.

他站了起来，极度沮丧地看着宫廷里所有的人，他们显然认为他的死亡也就是他本人的正式终结。他试图通过与他们交谈、叫喊来引起他们的注意，但徒劳无功。他从最开始的困惑转变为找乐子，他开始学他们的样子——他们的行为做作而虚伪。活着的人看起来像是在舞台上表演，而他却显得非常自然。不过，他开始渴望肉体的温暖，开始抚摸格特鲁德，并把头摆在她的手掌之下，试图让她抚摸。当然，可见性是单向的：正是我们，可见世界的这些众生，对那些已经"在另一边"的人视而不见和麻木不仁。只有奥菲莉亚感觉到他的存在——也许是因为她很快就要与他为伍了。

这些场景令人心碎，充满怀旧的哲学意味。然而，以山羊之歌剧团的一贯风格，这部作品展现的与那天晚上可能发生的事情毫无关系。因为莎士比亚戏剧的主要关切介于人类世界和无形世界之间，它们被安排在人类灵魂的领域，只有在人类的命运中才会显露出来。所以，尽管他的戏剧中有激烈的舞台动作，但最重要的行动总是发生在灵魂的领域。而忠实于莎士比亚的精髓，这便是《评论哈姆雷特》的聚焦之处。

"这是一部充满能量的戏剧，这种能量需要被表现出来，而哈姆雷特就是它的媒介。"该剧场刊中写道。就像布拉尔的其他戏一样，这种能量首先是通过优美的多声部音乐和声频传递的，它们由让-克劳德·阿夸维瓦（Jean-Claude Acquaviva）和马切伊·瑞克利（Maciej Rychły）创作，并由才华横溢的演员们演唱出来，或者更准确地说，活力四射地表现出来。确实有一些时候，山羊之歌剧团的演员似乎不是血肉之躯，而只是一种振动的声音，一种远远超出他们的身体所能发出的声音。

用和谐的语言来谈论不和谐需要很大的勇气，正如布拉尔和他的剧团在探访莎士比亚的世界时所做的那样。在这种情形之下，当我们俯瞰深渊时，我们知道折磨和控制哈姆雷特世界的能量可能正在酝酿。要让它听起来如此深具当代意味，需要很大的勇气，就像该剧歌词作者阿莉恰·布拉尔（Alicja Bral）强有力的词作中所表现出来的那样，它赋予了一种带有话题边缘、近乎形而上的体验。仅举一个例子——暗示奥菲莉亚受人虐待的哀歌："没有恐惧／我鄙视你腐朽灵魂的谎言／你肮脏的男子气息洒落在贫瘠的土地上／我的美丽被软弱反复蹂躏／我厌恶你存在的每一个痕迹／在我身上／我每天晚上死去，赋予复仇以生命／没有恐惧／我越过这个王国的泥泞／高贵的杀手／并没有更多的恐惧／你不会消灭我／我撕裂你那谎言的心脏。"

早在 1992 年，已故美国评论家杰克·克罗尔（Jack Kroll）就指出，即使不是艺术的直接接受者，艺术也具有使之转变的力量："也许他们从未读过《尤利西斯》（*Ulysses*），但它影响了他们的生活；也许他们从来没有看过毕加索，但他改变了他们的生活，不管他们是否知道。"[1]

同样的道理，无论人们是否看过上述演出，是否看过收入本书之中的导演们的宏伟戏剧，事实上是他们其他同胞同事的戏剧，都影响了他们。这些导演不仅一直改变着东欧戏剧本身的面貌，还丰富了整个当代世界戏剧的版图。认识到这一点，欧洲第二大最重要的戏剧奖——欧洲戏剧新现实奖[2]——显然经常面向欧洲大陆的东部。这里收录的七位导演是该奖的获奖者，其余人中不少已经获得过提名[3]，两位分别是欧洲大陆主要奖项（"欧洲戏剧奖"）和该奖特辑的获得者。

从上面的例子来看，戏剧边界的扩展在此似乎转化为某种对经典作品所做的相当随心所欲的处理。然而，尽管书中收录的大多数导演确实会剪切、编辑和重新处理文本，但很少会以牺牲作品精神为代价。经典的精髓通常不仅被保留下来，而且更为突出，正是因为这种关注不是文本的文字，而是其为何充满活力和生气，以及是什么让角色说出自己的话。正如布拉尔在讨论他的《评论哈姆雷特》时所说的那样，其目的在于"表达作者仅仅提到而没有表达清楚的内容"[4]。至于涅克罗修斯，在他的作品中经常出现几乎没有文字的、长时间的

---

[1] Kalina Stefanova-Peteva, *Who Calls the Shots on New York Stages?* (Reading, UK: Harwood Academic Publishers, 1994), p.44.

[2] 欧洲戏剧奖（Europe Theatre Prize）是成立于 1986 年的欧洲最大戏剧奖项，由欧盟资助并在意大利设有常设组织。奖项分为"欧洲戏剧奖"一位，以及"欧洲戏剧新现实奖"（Europe Theatre Prize for New Theatrical Realities）数名。宗旨是奖励那些对世界戏剧艺术交流、发展以及促进民众对文化事业的理解做出卓越贡献的戏剧艺术家或者团体。——译者注

[3] 根据欧洲戏剧新现实奖的规则，提名不是逐年进行的；相反，被提名人或戏剧进入一个不断扩大的名单，下一批获奖者可能会从中选出。

[4] 来自演出场刊。

场景，但是他通过身体动作让人更清楚地感受到文字所要表达的含义。并不是说文本对他来说不那么重要，而是他有一种非凡的天赋，可以展示文字的先在意义及其形成条件。对他来说，仅仅让一个角色在舞台上哭泣和谈论这件事是不够的。他是一位大师，能够让观众亲身体验该角色的眼泪涌向眼眶的过程。就此意义而言，他的戏剧有点类似为情绪做心理分析。

格热戈日·布拉尔和某种程度上斯洛文尼亚人耶尔内伊·洛伦西（Jernej Lorenci），从经典中提炼精髓时甚至更进一步。在他们的戏剧中，物质世界被降到了最低限度，在某些情况下文本也如此。他们不会把时间浪费在将生活从表面和外形中剥离出来；他们干脆跳过这一步骤，目的在于直接进入纯粹精神的领域。因此可以说，他们创造了一个垂直的戏剧现实，就布景、道具和舞台效果而言，其"身体"占据了非常稀少的水平空间，恰与我们当今时代的物质主义和我们这种水平的生活形成鲜明的对比。

例如，这并不意味着洛伦西的《伊利亚特》（Iliad）放弃了这首古代诗歌的史诗性。然而，它是以一种令人震惊的极简主义的，同时也是非常巧妙的方式实现的。主要人物——凡人和神明——坐在椅子上，面对观众（他的典型导演方式），面前放着麦克风。当人物说出或唱出家喻户晓的特洛伊战争英雄的台词时，这些麦克风不只是用来放大声音。隆隆的战争声响、马蹄声、武器撞击声，以及飞逝的毫无意义的十年光景，都是用麦克风来实现的。这些都只需要用手指轻轻敲击麦克风就做到了。这个简单得令人惊叹的"把戏"，伴随着荷马六步格韵的有力节奏，以及一些用竖琴、钢琴和三弦琴现场演奏的音乐"插曲"，创造了一种非凡的史诗感觉。由于没有特殊的视觉效果（值得注意的是，本书收录的导演中只有少数人大量地运用多媒体），史诗效果甚至变得更加突出。因为这里的史诗效果正是处于纵坐标上，就像音乐所做的一样，很大程度上来自将观众调节到特殊波段的音频，并将他们带至超凡脱俗的维度。

与此同时，洛伦西的戏剧并不完全回避强烈的肉体特色。例如，在《伊利亚特》中，舞台上有一具真正的动物尸体，仿佛就是从肉店里取来的：阿喀琉斯凶猛地击打着这具尸体——那是特洛伊人留下的一堆肉，他因帕特罗克勒斯的死而惩罚它。此外，对于洛伦西来说，文本的存在仍然非常重要。

与洛伦西不同，布拉尔在《麦克白》（Macbeth，2008年）和《李尔之歌》

（*Song of Lear*，2012 年）中给文本安排的只是声音 / 乐谱中另一个成分的角色。这两部作品都时长一个小时左右，但戏剧的能量仍然保存完好。因为布拉尔没有删减莎士比亚剧本，他深入研究了诗人的作品，确定了剧本的核心，并以一种高度强化的方式呈现出来，就好像在应用一滴水中的整个宇宙原理。这种方法的最终效果类似于一首中国古代四行诗的作用，并以一种难以解释的方式努力传达整个剧本的内容，使之成为可能的是前述布拉尔戏剧中独特的复调音乐和声，它那塑造舞台上的一切、渗透到舞台和观众厅里的一切的方式。在这里，导演接近于指挥并不是偶然的。"语言让你思考；音乐让你感受；歌曲让你感受你的思想"①，这是《麦克白》一剧的座右铭。《李尔之歌》中美妙的音乐及其呈现方式不仅能让人感受到自己的思想，还能将我们提升到超越情感的更高境界。法国作家兼剧作家埃里克 – 伊曼纽尔·施密特（Eric-Emanuel Schmidt）在他的著作《我与莫扎特的生活》（*My Life with Mozart*）中如此优美地描述了这个境界，一个恢复了幸福与和谐的境界。

《李尔之歌》中有一个难忘的场景，是人体如何能够转化为音乐本身的一个例子。演员们手里拿着鼓碟，围成一个半圆。渐渐地，鼓好像变成了他们身体的延伸，与此同时，全体演员的身体好像变成了一面巨大的鼓——一面也会唱歌的"鼓"，并为十双脚定节奏。这时，正在用一套乐器进行现场演奏的乐师离开了乐器，走到半圆的中间，开始在巨大的"鼓"上演奏，同时这面"鼓"又促使他加快节奏。这就像是某种形而上的转变——对演员和观众来说都是一种类似迷狂的时刻。

"莎士比亚在房间里吗？"波兰评论家普尔卡（Pulka）在评论山羊之歌剧团根据《暴风雨》（*The Fempest*）改编的《岛》（*Island*）时问道。这是又一部令人惊叹且完全非传统的对莎士比亚作品的演绎。最有效的修辞回答是："是的，在一场呼吸和爱意动作的风暴之中。"② 我想补充一点，在所有这些堪称垂直戏剧现实的典范作品中，布拉尔和他的团队努力深入莎士比亚作品，事实上

---

① 引自 E. Y. 哈尔伯格的一句名言。（E. Y. 哈尔伯格，美国词曲作家和社会评论家。——译者注）

② Leszek Pulka, "Treasure Island," *Teatralny.pl*, 28 December 2016.

也是巅峰戏剧的核心,亦即,全都是有形世界和无形世界之间的"隧道"的核心。正是这种戏剧把我们投射到我们内心的高处或深处(取决于视角),我们可以在此用心灵之眼来观察(《以弗所书1:18》)——这种戏剧具有显著的和谐效果,是在我们这个日益不和谐的时代真正改变人生的东西。

本书收录的许多导演,以及他们在东欧的许多同事,其超越文本的倾向也是某种克服文本原则上的局限性的尝试——中文称西方戏剧的术语"话剧",很好地抓住了这些局限性。东欧戏剧成为中国大型戏剧节的常客并非出于偶然。

拉脱维亚导演阿尔维斯·赫尔曼尼斯(Alvis Hermanis)阐明了这种倾向背后的原因:"在世界的这一地区,在我们这一代人当中,影响重要的毫无疑问是立陶宛导演埃蒙塔斯·涅克罗修斯。线性戏剧、把剧本搬上舞台,尤其跟我们态度积极的年轻人一起——这一切似乎都是如此老旧和无聊。涅克罗修斯提供了一场全新的球赛!是的,我们对仅仅是说出文本的戏剧的信任微乎其微。和我们谈话的那些人昨天也是这个样子。"①

事实上,赫尔曼尼斯取得了国际性的突破,他创作了一部没有一句台词的作品:《长生》(*Long Life*)②,该剧曾经在世界各地巡回演出,至今仍在上演。它表现的是在里加合住一套三居室的苏维埃式集体公寓的五名退休人员的一天生活。这部作品很好地把超级现实主义和毫不隐瞒的"这就是戏剧"手法融合在了一起。卧室、厨房和浴室里塞满了各种东西,产生了一种令人窒息的效果。此外,表演是现实主义的,尽管正如赫尔曼尼斯强调的那样,它遵循的是斯坦尼斯拉夫斯基在生命结束阶段所提出的那部分理论,而这部分理论在很大程度上与闻名遐迩的斯氏方法南辕北辙。与此同时,观众在穿过一条令人窒息、晾着衣物的长廊进入公寓之后,小心翼翼地注意不被沿着长廊堆积的物品绊倒,却发现自己置身于一个简单的后台空间,穿过这个空间可以到达几排座位。接着,舞台管理人员当场拆除几扇画窗,以便打开朝向套房的视野,套房内的卧室并没有墙壁。此外,在整个演出中,好几条行动线在舞台上平行发

---

① Kalina Stefanova, Marvin Carlson ed., *20 Ground-Breaking Directors of Eastern Europe* (Palgrave Macmillan, 2021), p.267.

② 该剧于2003年在新里加剧院(New Riga Theatre)上演。

展，没有哪一个比其他的更为重要，观众自己可以担任"内部剪辑"。

天还黑着的时候，感觉就像我们在目睹着套房的醒来：人们在床上打鼾、窃窃私语、咕咕哝哝、翻来覆去，床垫在吱吱作响，时钟在滴滴答答。接着，有一只闹钟响了，另一个昏暗的灯泡亮了，又有一个灯泡亮了。有人停止了打鼾，沉重的呼吸声平静下来。虚弱的手从被子里伸出来，细瘦的腿伸向地板上的拖鞋……当光线足够明亮的时候，我们看到了一幅非常悲伤的画面：五位风烛残年（甚或残日）的老人生活在他们一生的残存物——礼物、奖杯、偶像周边，把这些房间塞得满满当当，他们试图通过保存日常生活中的仪式来保住一点尊严残余。他们极慢极慢地穿着衣服。衣服披挂在他们那变形的身体上。一个女人用颤抖的双手给丈夫打针。在一扇门上方的钉子上，一位邻居手持用橡皮筋挂着的一瓶水在锻炼。厨房里，他们准备着少得可怜的食物，坐在一片面包前面，面包上涂着昨天晚餐平底锅里的油脂，眼神是空空的、绝望的。

我们正在探望老年人。然而，我们也在访贫问苦，在一些东欧国家，老年人意味着贫困。一切都是阴暗的、肮脏的。天气很冷，公寓里的居民穿着破烂的外套，头上戴着帽子。不过，他们还活着。其中一个弹奏着他那几乎坏了的乐器。一个女人出门前戴好项链。甚至还有通奸的迹象。而且，尽管在这个狭小的空间里不可避免地存在着敌意，但他们还是因陋就简地制作礼物，因为今天有个邻居过生日。似乎举办着一场派对，他们嘴里哼出的像是一首歌，嘴唇弯曲着，似乎在微笑，身体扭摆着，好像在舞蹈……接着，所有人都回到自己的房间，外部世界通过电视新闻屈尊进行短暂的访问，灯光熄灭，公寓再次进入睡眠状态。

在自己的土地上变成难民的又一天结束了。他们一句话不说并非偶然，他们要说的话已经没有任何意义了。正如赫尔曼尼斯所说的那样："我父母这个年龄的人成了被遗弃的人。事实上，社会在经济上孤立了他们，并把他们置于某种人类学实验的条件之下，这种实验类似于一个游戏规则不明确的真人秀——并不清楚获胜者是最先死去的还是最后死去的那个。"①

由于《长生》并不是以政治剧通常那种直截了当出击的方式创作的，因此

---

① 来自演出场刊。

它并没有被广泛视为一部政治剧作。然而，在我看来，它掀起了一股特殊的政治戏剧浪潮，与现实政治中的非暴力方式相一致。这种戏剧充满爱和温暖，更喜欢的是"温柔地出击"——套用赫尔曼尼斯的话来说。[①] 它将世界的状态视为我们灵魂状态的反映，因此不是一般的政治戏剧，而更是灵魂政治的戏剧。例如，上面提到的山羊之歌剧团的四个莎士比亚演绎也是这种戏剧的样板。保加利亚人亚历山大·莫尔夫（Alexander Morfov）的《在边缘》（*On the Edge*）也是，读者可以在本书的后面读到。或者另一部由罗马尼亚人西尔维乌·普尔卡雷特（Silviu Purcărete）执导的非同寻常的无词剧作：《庞塔固埃的嫂子》（*Pantagruel's Sister-in-law*）[②]，他以拉伯雷的经典作品为跳板，为我们这个消费主义的时代精神和精致的蛊惑煽动创造了一个强大的隐喻；剧中运用温暖和爱作为讽刺性的对照。该剧中，人们不仅贪婪地吞噬食物，还贪婪地吞噬他们的同胞，但表演的方式是貌似最为人性的。在这部作品的许多令人难忘的场景中，它的高潮尤为突出。经过一段漫长而美妙的家制面包的序曲之后——从舞起的面粉袋、集体筛选面粉和揉捏，所有这些伴随着舒缓而愉快的音乐——一个男人被准备成一块面包，同时却得到了特别好的照顾、爱抚和安慰。之后他又会被吃掉，以同样温和和实际上也是时兴的方式，毕竟面包是最简单的食物，这里没有丝毫的饕餮味道！

有趣的是，这些作品中的大多数都没有独当一面的主角。所有的角色都具有同等的重要性，形成了某种类似于当代歌队兼主角的角色——某种复合的戏剧（或悲剧）主人公——占据舞台中央的形式。我想知道这是否是当今现实生活戏剧和悲剧的规模越来越大的反映。当然，这种现象并不局限于东欧戏剧。例如，令人大开眼界的来自南非的布雷特·贝利（Brett Bailey）及其第三世界失序艺团（Third World Bunfight Company）的戏剧装置《B 展》（*Exhibit B*）

[①] Ian Herbert and Kalina Stefanova, eds., *Theatre and Humanism in a World of Violence* (The Book of the 24th Congress of the IATC) (Sofia: St. Kliment Ohridski University Press, 2009), p.35.

[②] 该剧于 2003 年在锡比乌的拉杜·斯坦卡国家剧院（Radu Stanca National Theatre）上演。

和《避难所》(Sanctuary)，当然可以被视为这一潮流中非常强大的一部分。

当然，除了灵魂政治戏剧，直接的政治戏剧在东欧也一直非常强大。从匈牙利人席林·阿尔帕德（Schilling Árpád）及其在世界各地巡演的科瑞塔克尔剧团（Krétakör Színház）的令人难忘的政治卡巴莱歌舞表演《黑色土地》(*Black Land*，2004年)，到他后来在国内搬演的具有社会性的机遇剧；从罗马尼亚人贾尼娜·克尔布纳留（Gianina Crăbunariu）的辛辣的社会政治作品，无论是由她写作的还是导演的，到克罗地亚-波斯尼亚人奥利弗·弗尔吉奇（Oliver Frljić）故意挑衅的戏剧，他最近走上了超越震惊边界的不必要的极端……这类戏剧的大部分作品都是精心设计的，结合运用了一种"框架/画布"的"我们不呈现一般戏剧"类型和一种贯穿其中的"真实至生活"戏剧类型，巧妙地游走于事实和虚构两者间的边缘，并运用大胆的蒙太奇，将一切保持为一个不可分割的实体。

据说，演员们在《长生》首演时还很年轻，有望在演到角色的年龄时就不再需要化妆和垫子。这种不同年龄人的"碰面"，或者更确切地说，这种在我们身体的舞台之上，尤其是在同一个身体的舞台上表演的"年龄戏剧"，是赫尔曼尼斯的另一部令人难忘的作品《父亲》(*Fathers*)[①]表现的焦点。三个男人面朝着观众，既在互相之间也向着我们讲述他们的人生故事，深情地谈论着他们的生活模式，谈论着他们的父亲。故事一个接一个地展开，又相互打断，有时甚至同时进行，仿佛是通过主题或物件直接传递给彼此——（由舞台管理人员递过来）父亲的肖像和照片在背后发生了变化。三个人首先直接扮演他们的父亲，然后，渐渐地，他们和照片之间的差异开始消融，相似得惊人。重要的是，观众见证了这一切的发生。因为在他们面前的桌子上会堆起许多物件，然而，和《长生》剧中一样，这里的自然主义只是画面的一部分。在靠墙的开放的真正更衣室里，有真正的化妆师和假发师，当一个角色讲述他的故事时，其他人当着我们的面在发生变化。因此，在接下来的场景里，其中一个儿子会出现半个皮肤松垂的老脸颊（只是在多个场景之后，另一半脸颊才会贴到他的脸上），另一个儿子会有一个新的、发胖的鼻子，或者一头灰白的头发……从演

---

① 该剧于2008年在苏黎世剧院（Zurich Schauspielhaus）上演。

出一开始直到结束,生命的戏剧和戏剧的生命一刻也没有停止它们的舞蹈!最后,他们三人的长相甚至比身后的照片还要老,他们挨着坐在一起,由于年龄的增长而变得容貌枯萎和弯腰驼背,手里握着一张孙辈的小照片。与此同时,其中一人"把磁带倒了回去",再次扮演儿子的角色,谈论着女儿的出生。演出就此结束。没有让观众确定演员是否完全沉浸在表演游戏之中,并如此可信地"成为"他们的父亲,或者只是在现实生活中,他们变得惊人地像自己的父亲;不管到最后这三个人是父亲自己,还是岁月流逝后的儿子,或者是一直都在我们面前的父亲兼儿子……

《父亲》也是一部最为优雅地舞蹈于事实和虚构之间的戏剧典范。该剧以三位演员、导演及其助手们的真实故事为基础,他们在排练前好几周相互讲述着这些故事,然后赫尔曼尼斯创作出一部拼贴剧。然而,正如他喜欢强调的那样,这并不是纪录戏剧,而是虚构戏剧。在他看来,每个人的生活都是戏剧的素材。众所周知,在他创作《父亲》的一年前,他在柏林打赌说,可以很容易地创造出一部关于进入酒吧的前五个人的戏剧作品,如果只是讲述他们的真实故事的话。与此同理,他也曾经因为说过这句话而闻名,即对一位戏剧创作者而言,重要的并不在于怎么对戏剧感兴趣,而在于对生活感兴趣。《父亲》是赫尔曼尼斯这位最伟大的剧作家对生活的致敬,我们一生都在他的剧作中令人信服地表演着。

* * *

我还可以继续跟大家讲述被收录于这部书中的导演们的更多作品,它们让我产生了和帕慕克的人物一样的感觉。当然,并不是所有的导演都创作了对我有着如此影响的戏剧。然而,其他人在观看他们的作品时,也会站在帕慕克人物的立场之上。当然,东欧还有许多其他导演,他们创造了令人难忘的戏剧,改变了人们的生活,也改变了他们国家的戏剧面貌。为了使本书的导演人数最终成为20位,在向许多同行讨教之后,我提出了当前的选择。我想强调的是,本书的目的并不在于对该地区每个国家的戏剧进行详细分析,此种目的的书需要更多的章节以及一种不同的、更为包容的方法。因此,本书存在着没有"代表"的国家。或者相反,波兰的导演人数有六个,比其他任何国家都多,原因在于本书的目的也不是在选择中追求国家的"定额"。在过去的30年里,这里收录的导演是整个东欧戏剧面貌发生变化的主要催化剂。这才是选择的主要标准。因此,希望本书也能勾勒出东欧戏剧的总体画面。如前所述,这些导演对整个欧洲戏剧也产生了实质性的影响,并且通过将戏剧推向新的疆界,丰富和加强了戏剧原则上为世界舞台上的一种艺术形式的观念。他们的名字本身吸引了本国的观众,同样还超越国界吸引了国际戏剧节圈内的其他观众。

* * *

当我在写这些文字时,疫情正在肆虐,世界各地的剧院一片黑暗,我的脑海中回荡着洛伦西的《伊利亚特》的最后一首歌:"我们将死去/今天或明天/生命是我们借来的。"在此剧第一部分的结尾,阿喀琉斯的母亲以幻象的形式出现,为她的儿子描绘了两条可能的道路——要么是短暂的生命和不朽的死亡,要么是不留下任何痕迹的漫长生命。阿喀琉斯此刻坐在一个灯泡框架——现代化妆室桌子的镜子面前,完全符合这一选择的微妙的现代含义。在母亲消失后,他留在那里,独自一人,沉默不语,背景音响是叙述人用麦克风创造的节奏,仿佛是母亲声音中逐渐消失的悲伤回声,又仿佛是她脸上的一支无形的歌队的回声,这支歌队往昔一直在试图引导人们,但从来看不到正确的道路。

大约 200 年前,威廉·黑兹利特(William Hazlitt)在其《论演员和表演》(*On Actors and Acting*)一文中写道:"只要有剧场,世界就不会出差错。"[①] 希望当大家在读这本书时,剧场已经重新开放,我们将开始更加关注伟大的戏剧始终在努力为我们所做的事情:升起我们眼前看不见的幕布,这样我们就能看穿非物质世界,洞察我们看似只是物质的世界之本质——洞察真正重要的东西。这正是收录于此书中的导演们的使命,他们一直在努力以他们的创作来为之做出贡献。

卡莉娜·斯蒂芬诺娃(Kalina Stefanova)
于保加利亚索菲亚

---

① Arnold P.Hinchliffe, ed., *Drama Criticism: Developments since Ibsen* (London: Macmillan, 1979).

参考文献

[1] Erml, Richard, *Reflex*, as quoted by the programme of the Pilsen Theatre Festival, 2014.

[2] Herbert, Ian and Kalina Stefanova, eds., *Theatre and Humanism in a World of Violence* (The Book of the 24th Congress of the IATC) (Sofia: St. Kliment Ohridski University Press, 2009).

[3] Hinchliffe, Arnold P., ed. *Drama Criticism: Developments since Ibsen* (London: Macmillan, 1979).

[4] Koršunovas, Oskaras, https://www.okt.lt/spektakliai/hamletas/ (accessed 22 March, 2020).

[5] Kott, Jan, *Shakespeare Our Contemporary* (London: Methuen, 1965).

[6] Pamuk, Orhan, *The New Life* (London: Macmillan Publishers, 2014).

[7] Pulka, Leszek, "Treasure Island," *Teatralny.pl*, 28 December, 2016.

[8] Sakowska, Alexandra, "The Politics of Space—Jan Klata's H. at Gdansk Shipyard, Warehouse 42A," *Romanian Shakespeare Journal*, issue 1, 2013.

[9] Stefanova-Peteva, Kalina, *Who Calls the Shots on New York Stages?* (Reading, UK: Harwood Academic Publishers, 1994).

序二

东欧戏剧导演

[美] 马文·卡尔森* 著

艾菲 译

20世纪60年代，德国和俄罗斯之间的欧洲大陆的戏剧引起了西欧和美国学者的注意，而在过去的几十年中，西方戏剧史学家几乎完全忽视了这些戏剧。像格洛托夫斯基、康铎（Kantor）、丘列伊（Ciulei）和斯沃博达（Svoboda）这样的导演，以及剧作家姆罗泽克（Mrozek）、哈韦尔（Havel）、罗热维奇（Rózewicz）和科霍特（Kohout），成为国际戏剧舞台上更为熟悉的组成部分。一个鲜明的例子就是，《杜兰戏剧评论》（*Tulane Drama Review*）于

---

* [美] 马文·卡尔森（Marvin Carlson），戏剧、剧场与表演研究学者，纽约市立大学（The City University of New York）研究生中心戏剧、比较文学和中东研究方向的"西德尼·E·科恩"讲席杰出教授。曾获得雅典大学（The University of Athens）的荣誉博士学位，高等教育戏剧协会职业成就奖（The ATHE Career Achievement Award），美国社会戏剧研究杰出学术奖（The ASTR Distinguished Scholarship Award），乔治·吉恩·内森戏剧评论奖（The George Jean Nathan Award for Dramatic Criticism）和卡洛威戏剧写作奖（The Calloway Prize）。为期刊《西欧舞台》（*Western European Stages*）和《阿拉伯舞台》（*Arab Stages*）的创刊编辑。他已出版23本著作，被翻译成17种语言，包括《戏剧的理论》（*Theorics of tle Theatre*，1993年）、《表演场》（*Places of Performance*，1989年）和《表演：批评导论》（*Performance:A Critical Introduction*，1996年）。他最近出版的书籍包括《一万个夜晚》（*10,000 Nights*，密歇根出版社，2017年）和《戏剧与伊斯兰》（*Theatre and Islam*，麦克米兰出版社，2019年）。

1967 年春天出了一期专门研究东欧戏剧的特刊，该刊是当时戏剧学术潮流的最重要反映。我刚刚提到的所有名字（除了康铎之外）都在这重要的一期上进行了讨论，由亨利·波普金（Henry Popkin）撰写的导言开门见山地写道："就目前而言，世界上最为激动人心的就是东欧戏剧。"①

自 20 世纪 60 年代以来，东欧尤其是波兰受到了更多的关注，国际巡演和艺术节也使得这一地区以外的观众对其呈现的持续深化、创新和多样的戏剧有所了解。即便如此，有关该地区丰富的戏剧文化的信息来源还是远远少于历史上获得更多反映的西欧戏剧传统。近年来，最有意义的贡献是两本重要的论文集：《东欧戏剧与展演：变化的舞台》② 和《铁幕降下后的东欧戏剧》③。这两部著作均研究了 1989 年铁幕掉落这一当代重要事件发生以来该地区的戏剧，但国家的组合略有不同。两者都考察了东欧戏剧的方方面面，尤其是导演、戏剧组织和剧作。

与上述两部作品不同，本书除了对这一快速变化的地区进行了更为及时的介绍之外，还将焦点聚在了当代戏剧文化的一个特殊而又核心的部分——导演身上。自 20 世纪初以来，导演一直充当着现代戏剧的核心创作力量，这一点在东欧各国戏剧中比起任何地方来都再明显不过。对国际戏剧感兴趣的人几乎都会对过去半个世纪里熟悉的东欧戏剧导演的名字明显多于同样这些国家的剧作家的名字。这一点也不奇怪，原因在于最近的戏剧纪录里，正是导演们创造了最具创新性和最令人难忘的戏剧体验。

"创新"在这里是一个关键术语，因为与现代导演的概念密切相关的正是创新理念，即把戏剧艺术带往常常令人惊奇的新方向的理念，尤其是在欧洲。同样，几十年来，东欧的引领性导演一直以拓展我们的戏剧体验的疆界而引人瞩目。这对目前一代的导演来说千真万确，正如他们的前辈在 20 世纪末和 21

---

① Henry Popkin, "Theatre in Eastern Europe," *Tulane Drama Review* 11:3 (Spring, 1967), 23.

② Dennis Barnett and Arthur Skelton, eds., *Theatre and Performance in Eastern Europe: The Changing Scene* (Plymouth: Scarecrow Press, 2007).

③ Kalina Stefanova, ed., *Eastern European Theatre after the Iron Curtain* (London: Routledge, 2010).

世纪初那样。本选集关注于这一品质,挑选了 20 位东欧艺术家,他们尤其以对这门艺术的变革和创新所做出的贡献而闻名。

遗憾的是,与我的联合主编不同,这本信息丰富的文集中讨论的作品我并没有观摩过很多,但是我有幸看到的那些演出都是我的国际戏剧经历中最难忘的部分。1998 年,我相当幸运地在意大利普拉托(Prato)制造剧院(Teatro Fabbricone)——欧洲主要的国际实验戏剧中心之一——看到了埃蒙塔斯·涅克罗修斯令人惊叹的《哈姆雷特》,其视觉图像之密集、复杂和纯粹的美都让我充分认识到,我没有更多地观看这位波罗的海艺术家及其东欧同时代戏剧家的作品损失有多大。

本文集只能表明这一艺术的丰富性,但它确实为像我本人这样的戏剧爱好者提供了一个急需的机会,以更好地了解戏剧世界中这一引人入胜却鲜有报道的东欧地区的最新创作。

马文·卡尔森(Marvin Carlson)

于纽约

参考文献

[1]Barnett, Dennis and Arthur Skelton, eds., *Theatre and Performance in Eastern Europe: The Changing Scene* (Plymouth: Scarecrow Press, 2007).

[2]Popkin, Henry, "Theatre in Eastern Europe," *Tulane Drama Review* 11:3 (Spring, 1967), 23.

[3]Stefanova, Kalina, ed., *Eastern European Theatre after the Iron Curtain* (London: Routledge, 2010).

目 录
Contents

序一　改变人生的东欧戏剧 ………… ［保加利亚］卡莉娜·斯蒂芬诺娃　著 / 001
序二　东欧戏剧导演 ……………………………… ［美］马文·卡尔森　著 / 017

格热戈日·布拉尔：戏剧的世界性实验………… ［波兰］托马斯·维斯涅夫斯基　著 / 001
我叫贾尼娜·克尔布纳留：我是一只母狮…… ［罗马尼亚］玛丽亚·泽尔内斯库　著 / 016
奥利弗·弗尔吉奇：煽动性戏剧 ………………… ［克罗地亚］金·库库里　著 / 029
阿尔维斯·赫尔曼尼斯："不成功便成仁" ……… ［拉脱维亚］埃德特·蒂舍泽尔　著 / 040
格热戈日·亚日那的后戏剧：充满欢乐与认同感的戏剧
　　 …………………………………………… ［波兰］阿尔图尔·杜达　著 / 054
扬·克拉塔：波兰戏剧中寻求社会认同的调音师
　　 ………………………… ［波兰］卡塔日娜·克雷格莱乌斯卡　著 / 068
"赫卡柏对他而言意味着什么，他对赫卡柏又意味着什么"：
　　奥斯卡拉斯·科索诺瓦斯的戏剧 ………… ［立陶宛］拉莎·瓦西纳斯凯特　著 / 083
耶尔内伊·洛伦西：人是关键 …………………… ［斯洛文尼亚］布拉日·卢坎　著 / 095
克里斯蒂安·陆帕：毁誉参半的大师 …………… ［波兰］卡塔日娜·瓦利戈拉　著 / 107
扬·米库拉谢克的幽暗视觉 ……………………… ［捷克］卡米拉·切尔纳　著 / 122
亚历山大·莫尔夫：变革的导演及其集体戏剧
　　 …………………………………… ［保加利亚］卡莉娜·斯蒂芬诺娃　著 / 135

埃蒙塔斯·涅克罗修斯：天堂与地狱的诗学……［立陶宛］拉莎·瓦西纳斯凯特　著 / 146

贝拉·平特和他的后现代民族戏剧……………［匈牙利］诺埃米·赫尔佐格　著 / 157

西尔维乌·普尔卡雷特："富裕戏剧"大师　……［罗马尼亚］奥克塔维安·萨尤　著 / 168

从剧院到广场：席林·阿尔帕德作品中戏剧观念的转变
　　……………………………………………………［匈牙利］加布里埃拉·舒勒　著 / 182

安德烈·谢尔班：寻找新形式………………………［罗马尼亚］扬·托穆什　著 / 192

本能地追求美：丹尼尔·什皮纳尔的戏剧风格………［捷克］米哈尔·扎哈尔卡　著 / 200

沃基米耶兹·斯坦尼耶夫斯基：（重新）构建传统与典型
　　………………………………………………［波兰］托马斯·维斯涅夫斯基　著 / 215

里马斯·图米纳斯戏剧的诗意视角…………［俄罗斯］德米特里·特鲁博奇金　著 / 232

格日什托夫·瓦里科夫斯基：美妙的休克疗法
　　…………………………………………………［波兰］马乌戈热塔·亚尔穆沃维奇　著 / 242

格热戈日·布拉尔：戏剧的世界性实验

［波兰］托马斯·维斯涅夫斯基* 著

王星月 译

国际地位

格热戈日·布拉尔1961年生于格但斯克。1996年，他与安娜·祖布日基（Anna Zubrzycki）在弗罗茨瓦夫市（Wrocław）创立了彼得·科兹拉剧团（Teatr Pieśń Kozła），即国际知名的山羊之歌剧团（Song of the Goat Theatre）。这些年来，剧团热切地探索表演技巧之丰富性，发掘复调声音传统之可能性，建立极具感染力的身体训练法及把握整体合作模式下的演出精准性。布拉尔对20世纪实验戏剧所赋予的创造性早已引人注目，尤其是他在一座与耶日·格洛托夫斯基（Jerzy Grotowski）的遗产紧密相关的城市中建立了一间剧团。批评家们一致认为：布拉尔的作品具有独特的艺术风格，即将戏剧原型的普遍性与形式的实验性交织在一起。

---

* ［波兰］托马斯·维斯涅夫斯基（Tomasz Wiśniewski），格但斯克大学表演艺术系主任，于2016—2019年担任该校英美研究所副主任。他是之间戏剧节（Between. Pomiedzy Festival）及格但斯克贝克特研究小组（Beckett Research Group）创始人。出版了一本关于塞缪尔·贝克特（Samuel Beckett）的专著，名为《合谋剧团的戏剧与美学》（Complicité, Theatre and Aesthetics, Palgrave Macmillan, 2016年），并与他人共同编辑了数篇学术出版物，包括双语版《主光荣复活的历史》（The Historie of Lord's Glorious Resurrection, Teatr Wierszalin, 2017年），以及庆祝沃基米耶兹·斯坦尼耶夫斯基实验戏剧中心迦奇尼策（Włodzimierz Staniewski's OPT "Gardzienice"）成立四十周年的采访和文章《上下文》（Konteksty, 2018年）。自2018年以来，他一直是波兰英语研究协会和格但斯克莎士比亚剧院（The Gdansk Shakespeare Theatre）项目委员会的成员。

山羊之歌剧团在美国、南美各国、英国、格鲁吉亚、意大利、以色列及中国等国进行巡演时广受赞誉。山羊之歌剧团在爱丁堡艺穗戏剧节（Edinburgh Fringe）的多次演出，不仅获得了诸多荣誉（如2004年和2012年苏格兰人艺穗一等奖、2007年表演与舞台奖的杰出表演奖、2012年先驱天使奖）①，也参与到为期两年的苏格兰语和盖尔语声音传统探索项目中。受十一与夏日大厅表演艺术项目（Eleven and Summerhall Performative Arts Programme）之托，以"回归好声音"的节目呈现出来。该制作最初于2014年在爱丁堡国际艺术节期间在圣吉尔斯大教堂上演，当时正值独立公投前几周。②

剧团获得的其他独具特色的荣誉包括2006年萨拉热窝MESS国际戏剧节③观众奖，国际戏剧协会（International Theatre Institute，简称"ITI"）促进波兰文化域外传播奖，以及不计其数的其他波兰奖项④。仅2019年一年，山羊之歌剧团就在伯克利（加利福尼亚大学）、伦敦（莎士比亚环球剧院）、上海、耶路撒冷（以色列戏剧节）和华沙格洛托夫斯基集会中进行演出。在华沙之旅中，集会以布拉尔的里程碑之作《安提戈涅》（Anty-Gone）结束，观众席掌声雷动。本次集会是纪念耶日·格洛托夫斯基逝世20周年的全球性重大活动⑤。

过往经历与剧团组建

尽管布拉尔与格洛托夫斯基交往甚密，他仍旧强调自己16岁时观看《启示录变相》（Apocalyosis cum Figuris）演出的过往经历是他与格洛托夫斯基唯一的个人联结。正是这部作品促使他视戏剧创作为自己的终生事业。在经历过在格但斯克、卢布林、弗罗茨瓦夫和华沙的学习后，他加入沃基米耶兹·斯坦

---

① 奖项英文名分别为：Scotsman Fringe First, Performance and Stage Award, Herald Archangel.
② 见 http://www.elevenhq.com/tg_portfolios/return-to-the-voice/（2019年6月28日访问）。
③ 欧洲东部最重要的戏剧节。——译者注
④ 细节内容详见 http://piesnkozla.pl/en/our-theatre#170-history（2019年6月28日访问）。
⑤ 见 Ewa Bąk's review, "39. WST Anty-Gone Tryptyk Teatr Pieśń later everybody," http://www.e-teatr.pl/pl/artykuly/274285.html（2019年6月28日访问）。

涅夫斯基（Wlodzimierz Staniewski）的迦奇尼策（Gardzienice）戏剧中心，并于1988年至1991年在此工作，成为主演和训练员。在获得与皇家莎士比亚剧团和生活剧团的合作机会后，他此前收获的经历建构了他后期独特的演出风格。布拉尔在斯坦涅夫斯基"园丁"戏剧中心的历程，成了他创建艺术事业的经历。

布拉尔于1991年离开了迦奇尼策戏剧中心，在随后的1993年，女演员安娜·祖布日基也离开了这里。这在当时被视为一场艺术上的"决裂"，这是二人为追求自我独立专业道路而做出的选择。他们对古希腊传统的狂热兴趣——歌唱酒神狄奥尼索斯（Dionysus）的合唱赞美诗——决定了他们对艺术追求的方向，并且激发了对原型声音传统的创意性探索。他们在1997年搬至弗罗茨瓦夫，并建立了名为"特拉戈斯"（Tragos）的剧团，1998年更名为"山羊之歌"。剧团最初由新建的格洛托夫斯基研究所和弗罗茨瓦夫戏剧文化研究所共同主办，2002年接受了13世纪修道院的帮助，并在2019年6月以前一直将此作为排练厅和演出厅①。

勇气，西藏之链及其他自发倡议

除了拼尽全力的戏剧进取精神，山羊之歌剧团也参与到了其他形式的活动当中。其中一个主要项目是"勇气戏剧节——反对文化流放"。该项目设立于2005年，这个一年一度的活动是为了消解和平衡商业性大众文化推动下占主导地位的文化模式，并且"致力于世界各地的多种文化和传统，尤其是那些珍稀的、边缘性的或几近灭绝的文化"②。勇气戏剧节持续举办至2018年③。

2009年，布拉尔在西藏喇嘛阿贡仁波切博士的影响下创立了名为"勇气孩子"的教育项目，该项目肩负着"聚集全世界儿童的使命"和"培育下一代

---

① https://culture.pl/en/artist/song-of-the-goat-theatre (accessed on 28 June 2019).
② https://culture.pl/en/event/brave-festival (accessed on 28 June 2019).
③ http://www.bravefestival.pl/ (accessed on 28 June 2019).

跨文化理解力"①的任务。

这两个项目暗指剧团的诸多活动得益于藏传佛教的启迪，且长期受洛克帕（ROKPA）国际慈善机构支持。格热戈日·布拉尔在回想往事时称"我在许多年前（1993年）与西藏喇嘛和冥想大师阿贡仁波切博士相遇。他是避难者，是医师，是老师，也是帮助全世界人类的'洛克帕'慈善机构的创始人。我被他的德行、怜悯之心、智慧、对欢乐与成功之本的理解力深深吸引着"②。

身为戏剧创作者，尽管布拉尔所受的教育得益于迦奇尼策戏剧中心，而非传统戏剧院校，但他收获了更多传统理念和由来已久的戏剧经验。在2004年至2012年间，山羊之歌剧团与曼彻斯特都会大学戏剧学院联合开展了表演学术硕士项目，2010年至2012年间，布拉尔被任命为华沙剧院工作室艺术总监。布拉尔获得了在常规保留剧目中加入自己创意表达的机会，他制作了诸如欧仁·尤内斯库和尤金·奥尼尔等剧作家的剧目，也制作了陀思妥耶夫斯基的舞台改编剧《白痴》(*The Idiot*)。正如他本人所说，在波兰首都重要剧院的工作经历，对于整体建构山羊之歌剧团和辨认其发展的独特性是不可或缺的经验。③

安娜·祖布日卡在山羊之歌剧团发展语言表现力方面起到了必不可少和不可否认的作用。直到2014年，她坚定地离开了剧团，开启了做演员、制作人和训练人的独立事业④。她的离去不仅对整个剧团产生了深远影响，对格热戈日·布拉尔个人艺术风格的形成也起到了至关重要的作用。

"布拉尔表演方法"

自2013年起，布拉尔的教学兴趣在于为布拉尔表演学院探索所谓的"布

---

① 参见 http://www.bravekids.eu（2019年6月28日访问），也可参见 https://www.tygodnikpow-szechny.pl/zrodlo-radosci-16655（2020年3月17日访问）。

② http://www.bralschool.com (accessed on 17 March 2019).

③ 个人访谈（2019年5月24日）。

④ 见 www.annazubrzycki.com（2019年3月29日访问）。

拉尔表演方法"。在山羊之歌剧团戏剧训练方法的基础上[①]，剧团在弗罗茨瓦夫、伦敦等地进行训练[②]，其中既有为期两天的短课程工作坊，也有为期九个月的加强版课程[③]。

当谈论到戏剧训练时，演员需牢记自己的实际角色和物理角色，这在某种程度上会掩盖掉用语言进行描述训练的尝试。戏剧宣传资料将这种方法简洁地定义为"将所有表演工具（如声音、文本、能量和想象）融为一个共同有机整体所进行的原创性练习"[④]，进而提供其表演的典型特质。

第一，假定"大脑、声音和想象是彼此真实连接的"，布拉尔表演方法使表演者成为"演员技巧和训练的中心"。它鼓励演员将内心世界与"外部环境"建立链接，这是为达到"一个共同的目标——表演的最高境界"。

第二，布拉尔并未给予"智力理解"优先权，但旨在获得表演的"奥秘，这种奥秘近似于训练有素的乐者"。基于这个理由，"舞台上的气质、魅力和能量"是最为突出的，就像"精确、能量与锐利"一样。他的目标在于"在一个需要努力工作和奉献的地方"进行"无限提纯"。如他所称，由于根植于西藏冥想的技艺，他对表演进行着坚持不懈的更进与提高。

第三，布拉尔非常明确自己表演训练的核心方法是"保护人类遗产"和跨文化主义。他坚持不断地向他人学习，通常是边缘性文化，也经常强调佛教对自己的吸引。当我们读到其他宣传性资料时，这些训练法一方面"把源于本地文化的古老表演技法的戏剧训练与西方传统结合"，另一方面，观察"西藏开明而神圣的古老智慧可以帮我们建构现代戏剧"。

---

① "布拉尔表演方法"从一个新的视角探讨了早期的教学互动形式，该形式最初由安娜·祖布日卡、马辛·鲁迪（Marcin Rudy）、拉法尔·哈贝尔（Rafal Habel）及其他成员共同创作发展而成，最初名为"协调法"（The Coordination Method）（2020年3月14日电子邮件通信）。

② 布拉尔在美国、巴西、智利、英国、中国台湾地区、土耳其、希腊、瑞典和挪威开展了课程。2015年至2018年间，他举办了100多场工作坊，英国是主要举办地（2020年3月14日电子邮件通信）。

③ 该部分资料来自http://www.bralschool.com（2019年6月6日访问）。

④ 本部分的全部引用来自www.bralschool.com（2019年6月6日访问）。

总而言之，布拉尔训练法的国际声誉成为全球各地毕业生的专业出发点。他们中的有些人在剧团项目中有了用武之地，亲身实践了训练的口号："我们为挑战不可能而相聚。不可能才是唯一值得追求的。"

早期作品

与许多当代波兰戏剧制作人[①]不同，格热戈日·布拉尔更青睐正规性表演实验和对欧洲及全球文化宏大秘密的探索，而非进行社会实践和社会参与的戏剧。遵循耶日·格洛托夫斯基的原则，布拉尔的每部作品都经历了艰苦且持久的创作过程，涉及漫长的排练阶段，并在首演后能够保持良好的势头。在最初的十年间，山羊之歌剧团仅制作了三部时长不超过一小时的作品——《山羊之歌——酒神颂》（*Song of the Goat—Dithyramb*, 1997 年）、《编年史——哀悼的传统》（*Chronicles—A Tradition of Mourning*, 2001 年）、《安魂曲》（*Lacrimosa*, 2005 年），每一部都以非凡的演出质量荣获赞誉。长期的创意性过程得益于新建剧团自由的组织方式和灵活的经济调配。同时，富有挑战的排练境况制造出非比寻常的创意性环境。这些早期作品的世界性巡演，尤其是在爱丁堡国际艺穗节的演出，为剧团在日后建立起了保持至今的国际化声誉。

戏剧《山羊之歌——酒神颂》与剧团同名，该戏有着诸多独到之处，这些特点在日后成为剧团的标志。尽管其戏剧情节受欧里庇德斯《酒神颂》的启发，但作品的核心是戏剧音乐，而非戏剧角色。该剧对传统歌曲进行了改编，在排练初期对希腊（伊庇鲁斯）、阿尔巴尼亚和罗马尼亚进行探险时的"发现"，成功构建了古代表演精神中的当代形象。大众常常提及的剧团艺术风格中包含着希腊式的悲悼和马迪纳多斯（Madinados）传统（来自克里特岛的音乐诗歌即兴创作）[②]。对剧团尤为重要的是，"重振远古观众之精神风貌"[③]。节庆

---

① 如扬·克拉塔、帕维尔·德米尔斯基（Pawel Demirski）、莫妮卡·斯特热普卡（Monika Strzempka）和克日什托夫·加尔采夫斯基（Krzysztof Kieslowski）。

② https://culture.pl/en/artist/song-of-the-goat-theatre (accessed on 28 June 2019).

③ 同上。

般的氛围倘若包含着哀伤,那么作品的精神就在下面这段描述中得以精彩地呈现:

> 我们与希腊神话的距离有多远?有几百万光年的距离。但山羊之歌距希腊神话如此之近,演员仿佛从巴尔干宴会中走来,从装点着红酒、橄榄、肉食和红辣椒的餐桌旁走来……他们为舞蹈、(令人惊艳的)表演、唱歌、悲叹和哀悼而来。他们彼此手挽着手,四处游荡,冲击着一个非比寻常的神话……①

此处还需提及的是,在制作《山羊之歌——酒神颂》时,格热戈日·布拉尔的角色在不断变换着。他从最初能为剧团提供创意性意见的众多表演者之一,最终成长为主导戏剧成型的领袖人物。如他所见,这也显示出导演在戏剧发展中的崛起历程:"其他人都需要一个考量他们成果的人,这个人可以告诉他们哪些表演奏效,哪些不奏效。"②

如第二部作品的标题《编年史——哀悼的传统》所言,剧团在演出初期以表达悲悼情绪为主。节目称戏剧情节受《吉尔伽美什史诗》"追求永恒生命的失败结局"③故事的启发,又从属于表演的声音组织。剧团由演员和导演等七人组成,他们用两年时间"从不同国家寻找悲悼的传统"④并进行广泛探索,剧团作品以其复调式音乐频繁获赞。对哀悼的吸引力更多来自这样的解释——"人类表达情绪的最初形式似乎是悲悼,戏剧与死亡宴会的联结一直是值得辩论的课题"⑤。批评家发现,"歌曲的音乐和声音结构"以及剧团表演时"使用身体的熟练程度",为剧团赢得了身体戏剧领导者的美誉⑥。剧团紧凑而短小的演出和对净化情绪的当代追求所产生的价值尤为值得赞赏。

---

① Barbara Sola, *Literary Journals*, 2002, no. 4.
② 个人访谈(2019年5月24日)。
③ 引自节目单。
④ 引自节目单。
⑤ 引自剧团档案中的节目单。
⑥ 参见 https://culture.pl/en/artist/song-of-the-goat-theatre(2019年6月28日访问)。

受安杰伊·什奇皮奥尔斯基（Andrzej Szczypiorski）小说《阿拉斯弥撒曲》（*A Mass for Arras*）的启发，《安魂曲》是格热戈日·布拉尔为山羊之歌剧团导演的第三部戏剧作品。在剧团业已形成的模式中，该戏用"隐喻且诗意"[1]的方式，以经受着瘟疫与大屠杀摧残的 15 世纪法国城市为背景进行创作，并据此进行广泛的声音挖掘和热切的身体性探索，同时使用多种语言进行演出。马克·布朗（Mark Brown）为该剧标记出三个"迥然不同的元素"[2]：受小说故事的启发、基于莫扎特（Mozart）《安魂曲》的合唱音乐及"古希腊火刑复活崇拜专门人员的身体运动"[3]。所有元素"在人类思想被'占有'的想法中相互联结"[4]。

《安魂曲》也拥有如此特征。然而，格热戈日·布拉尔坚持（创意性过程）的最终目标是"构建一部诉说暴力之诗意的戏剧"[5]。他在剧中不仅描述了中世纪的瘟疫故事，也表述了"21 世纪的危机：'我着迷于当代世界日益增长的疯狂和内在精神而非外部世界的恐慌，人们因此也变得愈发暴力了'"[6]。波兰表演研究的领衔人物达里乌什·科辛斯基（Dariusz Kosiński）在其著名的戏剧评论中解读出剧团表演中反犹太主义和寻找仇外的替罪羊的潜台词。对《安魂曲》的怀疑可以理解为该戏只不过是对小说的改编，科辛斯基强调"该戏的主题不仅是无辜的受害者为社会牺牲"[7]，同时也以热烈的波兰实验戏剧的形式重新评估了莫扎特的《安魂弥撒曲》带来的能量。尤为显著的是，对科辛斯基而言，整个表演发展为公共

---

[1] Mark Brown, "Festival that showcases the theatre of poetry," *New Statesman*, 2 August 2007, https://www.newstatesman.com/arts-and-culture/2007/08/goat-theatre-poland-song (accessed on 17 February 2020).

[2] 同上。

[3] 同上。

[4] 同上。

[5] Mark Ramsey, *The Scotsman*, 4 August 2007（档案材料）。

[6] 同上。

[7] Dariusz Kosiński, "Prawa i lewa strona kobierca," *Didaskalia*, Oct 2005, p. 66.

的"忏悔和寻求宽恕"①。他强调"寻找替罪羊的戏剧手法"②揭露了包括大屠杀在内的20世纪历史中的野蛮行径。对科辛斯基而言，该剧的主要问题是"残酷世界与上帝间的联结。上帝的存在及其在周遭黑暗世界中出现的可能性"③。

《山羊之歌——酒神颂》《编年史——哀悼的传统》《安魂曲》三部戏的角色是以格热戈日·布拉尔的国际视野和他毋庸置疑的舞台语言表现力为基础进行创作的，我们只需记住这些作品是安娜·祖布日卡和其他优秀的团队成员的共同作品。从那时起，格热戈日·布拉尔的工作方法就发生了重要转变，并且有了更多的个人印记，这多源于他根植于迦奇尼策戏剧中心的工作风格。

莎士比亚的灵感

2008年的《麦克白》对格热戈日·布拉尔而言是一部至关重要的作品，因为这是第一部基于莎士比亚戏剧改编的系列作品。山羊之歌剧团与皇家莎士比亚剧团合作，该剧团是由来自波兰、英格兰、威尔士、苏格兰和芬兰的五位男演员和两位女演员组成的团体。剧团表演对莎士比亚戏剧中的声波潜力进行了深入探索，且对其戏剧进行身体性演出做到了精通与熟练。剧团不断持续和更新着它对整体性的热切追求，并且设法为其所呈现的精彩的莎剧演出奠定了基础。

《麦克白》是一部70分钟的戏剧作品，演出既没有装饰性道具，也没有特别的舞台设计。其视觉手段已精简至演员身着类似于"武术服装或男士和服的下装"④的黑白戏服，舞台上有烛光、荧幕、光洁的木桌子和木棍。后者不仅是点燃观众想象的有效道具，也是制造声音的基本工具。剧团对声波组织进行

---

① Dariusz Kosiński, "Prawa i lewa strona kobierca," *Didaskalia*, Oct 2005, p. 66.
② 同上。
③ Dariusz Kosiński, "Prawa i lewa strona kobierca," *Didaskalia*, Oct 2005, p. 66.
④ Kalina Stefanova, "Theatre for Sounds and Souls, or The Quest of the Polish Song of the Goat Company into the Impossible, Inspired by Shakespeare," http://piesnkozla.pl/en/news#363-kalina-stefanova-about-song-of-the-goat-theatre (accessed on 6 June 2019).

强烈探索，并以此为舞台语言。这种语言由场面宏大的合唱及一个演员操纵的多个乐器组合而成，这就是剧团的典型表演方式。

如山羊之歌之前的戏剧作品一样，《麦克白》不论在波兰还是在国外，都备受好评。评论界广泛认为，该戏用颇为新颖的方式展现出古代卡塔西斯净化理念。如安娜·塔尔诺夫斯卡（Anna Tarnowska）所言："如果卡塔西斯在当代剧场中有所体现，那么这一理念就表现在了山羊之歌的《麦克白》中。演员的表演充满暗示又清晰明了——几乎是以非戏剧的方式进行演出——因为剧中并无典型的角色扮演。在这里，情感是真实的……该戏显示出莎翁戏剧可以是拟声的，辞藻可以变为音乐表达感情。这是在古老谜团之外的悲剧的诞生，与这种精神相伴的是赋予尼采精神的音乐演奏。"[①]卡莉娜·斯蒂芬诺娃提出了相似的观点，她坚持认为《麦克白》"不仅拓宽了我们对戏剧应该是什么的理念性认知"，也"带我们思考戏剧的本质是什么，或至少本应是什么。戏剧的核心是：一种无可抗拒的纯净的卡塔西斯——这是一种当代舞台颇为罕见的、悲叹的、敢于渴求的精神。该戏想方设法去实现了这种精神"[②]。

《李尔之歌》是剧团受莎翁启发所作的第二部戏。该戏首演于2012年8月爱丁堡艺穗戏剧节。尽管这部戏在演员阵容方面有较大变动，但仍在世界各地进行了演出。该戏采用了"清唱剧"（oratory）这种表演形式，挑战了观众对于戏剧动作的线性发展的期待。由格热戈日·布拉尔的介绍性评论所组成的歌曲片段，对莎士比亚的《李尔王》（King lear）进行了当代回应，而这并不是去反映经典的故事情节，它"通过姿态、话语和音乐"探索"微妙的能量和节奏的世界"[③]。对戏剧进行松散的处理成为布拉尔工作风格的主要特点之一。

受科西嘉（Corsican）节奏和中世纪格鲁吉亚复调音乐歌唱的启发，让-克劳德·阿夸维瓦和马切伊·瑞克利为剧团进行音乐创作，他们从那时起就与

---

① Anna Tarnowska, "Gazeta Wyborcza—Bydgoszcz," 9 May 2011.

② Kalina Stefanova, "Theatre for Sounds and Souls, or The Quest of the Polish Song of the Goat Company into the Impossible, Inspired by Shakespeare," http://piesnkozla.pl/en/news#363-kalina-stefanova-about-song-of-the-goat-theatre (accessed on 6 June 2019).

③ 引自宣传资料。

格热戈日·布拉尔成了稳定的合作伙伴。事实上,《李尔之歌》中的传统对话完全由歌唱所替代,这种替代方式意义重大。如斯蒂芬诺娃所言:"从演出结果可见,《李尔王》被浓缩了,它没有被删减,而是得到了强化。它有了中国古代四行诗的功效,它用一种神秘的方式揭示出戏剧内核。也就是说,天堂经由支离破碎,至逝去,最终又失而复得了。"①

首演于 2016 年的两部戏《疯狂的上帝》(*Crazy God*)和《岛》则截然不同。前者没过多久就暂停演出了,《岛》则发展为一部完整的作品,并为剧团带来新的舞台语言。受莎士比亚《暴风雨》的启发,《岛》由山羊之歌剧团与荷兰英尼(INNE)剧团联合制作。这次演出由英尼剧团的领导人伊万·佩雷斯(Iván Pérez)负责编舞,格热戈日·布拉尔负责将表演/声响和现代舞蹈整合在一起。多维度和跨文化合作带来重塑山羊之歌剧团舞台语言的演出效果。十三个演员/歌手和六个舞者相互影响,彼此融汇,他们以动态合奏的方式带来一种视觉整体感,这种整体感平衡了复调歌唱和表演的强度。一系列夺目的意象来自我们熟知的绘画,如爱德华·蒙克的《呐喊》②。还有一个同样令人印象深刻的情景,全体演员共同表演了一出皮影戏,一小时的演出最终以这幅画面结束了。此外,阿莉恰·布拉尔为该戏增加和整合了文本维度,她由此稳固了自己在剧团作为编剧的地位。

在论及自己所参与的创作过程时,伊万·佩雷斯提供了山羊之歌排演时他自己的见解。他惊讶于在排演时的格热戈日·布拉尔。

> 准备谈谈理解世界的诸多维度。例如,从能量的角度,从震动的角度,从延展身体的角度,从我们与物理能量及其他一切所见能量交流的角度。他有谈论不可见之物的勇气……他将从生活中感知到的神秘元素融入工作之中。当他与周围同事谈论这些想法时,是极具吸引力的。我可以感受到这些观点,但我倾向于将它们理智

---

① Kalina Stefanova, "Theatre for Sounds and Souls, or The Quest of the Polish Song of the Goat Company into the Impossible, Inspired by Shakespeare," http://piesnkozla.pl/en/news#363-kalina-stefanova-about-song-of-the-goat-theatre (accessed on 6 June 2019).

② 我将此观察归功于耶日·利蒙(Jerzy Limon)教授的指导。

化……我们可以从身体中感知到这种潜意识的、直觉的、知觉的知识，并从中受益。①

佩雷斯观察到，布拉尔对非理性、无形之物和身体充满迷恋显得尤为得当。当观众在面对格热戈日·布拉尔导演的戏剧作品时，从作品演出的鲜活程度可以看出他所支配的能量及其传递，这种观赏体验极具震撼力。布拉尔向观众介绍其作品时，往往会提及该作品的演出时长，这些作品通常不会超过60分钟。他声明，这样做的原因在于他想在短时间的演出中增强表演的激烈感。②

新作品

尽管格热戈日·布拉尔在进行戏剧创作时经常以莎士比亚的作品为参考基点，但近些年来山羊之歌剧团也在其他剧作家作品和其他风格的素材上进行了创作。《樱桃园的画像》（*Portraits of the Cherry Orchard*, 2014年）就是一部基于契诃夫戏剧的作品，这部多语言作品以既非线性也非严格理性的演出方式对天堂的丧失发出悲叹。③ 与之相似，《回归声音》（*Return to the Voice*, 2014年）这部戏由十二首歌曲串联而成，剧团成员在苏格兰之旅中受古老歌曲和其他音乐素材启发而创作。《宗教大法官》（*The Grand Inquisitor*, 2018年）则更具对话性，这是基于陀思妥耶夫斯基的《卡拉马佐夫兄弟》（*The Brothers Karamazov*）片段进行的改编创作，该剧探索了个人与其内心的守护灵及他者的存在主义式的生存遭遇。尽管这些作品基于不同素材创作而成，且表演风格变化

---

① Tomasz Wiśniewski, "Conversation with Iván Pérez," posted on 17 March 2017, https://thetheatretimes.com/conversation-ivan-perez-founder-inne-choreographer-song-goat-theatre（accessed on 28 June 2019）.

② 比如首演于2017年的《评论哈姆雷特》，根据2017年2月10日对他的访谈，布拉尔也在考虑改编《泰特斯·安德洛尼克斯》（*Titus Andronicus*）。

③ Mateusz Węgrzyn, "Teraz marzę," www.dwutygodnik.com, 05-12-2013, www.e-teatr.pl (accessed on 28 June 2019).

多端，但它们无一不体现出格热戈日·布拉尔对舞台语言的整合性的重视，以及他对正规实验戏剧的热情。①

这种戏剧风格和演出形式在《安提戈涅》（2018 年）这一里程碑式作品中也表现得同样真切。这部三联剧包括《忒拜七门》（*Seven Gates of Thebes*）、《安提戈涅》和《狂喜》（*Ecstasy*）。从山羊之歌过往的演出规模来看，这部戏算是不同寻常的大制作了，三十多个演员/歌手和舞者参与其中。公民服从与对个人价值的忠诚守护之间的冲突，一方面嵌入男女元素的原型对抗之中，另一方面也取得了周围世界的共鸣。布拉尔经常将该戏比作合成物，因为它既可以独立演出，又可以从一种形式变为另外一种形式。

另外，《卡桑德拉的报告》（*Cassandra's Report*, 2018 年）使用歌曲——而非舞者——组成了《安提戈涅》的第二和第三部分，并将其扩展为独立演出。2019 年夏季，《卡桑德拉的报告》参加了"进入埃尼奥音乐节"（Enter Enea Festival）露天演出，这部戏的一部分变成了即兴演奏的音乐会，并由波兰著名爵士钢琴家莱谢克·莫日泽尔（Leszek Możdżer）指挥演奏。

图 1 《评论哈姆雷特》，格热戈日·布拉尔导演，山羊之歌剧团演出，2017 年。
摄影：马特乌什·布拉尔（Mateusz Bral）

---

① 个人访谈（2018 年 11 月 20 日）。

多年来，格热戈日·布拉尔成功打造出个人风格鲜明的语言艺术。根植于波兰实验戏剧传统，对于世界各地多种表演形式的运用和对传统歌曲进行改编，塑造了山羊之歌的美学特色。布拉尔的国际化愿望似乎永无止境。这种愿望不仅在他最新创作的《战士》（*The Warrior*）[①]中体现得淋漓尽致——该戏被米罗斯瓦夫·科楚尔（Mirosław Kocur）称为杰作，也在剧团参与制作的、由迈克尔·赫斯特（Michael Hirst）导演的系列剧《维京传奇》（*Viking*）第六部中尽显风采。这种实验剧团与全球大众媒体的合作，会产生出奇异而有趣的影响。正如格热戈日·布拉尔所言，"我们还未有机会收获世界各地的广大观众"[②]。将雄心勃勃的艺术抱负融于当前这种游牧式戏剧中，也是一种极为有趣的创作方式。

参考文献

［1］Bąk, Ewa, "39. WST Anty-Gone Tryptyk Teatr Pieśń Kozła," http://www.e-teatr. pl/pl/artykuly/274285.html (accessed on 28 June 2019).

［2］Bral School of Acting, Official Website, www.bralschool.com (accessed on 29 March 2019).

［3］Brave Festival, Official Website, http://www.bravefestival.pl/ (accessed on 28 June 2019).

［4］Brave Kids, Official Website, www.bravekids.eu (accessed on 6 June 2019).

［5］Brown, Mark, "Festival that showcases the theatre of poetry," *New Statesman*, 2 August 2007.

［6］Kocur, Mirosław, "Uwaga, arcydzieło," http://teatralny.pl/recenzje/uwaga-arcydzielo,2892.html?fbclid=IwAR2_qqRRQWQQLiUnxBEse1vTNHo2lt-GLKls86KtSMBwc4AxuejJwtoMFgwI (accessed on 23 November 2019).

---

① http://teatralny.pl/recenzje/uwaga-arcydzielo,2892.html?fbclid=IwAR2_qqR-RQWQQLiUnxBEse1vTNHo2ltGLKls86KtSMBwc4AxuejJwtoMFgwI (accessed on 23 November 2019).

② 个人访谈（2019 年 11 月 14 日）。

[7] Kosiński, Dariusz, "Prawa i lewa strona kobierca," *Didaskalia*, Oct 2005.

[8] Ramsey, Mark, *The Scotsman*, 4 August 2007.

[9] Song of the Goat, Official Website, http://piesnkozla.pl/en (accessed on 28 June 2019).

[10] Stefanova, Kalina, "Theatre for Sounds and Souls, or The Quest of the Polish Song of the Goat Company into the Impossible, Inspired by Shakespeare," http://piesnkozla.pl/en/news#363-kalina-stefanova-about-song-of-the-goat-theatre (accessed on 6 June 2019).

[11] Tarnowska, Anna, Review, "Gazeta Wyborcza—Bydgoszcz," 9 May 2011.

[12] Wiśniewski, Tomasz, "Conversation with Iván Pérez," posted on 17 March 2017, https://thetheatretimes.com/conversation-ivan-perez-founder-inne-choreographer-song-goat-theatre (accessed on 28 June 2019).

[13] Wiśniewski, Tomasz, "The conditions are never ideal. In conversation with Melanie Lomoff," posted on 16 April 2020, https://thetheatretimes.com/the-conditions-are-never-ideal-in-conversation-with-melanie-lomoff/ (accessed on 17 July, 2020).

[14] Węgrzyn, Mateusz, "Teraz marzę," www.dwutygodnik.com, 05-12-2013, www.e-teatr.pl (accessed on 28 June 2019).

[15] Zubrzycki, Anna, Official Website, www.annazubrzycki.com (accessed on 29 March 2019).

我叫贾尼娜·克尔布纳留：我是一只母狮

[罗马尼亚] 玛丽亚·泽尔内斯库* 著

刘静 秦宏 译

假如贾尼娜·克尔布纳留出生在另一个时代，或者另一个地方，那她一定会成为一个改写艺术史的反叛者。如今她是罗马尼亚当代最著名的戏剧制作人之一——重要的导演兼剧作家，其作品常在国内外舞台上演。

贾尼娜·克尔布纳留揽过重塑罗马尼亚戏剧的使命，她采用一种新的写作方式，利用舞台来传达意见以及表达对国家和社会的某些异议——这就像普通人拥有吹口哨或扔石头的权利一样。她的作品主题源于当代，从当今话题或近期历史中获得灵感。克尔布纳留（通过采访和档案研究得到的）的文献记录与（和她同一代或更年轻的）演员们的即兴创作结合在一起，产生一个虚构的剧本，剧本有时融入现实生活的元素。克尔布纳留强调："每一部小说都

---

* [罗马尼亚] 玛丽亚·泽尔内斯库（Maria Zarnescu），罗马尼亚戏剧理论家和评论家，副教授。毕业于布加勒斯特理工大学（The Polytechnic University of Bucharest）化学学院（1993 年）和布加勒斯特国立戏剧与电影大学戏剧研究学院戏剧系（2005 年），博士论文题为《从话剧到音乐剧》（From Theatre Play to Musical）。泽尔内斯库自 2017 年以来一直担任罗马尼亚国立戏剧与电影大学戏剧研究学院院长。她曾在《关键舞台》（Critical Stages）、《欧洲舞台》（European Stages）、《约里克》（Yorick）、《今日剧场》（Teatrul Azi）和《概念》（Concept）等国内外杂志上发表过各类研究文章、论文和戏剧评论。她的著作包括《音乐与缪斯》（Music and Muses，2015 年）和《戏剧音乐之声》（The Sound of Theatre Music，2016 年）。她也是国际戏剧评论家协会理事会（IATC, The International Association of Theatre Critics）以及罗马尼亚戏剧专业人士协会（UNITER, The Romanian Association of Theatre Professionals）的成员，2015 年获得了罗马尼亚戏剧专业人士协会的最佳戏剧评论家奖。

是'经验—纪实—想象'。"①克尔布纳留以这种方式专注当代地方创作，拒绝任何形式上和思想上保守主义的表达。"她处理20世纪90年代后具有争议性问题的那套方法，已成为她的独特风格。"②克里斯蒂娜·莫德雷亚努（Cristina Modreanu）写道。

自2017年起，克尔布纳留一直担任她的家乡皮亚特拉尼亚姆茨（Piatra Neamt）青年剧院的经理，该剧院是罗马尼亚最重要的文化机构之一、罗马尼亚戏剧史上一座真正的里程碑。

开端："当下戏剧"——《停止节奏》

1977年8月9日，贾尼娜·克尔布纳留出生于皮亚特拉尼亚姆茨，2000年至2004年间在布加勒斯特大学（The University in Bucharest）学习文学。2004年，她毕业于布加勒斯特国立戏剧与电影大学（The National University of Theatrical Arts and Cinematography）"卡拉贾莱"（I.L. Caragiale）戏剧导演专业。她还攻读了编剧的硕士学位（2006年），并凭借论文《剧作家导演》（The Playwright Director）获得了该大学的博士学位。

随着新千禧年的到来，罗马尼亚的当代戏剧环境也正经历着一些变化。2002年，克尔布纳留和三位同学合办了一场戏剧比赛，比赛很快就成为新剧作家活跃的重要平台，新颖的戏剧手法和革新的戏剧技巧随之产生。这个名为"当下戏剧"团体的出现，让罗马尼亚戏剧表演的面貌焕然一新。

在克尔布纳留职业生涯初期，相比于剧作家，她更像是一位导演。她的演出改编自她本人或他人所写的当代文本，故事的灵感源自当下现实。她的毕业作品《我叫伊斯堡，我是一只母狮》（My Name is Isbory, I'm a Lioness，2003年）是根据冰岛哈瓦尔·西格尔永松（Hávar Sigurjónsson）的剧本改编的，但这也

---

① Gianina Carbunariu, *Written Text—the Script for a Show* (Foreword / mady-baby.edu) (Bucharest: "Cartea Românească" Publishing House, 2007), p.11.

② Cristina Modreanu, "Gianina Carbunariu: Documentary Theatre with Political Focus," *The Theatre Times*, 29 September 2016, https://thetheatretimes.com/gianina-carbunariu-documentary-theater-with-political-focus/ (accessed on 10 August 2020).

是最后几个不以她写的剧本为基础的节目之一。

克尔布纳留的第一部戏剧《停止节奏》(*Stop the Tempo*, 2004年)标志着她国际生涯的开始，这部作品被认为是新一代剧作家的"最佳作品"。它在布加勒斯特的绿时俱乐部首次演出，主演是三个演员，舞美的亮点是三盏灯笼。作品讲述了三个孤独迷惘的年轻人想要炸毁镇上的夜总会、超市和剧院的故事。该故事被视作年轻一代的宣言。生存权被剥夺的年轻一代，只能通过自我毁灭来表达抗议。同年，该剧受邀在德国威斯巴登（Wiesbaden）双年艺术展演出。此后，该剧相继到巴黎、柏林、都柏林、纽约、伊斯坦布尔、维也纳、尼斯和莱比锡的舞台上演出。

《停止节奏》势必会改变罗马尼亚的戏剧表演。正如尤利娅·波波维奇（Iulia Popovici）所写，"它将引发这片土地上当代戏剧界的小型变革。贾尼娜·克尔布纳留引入了一种全新的写作方式，在罗马尼亚剧院开创了一种反传统的表演美学。"[1] 剧作家兼导演的克尔布纳留坦言："作为一名艺术家，我的灵感有时来自书本，有时来自其他艺术家，但绝大多数还是来自我个人的经历，以及通过会议、采访和钻研档案获得的体验。"[2]

她的第二部戏剧《烤肉串》(*Kebab*，原名《玛迪宝贝教育网》)是她作为国际"驻院艺术家"在伦敦皇家宫廷剧院时构思的。然而，该剧在首演的几天前，因为"语言下流"，被布加勒斯特一家私人剧院禁演。这部戏剧讲述三个罗马尼亚青年另外的故事：他们以为爱尔兰是机会之城。不过当他们到达那里，他们的梦想很快就被现实摧毁。皮条客、妓女和受害的顾客的不同选择，互相影响，彼此吞噬。克尔布纳留在五点钟的新闻里解读了一条消息，但她这样做既不是为"哗众取宠"，也不为"骇人听闻"，只为找到引发这个故事的内因。

---

[1] Iulia Popovici, *Romania of Daily Nightmares* (Foreword / mady-baby.edu) (Bucharest: "Cartea Româneasca" Publishing House, 2007), p.5.

[2] Gianina Carbunariu, "I'm Scared by the Polarization of the Speeches" (interview by Maria Cernat), 'Baricada, 9 April, 2019. https://ro.baricada.org/carbunariu-teatru-munca-interviu/ (accessed on 10 August 2020).

《烤肉串》在 2005 年得到布加勒斯特"迷你小剧院"（也正是该剧院促使克尔布纳留走上导演之路）的支持后，成为海外巡演次数最多的剧目之一。它吸引了世界各地剧院的目光：从日本到英国，从丹麦到希腊，尤其是进驻了柏林著名的邵宾纳剧院（Schaobühne）。

贾尼娜·克尔布纳留的前两部作品在欧洲受到极大关注，秘诀在于它们特色鲜明。"这些戏剧在克制讽刺的同时又不失幽默，没有明显的道德批判意图，只是表达一个特殊时代的'世界观'①，它属于新千禧年罗马尼亚特殊的一代，传达了那个特殊的头十年里生存在那片特殊土地上的人们的世界观。"② 尤利娅·波波维奇写道。

国内和国际认可：阿维尼翁戏剧节——《孤独》

不过这"节奏"并未让克尔布纳留的职业生涯"停止"，相反，数十部由她创作的作品紧随其后，在国内外舞台上演。她的作品记录了罗马尼亚当前或近期的一些故事，加深了集体记忆。她会选择那些当局回避的、历史学家和社会学家所忽视或者未研究透彻的话题，所选主题具有艺术审美性，聚焦微小的历史故事，那些真实发生过却被研究者遗忘的事实，那些可以通过戏剧表现力去揭露的事实。③ 她的许多作品都已被其他导演翻译过，再度搬上舞台，这些演出赢得了戏剧界的高度认可。

多年来，克尔布纳留在戏剧中的主要身份已经发生变化：从单纯的一名

---

① Weltanschauung（字面上指"一种对世界的看法"）是备受德国哲学推崇的一个术语，它暗示着一种系统的方式，即个人如何理解和诠释生命与世界作为一个整体的意义。

② Iulia Popovici, *Romania of Daily Nightmares* (Foreword / mady-baby.edu) (Bucharest: "Cartea Românească" Publishing House, 2007), p.6.

③ 国际戏剧评论家协会罗马尼亚分会主席奥尔蒂塔·科恩特克（Oltita Cóntec）签署了一份关于这个问题的记载翔实的报告：《贾尼娜·克尔布纳留的戏剧：近期历史中的一种记忆形式》[*Gianina Carbunariu's Theatre, a Form of Memory in Recent History* (STUDIA UBB DRAMATICA, LXII, 2, 2017, pp.131-141)]。这项研究基于贾尼娜·克尔布纳留所创作的最为成功的系列剧目，围绕法国哲学家保罗·里科（Paul Ricoeur）《记忆，历史，遗忘》(*Memory, History, Forgetting*, 2004 年) 一书中所提出的方法论展开。

导演转变为演出的完整创作者。不过，这两种身份都获得了许多国家提名和奖项。例如，国际戏剧评论家协会罗马尼亚分会为"当下戏剧"团队及原创导演和编剧颁发的奖项；《印刷大写字母》(*Typographic Capital Letters*)荣获联合者（UNITER）[①]评议会奖（该剧由布加勒斯特奥登（Odeon）剧院、"当下戏剧"和迪瓦德纳尼特拉（Divadelna Nitra）国际戏剧节共同制作，也是2013年"平行生活——秘密警察眼下的20世纪"项目的一部分）。她在世界各地艺术节上的演出（罗马尼亚或联合制作），为她赢得了国际上的认可。

2014年，《孤独》[*Solitarity*, 由罗马尼亚锡比乌的拉杜·斯坦卡国家剧院、布鲁塞尔法语区的国家剧院和阿维尼翁戏剧节（Avignon Festival）联合制作]作为"舞台上的城市"项目的一部分，在阿维尼翁戏剧节的官方评选中上演，剧作家兼导演的克尔布纳留正式成为海外最著名的罗马尼亚女戏剧家。这部戏剧是对全国性虚伪的批判——一种在政治、家庭、宗教甚至戏剧界中都能见到的虚伪。

在《孤独》的五个场景中，有几个非常突出：罗马尼亚一个城镇的市政当局为了孤立吉卜赛社区而修建城墙，在首都修建国家大教堂；该国的学校和医院都濒临关闭，但在这些倡议案上却花费了数亿欧元，不得不说是一个很微妙的现象。这个节目的名字是一个新创的词，却相当具有表现力，衍生于"团结"，但实际上却暗示了它的对立面：孤独。"最近的这些年，我一直觉得团结对我们而言愈难实现，而这种失败则会带来某种类型的隔绝及孤独。"[②]

但是，克尔布纳留多年来书写的故事不仅仅是关于严重局势的报道，也不仅仅是为了"被看见"而敲响警钟。她的出色之处在于严肃面孔背后的敏锐幽默感。这种幽默感使得她的作品更易被人接受；激进的战栗在她的作品中是缺

[①] 罗马尼亚戏剧专业人士协会（联合者）成立于1990年，是一个专业、非政治和非营利的组织，是戏剧行业艺术家自由协会的产物。联合者的颁奖典礼是其最重要的节目之一，自1991年以来每年举办一次。

[②] Gianina Carbunariu, *Because We Care* (interview by Medana Wident), "Deutsche Welle," 28 January 2016. https://www.dw.com/ro/pentru-c%C4%83-ne-pas%C4%83-despre-altruism-curaj-civic-%C8%99i-sim%C8%9Bul-datoriei-pe-scena-teatrului-sibian/a-19010467 (accessed on 10 August 2020).

席的，而艺术无疑是存在的。"克尔布纳留并非简单列举匆匆而又令人震惊的'生活片段'，而是找到最有创意的艺术手段——不论是从为角色创造的情境还是演员的表现力来看。"① 阿林娜·恩盖克（Alina Epîngeac）写道。

《老虎》

然而，在国际上受到认可的主要还是作为剧作家的贾尼娜·克尔布纳留。她的作品被翻译成了多种语言，并在三大洲的舞台上演。正如她所言："在所有我作为一名艺术家工作的地方，我都很有兴趣去了解我面对的社区和观众是哪些人。当我在慕尼黑工作时，我会想着那些来剧院的观众；当我在意大利工作时，为了解哪些人会去看戏，我会去看其他演出。我也会思考我希望哪些人能来观看演出。相似的情况还发生在特尔古穆列什（Târgu Mures）、锡比乌……这就是为什么在演出结束后，我常会和观众交谈。"②

2016 年，阿维尼翁戏剧节的官方评选中包含了《老虎》[*Figern*，索菲亚·朱皮瑟（Sofia Jupither）执导，瑞典朱皮瑟·约瑟夫松（Jupither Josephsson）剧院公司制作]。这部戏改编自《米哈埃拉，我们镇上的老虎》（*Mihaela, the Tiger of Our Town*）（一部仿纪录片）。但这部戏剧的历史还可以追溯得更远。它最初的标题是"锡比亚老虎"（*The Sibian Tiger*），是以罗马尼亚中部城市锡比乌名字命名的。这座城市约有 15 万居民，是罗马尼亚最重要的文化中心之一，在 2007 年被评选为"欧洲文化之都"，1993 年以来，每年都会举办锡比乌国际戏剧节（Sibiu International Theatre Festival）。

正如克尔布纳留的其他剧作，《米哈埃拉，我们镇上的老虎》改编自一个真实的新闻事件：2011 年，一只老虎逃离了锡比乌的动物园。事实上，它得以

---

① Alina Epîngeac, *The Manipulation through Theatre* (PhD thesis), UNATC Library, Bucharest, 2019, p.156.

② Gianina Carbunariu, *The Theatre can't Save the World, but it can Provoke Thinking* (interview by Medana Weident), "Deutsche Welle," 30 September 2018. https://www.dw.com/ro/gianina-c%C4%83rbunariu-teatrul-nu-poate-salva-lumea-dar-poate-provocag%C3%A2ndire/a-45691408 (accessed on 10 August 2020).

逃跑只是人类的疏忽所致——管理员在喂食之后忘记将笼子锁上。在动物园附近的树林里自由地待了几小时后，这只名叫米哈埃拉的雌老虎被搜救队发现并击毙。

因此，在最初的标题中，"锡比亚"意思是"源于锡比乌"，但也可以说它是一种双关："锡比亚"听起来像"西伯利亚"。不过剧中并未提及该城市的名字，所以它也可能代指任何一座现代城镇。

在一段开场白和十一个场景中，作者通过一系列虚构的采访，再现了锡比亚虎获得自由那天的情形。这些受访者均与老虎有过某种形式的接触：一位健谈的出租车司机，两个在中央公园骂着脏话的流浪汉，两位分别具有典型民族心理的日本游客和法国游客，鸽子、乌鸦和麻雀种类的代表，一位易受操纵的养老金领取者，一所学校（既作为建筑，也作为传统与习俗的机构），豪车的主人以及豪车本身，一位年轻的急诊室女医生，一位银行经理和一名银行员工，新来的郁郁寡欢的动物园管理员，还有三只其他动物，它们是老虎米哈埃拉的前任"伙伴"。

"我们试图审视'外国人'的模样与现实中的当代城镇相遇时，是如何表现的：少数族裔的、不同种族的、局外人的，还有那些打破规定的人的样子。"作者称。他们每个人都谈论着别人，那些他们怪罪的人。但其实他们谈论的是他们自己，讲着他们自己的故事，以及他们曾犯下的错。"他人即地狱。"20世纪中叶的存在主义者萨特如是说。现今，克尔布纳留拿着一个完全不讨人喜欢的放大镜，幽默地审视着特定个人或者人群不论在何处都会犯的人性的错误。

该剧由"当下戏剧"和布加勒斯特喜剧院联合制作，并于2012年在罗马尼亚首演。此后，该剧本被译成了英语、法语、西班牙语、保加利亚语、德语、瑞典语、意大利语、汉语等多种语言。

《艺术家谈话》

2017年，凭借着节目《艺术家谈话》[*Artists Talk*，由布加勒斯特文化中心（ARCUB）与"反喜剧"（Piese Refractare）协会联合制作]，克尔布纳留被选为罗马尼亚艺术家代表出席列日艺术节。

"艺术家的角色是提出问题，而非回答问题。"这是契诃夫被引用得最多的一句话，但这句话似乎与组织者在文化活动中加入艺术家和观众（无论是记者还是评论家）的著名讨论的习惯相矛盾。这些问答环节的目的是在创意团队和目标观众之间筑起桥梁，有时也为二者的连接补上"缺失的一环"，至少在理论上是这样。然而实际上，这些环节可能会透露艺术工作者的意图和思想（否则无从知晓），或者说相反，它们可能会演变成一种隐约的陈词滥调和新词交替：空谈与闲谈，例如"艺术方法""合作项目""艺术观念""挑战""艺术信息""透明度""社会／政治艺术""共鸣""表演艺术""融合""折衷主义""有趣""迷人""精彩""壮观"……词、词、词，大词和小词，各种各样的词。

在过去几年，"我们目睹了一些有趣的情形，即社会和政治语境对艺术话语的传递和接收产生了强烈的影响。作为观念创造者，艺术家们肩负着一定的责任。既然我们生活在一个越来越抵制对话的世界里，那么现在还有什么艺术工具可供人使用呢？"[1]这是克尔布纳留问自己的问题。如契诃夫一样，她也确信艺术家的作用是提出问题。但就回答而言，可能会由观众接手——他们参与到演出中，也可能是参与解决文本提出的问题。《艺术家谈话》的情况正是如此。它受到观众讨论或采访记录的启发，进而提出问题。"作为这个系统的一部分，我们有兴趣通过他们采用的方法和艺术家生活世界的描述，来了解艺术家的责任（或缺乏责任）是如何表现出来的。"作者坦言道。

这个节目由五个场景和一个序幕构成，来自各个领域的艺术家都被（自我）激发起来展开讨论。尽管这个故事将我们带向电视节目、戏剧和电影节，以及公共场所——无论是否可以识别，这个故事依然发生在"欧洲的某地"。在布加勒斯特文化中心大厅的小舞台，水平面由一层闪亮的地板勾勒出，演员穿着鞋套在上面行走（就像在博物馆或医院那样），垂直面则由闪闪发光的边缘背景凸显（像在歌厅或者音乐厅那样）。黑色为主的戏服上点缀着色彩缤纷或闪闪发光的装饰，这些装饰让每个有自尊的艺术家都能彰显自己的个性（换幕期间，演员们在舞台一侧，视线几乎可及的地方换衣服）。整部剧散发着

---

[1] Gianina Carbunariu, *The Artists Talk*. https://arcub.ro/eveniment/artists-talk-3/ (accessed on 10 August 2020).

"漫不经心的魅力",辅以电子舞曲——节奏感强、突兀、多变的特征,讽刺性地指向了不同的故事。

事实上,"反讽"和"自我嘲讽"是最能形容这部剧的词语。有时人们会指责克尔布纳留的作品涉及社会问题,因为有时候剧中的思想和理论超出作品的艺术范畴。现在,克尔布纳留似乎通过极其滑稽的文本和罗马尼亚演员表演中的幽默,再一次把艺术放在她想表达的一种理论之下。这可能是因为他们都是这个艺术体系的一部分,对此非常熟悉,不论他们喜不喜欢这个体系。

艺术家们说着他们自己的、艺术性的语言,比如罗马尼亚语、英语、法语,甚至还有一点捷克语。艺术家的言语有时是真诚的,有时带着神圣无知的天真,但大多数时候是虚伪的。所谓的言语"诚实"掩盖了其他利益和缺点,如虚荣、冷漠或艺术自负。它们恰是媒体人无休止(也就是说,愚蠢地)重复的问题的答案:"作者的意图是什么?/创作动机是什么?/你未来的计划是什么?"有时候展开的讨论没有任何实际价值,但有时候却又令人兴奋不已。虽然与真人相似并非巧合,但在这虚构的故事里,被认作某位有特定风格的艺术家,也没有什么风险。特殊变成了普遍,即便这个特殊个体是罗马尼亚某个市长在城市的两个民族社区之间筑起了一道墙(抱歉:是篱笆!),随后邀请一群视觉艺术专业的学生来绘画,并将其变成街头艺术品(重新审视《孤独》的主题)。或者这个特殊人物也可能与拉脱维亚导演阿尔维斯·赫尔曼尼斯同名,该导演拒绝了一家剧院的工作,原因之一是该机构被称为"难民——欢迎中心"。甚至,在节目最后一个场景中,这个特殊个体还撞名了乌克兰犹太裔小说家伊雷娜·内米洛夫斯基(Irène Némirovsky)。这位小说家出生于沙皇俄国,大半生都在法国度过,虽用法语写作,却被剥夺了法国公民身份。根据种族法,犹太人身份导致她被捕,39岁时死在奥斯威辛,死后因现代的营销手段而成名。

关于反犹太主义,关于个人命运与集体命运,关于责任与艺术家的自由,关于艺术作品的接受问题,关于世界难民或本国难民,关于国界,关于把我们与世界其他地方隔离的墙的问题;关于"为艺术而艺术"与"实用的艺术";"主流"在今天意味着什么?"时尚"又是什么意思?是继续做"不动声色的旁观者"更好,还是必须让自己努力成为一名艺术家?这些问题克尔布纳留都不准备回答，也不想给出任何裁决，她只是提出这些问题，经充分且公正地讨论，以幽默和（自我）讽刺的手段呈现，答案呼之欲出。由于所涉问题之广，表演质量之高，布加勒斯特文化中心（ARCUB）的《艺术家谈话》是一部足以达到欧洲标准的作品。这里的欧洲，是一个不仅重新定义着它的边界，还重新定义着它的艺术手法的欧洲，是一个正在寻找自我的欧洲……

青年剧院：《正面的》

皮亚特拉尼亚姆茨的青年剧院拥有六十多年的历史，有着独特的艺术创作手法，是罗马尼亚最重要的文化机构之一。它被誉为年轻演员、导演、戏剧设计师和作曲家的基石，他们在此基础上开始杰出的职业生涯。就像罗马尼亚任意一所老剧院一样，它历经了不同的时期——浮浮沉沉——政权的更迭、管理者的变换或永无止境的建筑改造所致。但青年剧院在各种变化中不断获得新生，就像涅槃的凤凰一样，而且自 2017 年以来，在贾尼娜·克尔布纳留的管理之下，它再度焕发生机。虽然她在二十多年前就离开了皮亚特拉尼亚姆茨，但正是青年剧院和它反叛的精神在很大程度上塑造了作为观众和戏剧制作者的她。这个剧院总是散发着一种气息，让人感觉总有些特别的、不墨守成规的故事在那里上演。它面向的是一群特殊观众，这些人可以用口齿清晰、文明有礼、充满好奇来形容，他们能细致入微地讨论，在台上有表演时控制自己的情绪，但若欣赏演出，则会毫不吝惜地给予掌声。

克尔布纳留的管理设计，与青年剧院——创意联合实验室的共性是合作、当代、社区和联合制作。所有这些都旨在重建剧院与观众的关系，并让剧院向其他国家或者国际机构开放。这位年轻的经理认为，"在 21 世纪，剧院不应该仅以表演的形式提供服务，而应该是这样的地方：在这里，艺术家和观众一起，在面对当下的主题中，想象一个可能的未来"①。她也实现了她的承诺——青年剧院的剧目（邀请这方面有发言权的艺术家）、相关的活动（致力于提高

---

① Gianina Carbunariu, *I'm a Product of Relevant Theatrical Experiences on the Stage of the Theatre of Youth* (interview by Cristina Modreanu), Scenaro. Nr. 39, 1 (2018), p.22.

和教育新观众的各类节目）都是证据，但最强有力的证据还是皮亚特拉尼亚姆茨每年举办一次的国际节上的节目。

2019年距这个节日的第一届已经过去了半个世纪，它也经历了艰难的时期（遭遇审查，甚至被叫停过一段时间），但现在又焕发青春，就像剧院本身一样。周年纪念日的节目还包括在皮亚特拉尼亚姆茨上演的克尔布纳留的最新戏剧《正面的》(*Frontal*)。

这个节目旨在带大家重温罗马尼亚最著名的散文寓言之一——《一个懒汉的故事》[*The Story of a Lazy Man*，罗马尼亚文学代表人物之一扬·克雷安格（Ion Creanga）19世纪末的作品]。即便最初的故事版本也具有多层含义：主人公懒惰到把咀嚼食物都视作一种劳作，村民因为厌恶主人公这种尽人皆知的懒惰，组织了一场私刑。一位贵妇碰巧目睹这一事件，为此感到心神不安。当她主动提出要照顾懒汉，给他喂面包屑时，这个懒汉问出决定他命运的一句话："你的面包屑软吗？"皮亚特拉尼亚姆茨青年剧院的版本则蕴藏着新的意义，其灵感源自整个艺术团队的访谈、社会学和人类学研究，以及与社会不公有关的在线评论。新版故事试图揭露将贫穷定为犯罪的现代机制，媒体在构建将"贫穷"与"懒惰"联系在一起的刻板印象中所起的作用，以及此类叙事的社会后果。

克尔布纳留坦言："近几年来，工作一直是我关注的一个主题。在一个贫穷国家里，卑微的人民正与贫穷的人民相对抗，而不是与贫穷本身对抗，这一事实让我深感懊恼、沮丧，有时甚至为此郁郁不振。那种把贫穷和懒惰联系起来的说法让我感到愤怒不已。"① 随后她提到制作节目的初衷，也提到它们对观众产生的影响，"我并不是那种相信戏剧可以在一夜之间改变世界的人，于我而言，一个节目必须要提出问题，一些我自己也没有答案的问题。一个节目可以让我——不是改变我的立场，因为这更困难——向自己提问，让我深挖细究自己的观点。"②

---

① Gianina Carbunariu, "There Comes a Generation of Artists Interested in the Reality" (interview by Cristina Rusiecki), *B-Critic*, 22 November 2019. https://www.b-critic.ro/spectacol/teatru/vine-o-generatie-de-creatori-interesati-de-real/ (accessed on 10 August 2020).

② 同上。

据说"淘气的孩子"是永远不老的。贾尼娜·克尔布纳留就是其中一员。狮子座的她表现出星座赋予她的强烈炽热的特质。她的戏剧有着惊人的坦率和不恭的幽默,这些在国内外频繁上演的作品,让事情在剧院和社会上都得以清楚呈现。她是第一位获得罗马尼亚戏剧专业人士协会联合者最佳节目奖〔布加勒斯特的奥登剧院,2014 年,《待售》(For Sale)〕的女导演,还入围当今罗马尼亚社会最具影响力的 100 名女性之一。

"贾尼娜·克尔布纳留的戏剧无意引人沉思,而是引起争辩。"① 克里斯蒂娜·莫德雷亚努写道。这反映了国际舞台上存在的一种趋势。在她同代人中,她是第一个引入这样观点的人,即她的工作是以伦理价值观而不是以美学为指导的。"早在排练的初期就浮现出下列问题:我们如何处理这个事件、这些材料、这些'人物'(像我们一样真实的人),以及我们如何与观众交流。这些问题都与伦理道德有关。"②

图 1 《平民》(Common People),贾尼娜·克尔布纳留导演,锡比乌的杜拉·斯坦卡国家剧院,2017 年。摄影:阿迪·布尔博阿克(Adi Bulboacă)

---

① Cristina Modreanu, *Three Photos with Gianina Carbunariu / vol. Romanian Theatre Directing: From Authorship to Collaborative Practices* (coord. by Oltita Cîntec) (Iasi, "Timpul" Publishing House & The International Theatre Festival for Young Audience, 2016), p.43.

② Gianina Carbunariu, quoted by Cristina Modreanu, "Gianina Carbunariu: Documentary Theatre with Political Focus", *The Theatre Times*, 29 September 2016. https://thetheatretimes.com/gianina-carbunariu-documentary-theater-with-political-focus/.

但她最大的成就是在道德和美学之间保持非凡的平衡。当有社会责任感的戏剧没有沦入有神论者、积极分子和操纵者之手时，它便达到它的目标。克尔布纳留的节目具有深刻的审美内涵，这让它得以延续戏剧的传统；不加刻意或炫耀性的表演，也让角色所传达的信息未遭掩盖。对观众的"操控"是以艺术而非政治的方式进行的，情感是自洽的。由此看来，克尔布纳留似乎已经发现炼金术的秘密，并且通过这个秘密，找到了 21 世纪戏剧的魔法石。

参考文献

［1］Cîntec, Oltita, *Gianina Cărbunariu's Theatre, a Form of Memory in Recent History*, STUDIA UBB DRAMATICA, LXII, 2, 2017.

［2］Epîngeac, Alina, *The Manipulation through Theatre* (PhD thesis), Bucharest: UNATC "I.L. Caragiale" Library, 2019.

［3］Modreanu, Cristina, "Gianina Cărbunariu: Documentary Theatre with Political Focus," *The Theatre Times*, 29 September, 2016.

［4］Popovici, Iulia, *Romania of Daily Nightmares* (foreword / mady-baby. edu by Gianina Cărbunariu), Bucharest: "Cartea Românească" Publishing House, 2007.

奥利弗·弗尔吉奇：煽动性戏剧

［克罗地亚］金·库库里* 著

张芝璇 连幼平 译

奥利弗·弗尔吉奇1976年生于波斯尼亚和黑塞哥维那的特拉夫尼克，16岁时逃难至克罗地亚。9年后，他进入萨格勒布戏剧艺术学院学习，并于2001年毕业，获得哲学和宗教文化以及戏剧导演和广播学位。毕业不久，他便开始制作节目，节目很快引起了观众评价的两极分化。从那时起，奥利弗·弗尔吉奇身兼导演、作家、演员，并担任位于里耶卡（Ivan PL.）的克罗地亚国家剧院（The Croatian National Theatre）总经理（2014—2016年），指出了社会的盲点和溃烂的伤口。他探讨的主要话题包括南斯拉夫战争和当代欧洲法西斯主义倾向。《卫报》（*The Guardian*）的一位评论家称他是"欧洲大陆最具争议的戏剧导演之一，也是最重要的戏剧导演之一"；这位评论家还评论他的戏剧为

---

* ［克罗地亚］金·库库里（Kim Cuculic），毕业于克罗地亚里耶卡大学（The University of Rijeka）克罗地亚语言文学专业，为克罗地亚里耶卡市日报《新闻之外》（*Novi list*）的文化专栏作家、记者、戏剧评论家及编辑。除此之外，她还与克罗地亚其他报社、杂志社以及美国纽约市立大学（CUNY，即City University of New York）的《欧洲舞台》有过合作。作为一名记者和评论家，金·库库里报道过克罗地亚所有的重大文化活动，以及波兰、斯洛文尼亚、匈牙利、德国、意大利、英国、奥地利和韩国的一些文化活动。她曾是里耶卡文学杂志《劲敌》（*Rival*）的编委会成员，著有《前厅第五排》（*The Fifth Row, Stalls*）、《经典：属于我们的时代》（*The Classics, Our Contemporaries*）等书。同时也是克罗地亚戏剧评论家和戏剧学者协会（The Croatian Association of Theatre Critics and Theatre Scholars）、克罗地亚记者协会（The Croatian Journalist Association）、国际戏剧协会以及国际戏剧评论家协会的成员之一。

"不外乎寻找正确的艺术手段来阻止堕入民族地狱"。①

尽管弗尔吉奇的一些作品经常引起争议,但也赢得了许多国内外奖项,他也因此成为东欧戏剧舞台上的重要人物,但同时也一直是克罗地亚国内外保守媒体的评论家恶毒攻击的目标。

弗尔吉奇的戏剧工作实际上在入学戏剧艺术学院之前就已经开始了。20世纪90年代中期,他成立了一个业余剧团——勒舍瓦尔剧团,该剧团参加过一些非职业戏剧节。毕业后,他与萨格勒布(Zagreb)的许多独立剧团合作,同时还导演儿童剧。

他取得重大成功的首部作品是2008年首演的《涡轮民谣》(*Turbofolk*),获得了几项国际导演大奖。从那时起,该剧就以各种形式出现在克罗地亚国家剧院的剧目中。这部作品没有固定剧本,主要靠演员即兴创作,剖析了"涡轮民谣"②杰出的音乐表达,如今它已渗透到巴尔干地区社会生活的方方面面,并成为该地区最受欢迎的现代音乐形式之一。《涡轮民谣》是克罗地亚国家剧院历史上获奖最多的剧目之一。这部戏原本是为在剧院主舞台呈现而创作的,展现了传统戏剧概念和流行的涡轮民谣之间的冲突,后者也不仅仅是一种音乐的表达。该剧形式自由流畅,不断融入新的政治和社会元素,具有不同的含义和解读。该剧还在其他国家(奥地利、德国、波兰)巡演,并为当地观众进行了相应改编。

他的下一部主要导演作品是2010年在卢布尔雅那青年剧院(Mladinsko Theatre)上演的《被诅咒的叛国之徒!》(*Damned Be the Traitor to His Homeland!*)。该剧在当年的马里博尔戏剧节(Maribor Theatre Festival)上获得了两项博尔斯特尼科夫奖(Borštnikov Awards),并打破了斯洛文尼亚单部作品全球演出次数最多的纪录。同年,弗尔吉奇在萨格勒布青年剧院导演了《春之觉醒》(*Spring Awakening*)。2010年年底,他在苏博蒂察的国家剧院导演了《怯懦》(*Cowardice*),许多评论家视其为该年度戏剧界的一大盛事。

---

① Matt Trueman, "Move over Ivo van Hove: Europe's hottest theatre directors," *The Guardian* (3 September 2018). https://www.theguardian.com/stage/2018/sep/03/move-over-ivo-van-hove-europe-hottest-theatre-directors(2019年12月4日访问)。

② 20世纪90年代南斯拉夫出现的音乐流派。——译者注

弗尔吉奇的下一部重要作品获得了媒体的广泛报道，这就是由阿卜杜拉·西德兰（Abdulah Sidran）的小说《爸爸去出差》（When Father Was Away on Business）改编的戏剧，于2011年年初在贝尔格莱德的阿特里212剧院首演。该剧获得了30多个奖项，弗尔吉奇一跃成为贝尔格莱德非官方的导演明星。他以《余氏神话词典》（The Lexicon of Yu Mythology）坐实了明星地位，该剧于2011年在卢布尔雅那首演，并由6个国家（科索沃、马其顿、斯洛文尼亚、克罗地亚、塞尔维亚和黑山）联合制作。同年，在萨拉热窝当地著名的MESS国际戏剧节上，弗尔吉奇的作品《来自1920年的一封信》（Letter from 1920）使用了反映战争的单人剧《欺骗的岁月》（Years of Deception）［由波斯尼亚和黑塞哥维那演员埃米尔·哈齐哈夫茨比哥维奇（Emir Hadžihafizbegović）出演］中的片段，引起了强烈的反响。这位演员通过媒体公开威胁弗尔吉奇无果，倒是该剧好评如潮。

弗尔吉奇的许多作品引起了公众的愤怒、震惊和怀疑，有人想阻止他的作品在克罗地亚国内外（波斯尼亚和黑塞哥维那、塞尔维亚、波兰）演出。演员们屡次拒绝出演他的作品。在弗尔吉奇的很多作品中，如《佐兰·丁迪奇》（Zoran Đinđić，2012年）、《亚历山德拉·泽克》（Aleksandra Zec，2014年）和《我们的暴力与你们的暴力》（Our Violence and Your Violence，2016年），他都展现了极端场景，并因此被指控亵渎、挑衅及侵犯公民的宗教和群族权益，特别是对于天主教教徒和穆斯林而言。抵制的呼声随之而来，人们试图将这些作品从排演剧目中剔除，他甚至还招致刑事指控。弗尔吉奇在波兰老剧院的首场演出，即改编自卡拉辛斯基（Krasinski）的《非神的喜剧》（Non-Divine Comedy），距离首演仅有几天时，被从演出剧目中删除。当局和许多演员拒绝了弗尔吉奇，因为他试图通过这部作品来揭示当代波兰社会的反犹太主义情绪以及波兰人民在大屠杀中的角色。

在我看来，到目前为止，弗尔吉奇最好的作品之一无疑是2011年在萨格勒布由Teatar &TD剧院出演的《我憎恨真相！》（I Hate the Truth!）。在这部作品中，弗尔吉奇将自己的家史融于戏剧情境，从而写出了一种他的家庭心理图谱。当然，这一切都应该谨慎对待，因为该剧事实和虚构相结合，并不是可以百分之百相信的自传体叙事。不过，弗尔吉奇通过玩转现实和戏剧幻想之间的细微界限，至少勇敢地揭示了一部分他的家庭故事。就像曾经的皮兰德娄（Pirandello），弗尔吉奇显然是想揭露"真实事物"背后的不真实，这些不真实在戏剧活动之前即已开始，而且证实了戏剧只是一场戏。演员们扮演剧作家的家庭成员，就像皮兰德娄那样不断突破且重新进入他们的角色。一个虚构和现实交织的网应运而生，其中现实生活和戏剧的位置不断变化，带来唯一的问题是：哪个更真实，表演还是生活？

演员们在整个过程中一边表演角色一边联系自我，与导演交流，并为他提供关于剧本的反馈。有时候，他们——也就是他们的角色——会提出异议，因为他们认为有些事情并不是弗尔吉奇所描述的那样。他们也会突然产生对主体性的质疑和记忆的不确定性，同时也破坏了故事的确定性。剧情将我们带回 1992 年 4 月 25 日之前，也就是弗尔吉奇离开父母家的那一天。该剧剖析了他的家庭状况，但也触及了战前波斯尼亚更广泛的社会和政治背景。弗尔吉奇没有把家庭当作一个单独的实体，而是把它当作一个受社会环境浪潮冲击的群体。弗尔吉奇以家庭成员的关系为基础——他们最后真正的联系就是相聚在餐桌旁，弗尔吉奇探讨了许多话题——家庭暴力、民族主义、同性恋恐惧症、种族主义、波斯尼亚多元文化、语言、关于父母性行为的禁忌、儿女的死亡，等等。他想探讨的许多重要话题都没有表达出来，或是用谎言代替，而其他一些家庭的真相也变得让人难以忍受。但为了避免这出戏给人留下感伤的印象，他加入了一定程度的幽默元素。

反过来，弗尔吉奇 2014 年在萨格勒布青年剧院导演的《哈姆雷特》就是一个对古典作品进行现代渲染的例子。弗尔吉奇从现代的角度来处理莎士比亚的剧本，在保留了原作所有主题、主要角色及人物关系的同时，把它变成了一部室内剧。在这个有所缩减的版本中，作为戏剧冲突的起点，"捕鼠器"这一场戏，也构成整部戏的框架。此处设计捕鼠器一场戏并不是为了揭露克劳狄斯的罪恶，而是故意设计围绕着哈姆雷特本人。演员和角色之间产生了共鸣，我们仿佛在观看"戏中戏"。舞台背景用了透视法，由一张视觉上拉长了的桌子和几把倾斜的椅子构成，好像演员在排练台词。演员的服装也留给我们这样的印象：似乎还没完全做好，就像是演员自己的衣服一样。作品是根据几个哈姆雷特的译本进行创作的。尽管该剧的背景仍然设定在地牢和腐朽的代名词——

丹麦，但开场的民谣带着强烈的节奏，还是让人不禁想起被政治精英新贵所困扰的当今社会。

弗尔吉奇创作的《哈姆雷特》引出了如此多的话题，而他赋予作品的主题和信念也更加激进。在他创作的版本中，哈姆雷特勒死了奥菲莉亚，格特鲁德用刀割开了哈姆雷特的喉咙。一改之前的刀子和毒药，波洛涅斯用枪杀死了霍拉旭，让罪行变得更加残忍。统治阶级的精英们身穿黑色外套，围在黑色的桌子旁，像是一伙罪犯，一心要置哈姆雷特于死地。在弗尔吉奇看来，《哈姆雷特》是当今世界的一个黑暗形象，在那里，每一次反抗都被残酷地扑灭，正如克劳狄斯和格特鲁德那样，形形色色的人尽管手上沾满了鲜血，但依然掌控着权力。这样解读的话，莎士比亚笔下的主人公就像我们同时代的人一样，没有悲剧的感染力。我们可以将这部《哈姆雷特》看作是演员演出来的戏而已，在一个为仪式而设的台子上哈姆雷特被杀了，流的也只是戏里面的血，而不是真的人血。

2015 年，由奥利弗·弗尔吉奇导演、马林·布拉热维奇（Marin Blažević）创作剧本的《克罗地亚法西斯主义三部曲》（*The Trilogy of Croatian Fascism*）首演。事实上，这部作品结合了弗尔吉奇的三部作品——《酒神的伴侣》（*The Bacchae*）、《亚历山德拉·泽克》和《克罗地亚戏剧艺术家协会》（*The Croatian Association of Dramatic Artists*）。"三部曲"的演出受到警察的严密监视，特别是《酒神的伴侣》，这部作品在里耶卡的国家剧院前演出过。将已经表演过的作品整合在一起，人们就可以看到这些相互关联的作品是如何一部接一部发展的。

《克罗地亚法西斯主义三部曲》最初创作于 2008 年，当时《酒神的伴侣》这部作品（在斯普利特的剧院）遭禁，但最终还是成功上演了。伊沃·萨纳德（Ivo Sanader）（当时的克罗地亚总理）颁布了法令，表示可以上演此剧。从里耶卡的国际小剧场戏剧节上就可以看到这部作品。然后弗尔吉奇在里耶卡的克罗地亚国家剧院导演了另一场《酒神的伴侣》。与原来的版本相比，新的演员带来了新的能量，作品有了很大的变化。不过《酒神的伴侣》的戏剧本质还是一样的：通过欧里庇得斯的悲剧结构，弗尔吉奇和布拉热维奇探讨了战争和犯罪，以及艺术家和政府之间的真实关系。在里耶卡的演出中，焦点转移到了克罗地亚国土战争的老兵身上，也就是说，转移到了克罗地亚的政治上。根据弗尔吉奇的说法，是政治背叛了他们。2018 年，这位剧作家表示："我曾经说过，戏剧应该是社会的镜子。但是，我们也可以用它给这个社会迎头痛击。"①

借《酒神的伴侣》在国家剧院前的演出，弗尔吉奇和布拉热维奇更加突出了政治/意识形态与戏剧之间的关系这个话题。在第一场戏中，穿着迷彩服的演员从尸袋中走出来，每个人身上都戴着名字标签和克罗地亚国旗：米兰·莱瓦（Milan Levar）、约瑟夫·雷尔-基尔（Josip Reihl-Kir）和亚历山德拉·泽克（Aleksandra Zec）。米兰·莱瓦之前是祖国独立战争期间克罗地亚军队的一名军官，因在 20 世纪 90 年代中期与另外两名老兵一起自愿在海牙法庭作证而闻名。他们为克罗地亚军队和准军事部队在 1991 年秋季对塞尔维亚国民的屠杀作证。莱瓦受到了死亡威胁，并最终在 2000 年戈斯皮奇的爆炸事件中遇难。肇事者以及杀害莱瓦的人却一直逍遥法外。约瑟夫·雷尔-基尔是奥西耶克的一名警察局长，1991 年在一次伏击中被杀害。尽管后来进行了审判，但谋杀案本身一直都是疑点重重。不过，此次事件并非意外。反战便是他招致杀身之祸的原因。年轻女孩亚历山德拉·泽克的谋杀案是罪行最极端的一个案例——在目睹父母双亲被害后遭残忍杀害。尽管凶手供认不讳，物证俱在，但凶手还是被无罪释放。

《酒神的伴侣》这部作品描述了克罗地亚战争中的罪行如何被隐藏、被否认，却让信使反复叙述舞台之外发生的谋杀事件，欧里庇得斯的悲剧也就随之变成了这样。弗尔吉奇和布拉热维奇谨慎地将古希腊悲剧和当代性融合在一起。欧里庇得斯的信使讲述了《酒神的伴侣》中狂热的舞蹈和血腥的结尾：彭透斯（Pentheus）醉酒的母亲阿加维（Agave）没有认出她的儿子，把他的头钉在狄奥尼索斯的法杖上，作为狩猎战利品带回家。与彭透斯尸体被肢解的残酷细节相呼应，简单透视风格的背景弄成一个白色的圈，由一块块生肉和一块块生肉做成的衣服碎片组成。这是一场戏的序幕，一个演员在一个微缩的剧场

---

① 引自 Nick Awde, "Meet Oliver Frljić, the Croatian provocateur with neoliberal theatre in his sights," *The Stage* (25 July 2018), https://www.thestage.co.uk/features/interviews/2018/meet-director-oliver-frljic-the-croatia-provocateur-with-neoliverliberal-the-atre-in-his-sights/（2019 年 8 月 15 日访问）。

盒子里剁肉，而其他演员则戴着巴洛克风格的假发，仪式性地烧掉一个纸板做成的模型，上面印有克罗地亚国家剧院的照片。欧里庇得斯在《酒神的伴侣》中的崇高风格与电视新闻的片段交织在一起，而散落的肉被演员们收集起来并放在桶里，像法医一样。在斯普利特演出的最后一幕中，当信使用复调演绎台词时，演员们加入了观众的行列，与观众融合在一起，创造了比里耶卡演出更强烈的宣泄效果。

《亚历山德拉·泽克》这部作品是在里耶卡的化学会剧院（HKD Teatar）逐渐成形的。弗尔吉奇和布拉泽维讲述了一个年轻女孩的命运——她是一个无辜的战争受害者，也是一个残忍罪行的受害者，作品中被塑造成了现代的安提戈涅。这部作品旨在献给所有在战争中丧生的孩子。女孩亚历山德拉·泽克是将"三部曲"三个部分联系在一起的人物，在最后一幕中，她用枪指着克罗地亚戏剧颁奖典礼的参与者。她用枪指着，却始终没有开枪……

《克罗地亚戏剧艺术家协会》是作为"三部曲"的第三部分演出的，由于对一些当下的同仁进行了直接公开的评论，弗尔吉奇和布拉热维奇二人组对克罗地亚戏剧的态度变得更加苛刻而严厉。众多内容中，这部作品还回顾了第二次世界大战期间的集中营受害者，以及20世纪90年代中期发生在斯雷布雷尼察（Srebrenica）的大屠杀。"三部曲"引起了很大的社会争议，《克罗地亚戏剧艺术家协会》甚至遭到了克罗地亚天主教会的抵制。一位评论家这样写道：

> 我将以下关键词与弗尔吉奇相联系：克罗地亚，民族主义，激进，煽动，一只鸡被砍头的故事，鸡血在舞台上形成了克罗地亚国旗的形状。[①]

"本剧演出由政府摄像并保留"——这是2015年弗尔吉奇执导的《里斯蒂奇情结》（*The Ristić Complex*）的结束语。该片由克罗地亚国家剧院（CNT Ivan pl.），斯洛伐克青年剧院（Slovensko mladinsko gledališče）、卢布尔雅那，

---

① 引自 Aljoscha Begrich, "Who's afraid of Oliver Frljić?", *Contemporary Theatre Review*, Issue 28.2 (2018), https://www.contemporarytheatrereview.org/2018/begrich-whos-afraid-of-oliver-frljic/（2020年2月12日访问）。

贝尔格莱德国际戏剧节（BITEF），贝尔格莱德和 MOT 以及斯科普里联合制作。该剧对戏剧导演柳比沙·里斯蒂奇（Ljubiša Ristić）的艺术和政治活动提出了一些问题，该导演对前南斯拉夫艺术界影响深远。这部作品并没有分段分析这位导演的传记，而是聚焦在弗利吉奇如何关注艺术与政治、艺术家与政府之间的关系。

弗尔吉奇在《克罗地亚戏剧艺术家协会》中运用的戏剧方法与他在《里斯蒂奇情结》中采用的方法相同，但有不同的意识形态支撑。《里斯蒂奇情结》开头的那句话是对一部电影中一场戏的评论，而这部电影确实已经看不到了。这部电影就是导演拉扎尔·斯托扬诺夫（Lazar Stojanovi）在 1971 年拍摄的《塑料耶稣》（*Plastic Jesus*），其中还有柳比沙·里斯蒂奇和画家维斯尼亚·波斯蒂奇（Višnja Postić）婚礼纪录片中的场景。这部影片上映之后被撤下，到重映时有问题的戏份已不见了。这部作品势必会引起当局的怀疑，因为画面中不仅有这对新婚夫妇，还有他们的父亲。此外还有他们的很多朋友——国家安全部门/部委的军官和高级官员。

影片《塑料耶稣》存在一定的争议，被去掉的婚礼场景是弗尔吉奇《里斯蒂奇情结》的开始，它也参考了柳比沙·里斯蒂奇《小调密萨》（*Missa in A-Minor*，1980 年在卢布尔雅那的斯洛文尼亚青年剧院演出）的剧本和制作。正是因为此剧，《达维多维奇之墓》（*A Tomb for Boris Davidovič*）的作者达尼洛·基斯（Danilo Kiš）对里斯蒂奇愠色颇深，不肯与他对话。这出戏采用基斯的剧本主题，人们对这部戏也众说纷纭。《达维多维奇之墓》的原作也卷入了一场文学丑闻，而基斯的另一部戏剧《解剖课》（*An Anatomy Class*）则对这些争议做出了回应。《里斯蒂奇情结》既参考了基斯，也参考了伦勃朗（Rembrandt）的名画《杜尔博士的解剖学课》（*The Anatomy Lesson of Dr. Nicolaes Tulp*，1632 年）。弗尔吉奇的作品还参考了一些其他艺术作品。

与《克罗地亚戏剧艺术家协会》的一些效果类似，弗尔吉奇在《里斯蒂奇情结》中增加了一些桌椅。该剧没有台词，而是以极具表现力的人物形象为基础，用象征性画面构成整场演出，同时音乐也在剧中发挥了突出的作用。除了歌词之外，该剧没有任何台词，人们只能根据象征性场景和人物形象进行解读和联想。与他在《克罗地亚戏剧艺术家协会》中运用的方法类似，弗尔吉奇在

《里斯蒂奇情结》中采用了俄狄浦斯（Oedipus）失明的主题。

2016年，受彼得·魏斯（Peter Weiss）的小说《抵抗美学》（*The Aesthetics of Resistance*）和贝托尔特·布莱希特（Bertolt Brecht）的启发，弗尔吉奇和布拉泽维共同创作了另一部作品：《我们的暴力与你们的暴力》。这部作品试图对当下、对欧洲和世界当前的社会政治危机给出一个直接的答案。这部剧作为与欧洲其他剧院共同制作的国际作品，在维也纳艺术节（Wiener Festwochen）首演，现已在欧洲各地演出，其主题也已广为人知。在短短的70多分钟里，弗尔吉奇和布拉泽维处理了许多当前的话题，如移民、宗教激进主义、恐怖主义，还有一个东西方关系问题中越来越让人着迷的趋势，也是一个充斥着暴力和剥削的历史长河中的永恒问题。

这部戏用戏剧的方法表现充斥着暴力的历史，展现出一个个残酷的场景和令人发指的行为，也就是暴力招致暴力的事实。我们身处的这个时代，美国、欧洲和中东国家之间目中无人的后殖民关系像回旋飞镖一样卷土重来，随之而来的是移民危机和恐怖袭击。演出一开始就以忏悔的形式，将很久以前抵达欧洲的难民视为"成功"融合的例子。演出中多次要求观众在祝福的沉默和被动中，一起为法国、比利时和德国的恐怖袭击受害者默哀一分钟，然后再为20世纪90年代以来在阿富汗、伊拉克和叙利亚死于欧洲人和美国人之手的四百万人默哀一分钟。

在《我们的暴力与你们的暴力》中，有这样的话："欧洲，我为你的名字感到羞耻，因为它也是我自己的名字。我为那些欧洲人感到羞愧，宁愿去剧院，也不愿闯入法西斯政府总部，要求基本人权。我为人道主义救援感到羞耻，因其正试图洗去它自己罪恶良知的渣滓。我同样为欧洲的民主感到羞耻。"这些文字试图让观众感到内疚或激起他们的反抗。这部政治上很活跃的作品提到多个政治问题，但这部戏也一样没有给出答案，而且面对四处发生的恐怖事件仍然束手无策。

《我们的暴力与你们的暴力》中有很多引言。演员们赤裸的身体上标有阿拉伯字母，这参考了伊朗艺术家西丽·娜沙特（Shirin Neshat）的作品。一个有争议的场景是，很多油罐摆成一个十字架，一个酷似耶稣的男人从上面爬下来，强奸了一名妇女。这让一些信奉宗教的观众感到不悦。戏中的音乐具有一定的讽刺性，将存在于日常媒体中的画面转化为戏剧场景，比如穿着橙色连体服和头罩的囚犯被斩首的场景。此外，在舞台上，伊斯兰教和基督教的象征物相对出现，这将不同文明之间的冲突问题以及日益严重的对立和种族主义问题联系起来。

2014 年，奥利弗·弗尔吉奇成为里耶卡克罗地亚国家剧院的艺术总监，仅两年后又成为里耶卡 2020——欧洲文化之都项目组的成员。在此期间，他将克罗地亚国家剧院视为艺术项目，质疑国家剧院的理念并进行了相对处理。任职之初，他就在剧院悬挂了一面彩虹旗。克罗地亚独立日前夕，他宣布里耶卡的克罗地亚国家剧院是一个同样面向女同性恋、男同性恋、双性恋和变性人的剧院。这只是一系列活动的开始，此后，他的这些所作所为引起了警察、天主教会、国家战争老兵、体育迷和右翼政党的关注。弗尔吉奇所做的一切，其核心并非艺术或戏剧美学，而是旨在煽动人们，对发生在克罗地亚、欧洲以及更远的国家的一些事件，拿出激进的态度，进行社会评论。

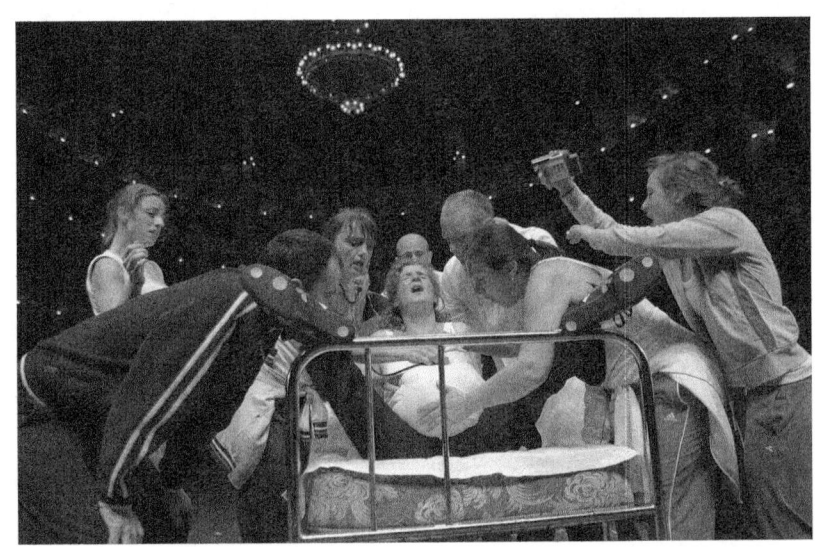

图 1 《涡轮民谣》，由奥利弗·弗尔吉奇执导，里耶卡的克罗地亚国家剧院，2008 年。摄影：德拉金·索克切维奇（Dražen Šokčević）

可能是奥利弗·弗尔吉奇在最近几部作品中采用的戏剧艺术方法已经枯竭，变得有些矫揉造作。但是，他所强调的问题依然严峻。希望这位不断创新、不断打破壁垒的导演，在未来能继续为我们带来不同的、创造性的挑战和突破。

参考文献

[1] Awde, Nick. "Meet Oliver Frljić, the Croatian provocateur with neoliberal theatre in his sights," *The Stage* (25 July 2018). https://www.thestage.co.uk/features/interviews/2018/meet-director-oliver-frljic-the-croatian-provocateur-with-neoliberal-theatre-in-his-sights/ (accessed 15 August 2019).

[2] Begrich, Aljoscha. "Who's afraid of Oliver Frljić?" *Contemporary Theatre Review*, Issue 28.2 (2018). https://www.contemporarytheatrereview.org/2018/begrich-whos-afraid-of-oliver-frljic/ (accessed 12 February 2020).

[3] Trueman, Matt. "Move over Ivo van Hove: Europe's hottest theatre directors," *The Guardian* (3 September 2018). https://www.theguardian.com/stage/2018/sep/03/move-over-ivo-van-hove-europe-hottest-theatre-directors (accessed 4 December 2019).

阿尔维斯·赫尔曼尼斯:"不成功便成仁"

[拉脱维亚]埃德特·蒂舍泽尔* 著

张芝璇 连幼平 译

对于阿尔维斯·赫尔曼尼斯最准确的定义,可能就如多年前他在一次采访中所说的:"在我看来,一个人最理想的道路在于他能否坚持走下去,并与什么建立联系……机会到来,成功与否,自行把握。"① 赫尔曼尼斯多次指出,他没有独树一帜的风格,每一种素材都需要专门的导演方法,往往也需要一种新的表演类型。

初 始

赫尔曼尼斯在一次采访中表示,很幸运自己赶上了好时机,能在20世纪80年代末完成戏剧专业学习,并开始职业生涯。当时,以往的戏剧经验在东欧已经不再适用,一切都要从头开始:"来了一名电工,把计数器调到了零。这正是20世纪90年代初东欧戏剧的真实写照,归于零点。以前的一切都不知

---

* [拉脱维亚]埃德特·蒂舍泽尔(Edīte Tišheizere),毕业于莫斯科国立戏剧艺术学院(The Russian Institute of Theatre Arts,简称 GITIS,1976—1985 年),拉脱维亚戏剧学者和评论家,拉脱维亚大学(University of Latvia)文学、民俗和艺术学院的高级研究员,也是《戏剧杂志》(Teatra Vēstnesis)的主编。2017年,埃德特·蒂舍泽尔获得诺曼兹·诺曼尼斯国家艺术评论奖(Normunds Naumanis' National Award for Art Criticism)。她出版了两部著作:《打破束缚:生命与艺术》(Beyond Frames: On Life and Art,2015年)和《利耶帕亚剧院的导演与导演实践》(Directors and Directing in-Liepaja Theatre,2010年)。她参与编写了多部关于导演、布景设计、拉脱维亚戏剧史和历史先锋派的集体专著,乐于研究导演与布景设计、历史先锋派与新先锋派之间的影响。

① Juris Zvirgzdiņš,"Alvis Hermanis Free Lance," Liesma 4:12 (1990), p.1.

所踪。失去作用，终止于此。"①

早在高中时代，通过罗伯茨·利斯（Roberts Ligers）执导的"里加哑剧"（Rīga pantomime），赫尔曼尼斯第一次对戏剧萌生了冲动。这可能是苏联时代思想最自由的艺术组织，不受审查制度控制。赫尔曼尼斯未能进入拉脱维亚苏维埃社会主义共和国国家音乐学院导演系，1987年，他毕业于表演系。从学生时代起，赫尔曼尼斯就在影片中扮演一些重要角色，如阿富汗战争的伤残老兵卡尔利斯（Kārlis）②、人工智能的探索者纳瓦尔津（Navarzin）③ 和魔术师汤姆斯（Toms）④，这些角色存在某些相似之处：一个年轻人生活在自己隐秘且神秘的内心世界，处于神经紧张的边缘。通过这些角色，赫尔曼尼斯意识到自己属于内向型演员，可以用最少的外部手段塑造所需的角色特征。但这位年轻演员没有加入任何一家剧团。

这是一个改革的时代，也是拉脱维亚民族觉醒的时期，这一时期赫尔曼尼斯明确地甚至是明显地不关心政治。他前往美国，因为他表示，"在我看来，一个国家获得自由简直是无稽之谈，我认为只有人可以获得自由。你只能拯救你自己。"⑤ 在他看来，在美国度过的这两年并没有让他对戏剧有任何进一步的了解，但改变了他这个人。他回到里加后说："我内心的世界打开了。"⑥

第一批作品

1993年初，新里加剧院（NRT）以赫尔曼尼斯的处女作《像平静祥和的

---

① Sarmīte Ēlerte, "Hermana pasaules rasas pilienos" in: Laima Sava (ed.), *Alvis Hermanis* (Riga: Neputns, 2015), p.625.

② 1987年，由A. 克里夫斯（A. Krievs）导演的《一个女人和一头野猪的照片》（*A Photo of a Woman and a Wild Boar*）。

③ 1988年，由I. 塔兰金（I. Talankin）导演的《秋天，切尔塔诺沃》（*Autumn, Chertanovo*）。

④ 1990年，由A. 克里夫斯导演的《夏娃的天堂花园》（*Eve's Garden of Paradise*）。

⑤ Uldis Tīrons, "Lāčplēš a atgriešanās," *Rīgas Laiks* 12:12 (1995), p.1.

⑥ Gita Valtenberga, "Pilnīga neintervija," *Latvijas Jaunatne*, (23 Oct. 1992), p.6.

河流一样的归宿》(*Like a Calm and Peaceful River Is the Homecoming*)开演。该剧根据史蒂文·索德伯格(Steven Soderbergh)的《性，谎言和录像带》(*Sex, Lies and Videotapes*)剧本改编，内容令人咋舌——四个人谈论他们的性欲、冲动、欲望，以及那些遥不可及之物——而且，表演风格可能更令人震惊。这些演员和他自己很像(因为他当时还在演戏，需要寻找意气相投的搭档)：含蓄，沉浸在审视自己的感觉之中，似乎对自己会给观众留下什么印象漠不关心，因此非常大胆。情欲的张力是巨大的，但它是通过精神的开放得以展现，而非身体的开放。表演是痛苦的，同时也是温柔且宽容的，如果可以将宽容视为一种大胆的方式，让人表达自己最隐秘的东西，而不是为了评判他人可能存在的秘密——比如观众的，或者搭档的。

15年后，赫尔曼尼斯在国际戏剧评论家协会大会(2008年)上演讲，他说自己寻求的是一种远离侵略的戏剧语言，除非是在必要的情况下，否则会"以柔克刚"[①]。这种特殊的、非感性的柔情可以追溯到他的第一部作品。紧接着第一部作品，赫尔曼尼斯导演艺术的另一个实质性特点开始凸显：以美为艺术的目标和理由。他导演的三岛由纪夫(Yukio Mishima)的《萨德侯爵夫人》(*Madame de Sade*，1993年)就体现了这一点。在剧院大厅白色的柱子之间，导演运用了日本传统的舞踏的非现实表现力，以及野生动物无意识展现出的优雅，举行了一场美丽的仪式。

在他工作的头4年里，赫尔曼尼斯筹划了大约10场演出，对演员(他自己也是其中之一)进行了试验，关于性，关于心理，并推动了开放和探索潜意识的界限，有时以一种自诩残酷和煽动的方式进行，将艺术与生活极致地融合在一起。然而，这个"黑色"的阶段是自然的，也是必要的，因为他要为演员以后的工作寻求可靠稳定的专业基础。

在赫尔曼尼斯的第一批作品中，他选择了一个白色的空房间。这是没有剧院时候的最佳解决方案，在某种程度上是一种象征："空荡的空间就像一张白

---

① Alvis Hermanis, "Teātris un humānisms mūsdienu vardarbības pasaule", *Teātra Ve-stnesis*.2:4 (2008), p.103.

纸。这就是我白色舞台的样子。"① 有演员的表演相伴，空间及空间的流畅性构成了他舞台语言的重要部分，并且越来越完善。

1997 年 5 月，赫尔曼尼斯成为新里加剧院的艺术总监，并迈出了激进的一步。在经历了一段基于项目的戏剧生涯之后，他重新回到了一个稳定、封闭的剧团，以确保演员的专业水平能够持续发展。他提出了自己的戏剧导演理念，明确提出新里加剧院将是一个"深受观众喜爱的营利性剧院，其基础是要有一个可靠的表演团队"②。

赫尔曼尼斯施行这些改革是为了迎接更大的全球性变化——新里加剧院正在为新千年的到来做准备，将其与新的美学品质联系起来。这一时期标志着主题和创作技术开启新篇章，这些主题和技术将在新世纪继续发展完善。

赫尔曼尼斯导演作品的主题中，有一个主题是将时间和戏剧作为一个奇特的时间机器。这样的时间机器可以在《某世纪·幽灵列车·视觉快车》（×× Century. Поезд -призрак. Vision Express，1999 年）这部作品中看到。在这部关于幽灵列车的作品中，据说列车在 1911 年进入隧道后消失不见，但之后却一直出没，纠缠着来自世界各地的人。在这部作品中，使用了两种后来证明富有成效的新技术。首先，这是一部没有事先写好的编剧方法的作品，因为导演利用各种资料，自己编撰了剧本；其次，作为舞台设计者，他采用了真实的苏联时代的物品——苏打水自动贩卖机、收音机灯③、煤气灶等，为表演空间做了标记。在新世纪，物体空间的真实性作为某个时代的纪实性见证，成为赫尔曼尼斯作品最重要的"商标"之一。

评论家认为，"新欧洲导演界中的几个杰出人物实行了这种现代反戏剧的实验，从而达到了一种暗示、催眠，甚至魔法般的效果。反戏剧（无人物、无动作、无情节……）把戏剧变成了戏剧诗，一种高度感性的活动。比如，瑞士

---

① Laima Slava (ed.), *Alvis Hermanis* (Riga: Neputns, 2015), p.17.
② Dita Rietuma, "Dzīve pēc citiem likumiem," *Diena,* (20 Sept. 1997), p.4.
③ 指无线电灯泡，一种用于早期收音机和电子设备上的特殊灯泡。这些灯泡用于指示电源状态或频道选择，通常安置在收音机等设备的前面板上。文中此处被用作舞台设计的一部分，以营造出真实的苏联时代的环境。——译者注

导演克里斯托夫·马塔勒（Christoph Marthaler）和比利时裔法国导演让·法布尔（Jan Fabre）就是这样工作的。反戏剧阐释了新世纪的戏剧风格——一种感觉沉浸的幻影。"①"感觉沉浸的幻影"也是对赫尔曼尼斯之后作品的准确定义。

汤姆·斯托帕德（Tom Stoppard）在《阿卡迪亚》（*Arcadia*，1998年）中延续了时间的主题。为了节省开支，安德里斯·弗莱伯格（Andris Freibergs）创作的舞台设计和服装都是用纸做的。然而，用这些材料是为了营造美丽的隐喻，因为只需要一眨眼的工夫就可以发生变化。最后，将纸点燃，如同用它创造的世界一样消失殆尽。

这部作品标志着赫尔曼尼斯导演技术的崛起，可以将其称为"材料隐喻"。他在《卡斯帕·豪斯的故事》（*The Story of Caspar Hauser*，2002年）中也使用了这种手法。在《阿卡迪亚》中，纸作为一种特殊的材料产生了丰富的隐喻效果，而《卡斯帕·豪斯的故事》中创造空间的隐喻材料则是沙。一个神秘的弃儿从又沉又湿的沙子中走出来，他还要再回到那里——因为社会再次埋葬了他——他从坟墓开始，也在坟墓结束。在后来的《冰》（*The Ice*）中，纸和沙中又加入了冰。《借助想象力共同阅读这本书》[*Collective Reading of the Book with the Help of Imagination*，2005年，三个版本，分别在里加、格拉德贝克的鲁尔音乐节（Gladbeck—Ruhr Triennale）和法兰克福剧院（Frankfurter Schauspielhaus）演出]和萨尔茨堡音乐节（Salzburger Festspiele）的《士兵们》（*Die Soldaten*，2012年）中使用的稻草，皆是为了创造"感觉沉浸的幻影"。

跨上国际舞台

2002年，赫尔曼尼斯已经工作了约十年，他参加了萨尔茨堡青年导演艺术节（Salzburg Festival Programme for Young Directors），导演了果戈理（Nikolai Gogol）的《钦差大臣》（*The Inspector General*），享誉全国。他赢得了比赛，并获得了马克斯·莱因哈特笔（Max Reinhardt Pen）。此后，赫尔曼尼斯在2007年获得了欧洲戏剧新现实奖，在奥地利获得了涅斯特洛伊戏剧大

---

① Normunds Naumanis, "Dejas uz teātra kauliem," *Diena*, (23 Sept. 1999), p.12.

奖最佳导演奖（Nestroy-Preis），在德语国家获得了康拉德·沃尔夫（Konrad Wolf）奖（2010年）。结合20个国家的专家意见，瑞士文化杂志《杜》（*Du*）将其列为过去十年欧洲最具影响力的10位戏剧人物之一（2012年），并授予他罗马尼亚锡比乌星光大道之星（Sibiu Walk of Fame，2016年）。他的作品在世界各地的著名电影节上都获得了大奖。

《钦差大臣》简直在观众席炸开了锅。这部剧从头到尾都令人捧腹大笑。赫尔曼尼斯将19世纪一个省城公务员的故事搬到了20世纪70年代，那是他的童年时代，他选择了一个苏联时代的自助餐厅作为背景。任何去过这样餐厅的人都能认出它的布景设计，里面有锡碗和餐具，还有明显的炸洋葱和氯消毒剂刺鼻的味道。在舞台上自由游荡的鸡的衬托下，超现实的布景设计显得相当怪诞。同样怪诞的还有人物：演员们穿着软垫服装，他们完全陷入了自己的"肉体"。这些生动的、个性化的角色为观众展现了一个英雄群体。

不到一个月，有两部作品首演，这标志着赫尔曼尼斯的导演生涯进入了一个全新的时期，并在国际艺术节上大放异彩——2003年12月9日的《长生》（至今仍是新里加剧院的剧目）和2004年1月2日的《高尔基》（*By Gorky*）①。尽管好评如潮，但赫尔曼尼斯本人认为，他的戏剧已经形成了某种危机和套路，而刚刚流行起来的真人秀节目让这种情况变得更加严重："真人秀节目完全扰乱了戏剧和电影演员的意志。曾经只有他们才能模仿现实，但如今他们失去了这样的地位，可信度发生了巨大的变化。"② 因为空间是戏剧的组成部分，是本质特征，赫尔曼尼斯与布景设计师莫妮卡·波马雷（Monika Pormale）一起筹划了这两部作品。

《长生》是对现实的一种精练的体现。"第四堵墙"在观众面前被推倒，展示了一个非常逼真的环境，其中没有任何东西是复制品或道具。然而，这个环境是一个精心安排的"非常复杂而真实、活生生的物体的交响乐"③。在这个

---

① 改编自［苏联］马克西姆·高尔基（Maxim Gorky）的《在底层》（*The Lower Depths*）。——译者注

② Ieva Zole, "Jaunais reālisms—kas tas tāds?" *Forums*, (23 Jan. 2004), p.4.

③ Reinis Suhanovs, "Maigā nežēlība," *Teātra Vē stnesis,* 3:4 (2013), p.44.

"活生生的物体"的空间里，五个人的一天就此发生。每一刻都尽可能地逼真，这些时刻的选择和组合给人一种从黎明到晚间新闻，一整天已经过去的错觉，尽管观众看到的不是现实，而是现实的浓缩版。另外，这种经过细致观察和研究的生活，以最小的物理和生理细节呈现出来，实际上是由演员们扮演的，他们比首映时的主角整整年轻了半个世纪。

《长生》已经上演了16年之久。莫妮卡·波马雷创造的空间被拆解重组，但它一直活跃这么多年，正是因为其中的行为不是模仿，而是空间中五个人真正的能量。如果该剧能像导演所承诺的那样，让演员一直演到剧中角色的年龄，他们的存在将不再是表演，而是逐渐变成真切的现实。这将是戏剧与现实互动的一次前所未有的实验。

随着《长生》的出现，新里加剧院迎来了"拉脱维亚时代"。从2003年到2010年，赫尔曼尼斯上演了十多部作品，都对拉脱维亚人的心态、性格、历史和日常生活进行了考察，这些作品在很大程度上符合引录戏剧的范畴。[①]演员们可以自行收集有关真实人物的材料，以便与导演一起即兴创作，将这些故事搬上舞台。然而，赫尔曼尼斯本人强调了他的作品与引录戏剧主流的区别："我们可能是独一无二的，因为我们一直与专业演员待在一起。通过我们的表演技术，采用真实的原型，我们想要创造一种真实原型与演员个性相重叠的第三现实。"[②] 这种演员和导演的工作方法在新里加剧院的作品，如《拉脱维亚之恋》（*Latvian Love*，2006年）、《来自蓝山的玛莎》（*Martha from the Blue Hill*，2009年）、《黑牛奶》（*Black Milk*，2010年），以及一些国外的作品，如《父亲》（*Väter*，苏黎世剧院，2007年）、《科隆风波》[*Kölner Affäre*，科隆剧院（Schauspiel Köln），2008年]、《歌剧史上最美的死亡之景》（*Dieschönsten Sterbeszenen in der Geschichte der Oper*，苏黎世剧院，2015年）和《秘密的罗恩格林》[*Insgeheim Lohengrin*，慕尼黑王宫剧院（Residenztheater），2017年]

---

① 引录戏剧也译作"维尔巴基姆"戏剧，意指剧作家就某一主题进行访谈，将访谈内容进行重新整理和编排。——译者注

② Sarmīte Ēlerte, "Hermaņa pasaules rasas pilienos" in: Laima Sava (ed.), *Alvis Hermanis* (Riga: Neputns, 2015), p.629.

中，都得到了进一步推进。

赫尔曼尼斯和波马雷在《高尔基》中采用了另一种现实和空间的概念。他们与来自新里加剧院的演员一起，利用真人秀美学，创造了一种表演结构，让一切都发生在几个平行的空间、时间和存在形式中。其中一个版本的空间是真人秀的玻璃箱，演员们用自己的真名，但场景是由剧本设定的。在另一个空间里，演员们直接走到一个小舞台广场上，离观众很近，演员是他们自己，但有双重的表现形式。女演员们读着杂志，而杂志的封面就是她们自己的照片，是经过精修为杂志封面而特意做的。三个平行的屏幕上，首先映入眼帘的是一个不久前排练的片段；第二个是一个超越时间的维度——将几个剧中主角的脸做成装饰画，模拟演示；第三个是演员的"内部空间"——莫妮卡·波马雷在演员之间自由走动的特写镜头。

在三个版本的《冰》中，可以看到这一原理的进一步发展。《借助想象力共同阅读这本书》在里加、法兰克福和格拉德贝克的鲁尔音乐节上演时，特别是在格拉德贝克，在一个废弃的煤矿的机房里，都从不同的层面进行呈现。这些作品都有一个不变的空间，但观众可以感知到它的发展和变化。

"俄罗斯会演"

自2007年以来，赫尔曼尼斯一直定期在德语国家工作。他上演了几部经典的俄罗斯作品——伊万·冈察洛夫（Ivan Goncharov）的《奥勃洛莫夫》（*Oblo mow*，科隆剧院）、契诃夫的《普拉托诺夫》[*Platonov*，维也纳城堡剧院（Wiener Burgtheater）]、普希金（Alexander Pushkin）之后的《叶甫盖尼·奥涅金》[*Eugene Onegin*，柏林剧院（Berliner Schaubuhne）]，都是在2011年上演；马克西姆·高尔基的《瓦萨》[*Wassa*，慕尼黑家庭影院（Münchner Kammerspiele）]和《夏天》（*Sommergäte*，柏林剧院），则是在2012年上演。这些作品中空间的概念和演员的表现形式都不尽相同，它们连起来构成了一种循环。这些作品在评论界的反响两极分化，有人质疑作品中"过时"又"尘封"的自然主义，有人则认为这种"新现实感"是当代戏剧的重要灵感。

从《奥勃洛莫夫》开始，赫尔曼尼斯指导的俄罗斯经典作品似乎是遵循斯坦尼斯拉夫斯基早期在莫斯科艺术剧院（Moscow Art Theatre）工作时的原理——与历史相符的装饰和服装，由灯光设计师营造的表演氛围，以及配乐等。然而，正如赫尔曼尼斯作品的专家和纪录片制作人诺曼兹·瑙曼尼斯（Normunds Naumanis）所写的那样，《奥勃洛莫夫》的呈现一方面是夸张的、细致入微的心理现实主义，另一方面是近乎怪诞的艺术夸张。① 几位朋友因为见到彼此而开心地在地上打滚，以及突然冒出的一丛丁香花，打破了画面的真实感，演员"自然"的表演很容易就显得怪诞。

在《普拉托诺夫》中，布景设计师莫妮卡·波马雷设计了一个奇特而"逼真"的玻璃笼子，1∶1的庄园内部模型和一个亭子，透过多扇窗户，看到树林、阳台和通往餐厅的前厅，"五个小时的表演中，这里被围得水泄不通"②。马丁·伍特克（Martin Wuttke）以惊人的艺术技巧对普拉托诺夫进行了演绎，他对心理现实主义的刻画达到了"准纪录片的程度"③。

专门研究他在拉脱维亚之外创作的研究者玛格丽塔·齐达（Margarita Zieda）总结说，"俄罗斯会演"的作品仍然以一种独特的方式与现代戏剧和电影艺术的最新现象联系在一起——具有强烈的真实性。在其他现代艺术家的作品中，真实性是通过最接近人类自然行为的表演或完全放弃演员并将非专业人员融入艺术作品中来实现的，但阿尔维斯·赫尔曼尼斯的演员仍然处于绝对的艺术领域，甚至没有试图模仿什么，没有试图假装成别人。这并非关于当今的真实性，而是关于一个完全不同的时代。它就像所有戏剧元素的总和，包括人物的舞台呈现，他们周围的物质文化，关于他们那个时代的如诗剧本和历史评论，让另一个时代的知识宇宙在观众的脑海中逐渐汇聚起来。阿尔维斯·赫尔曼尼斯的作品变成了一台"时间机器"，搭建了一座桥梁，让你"瞬间移动"到不同时代的人的意识里。④

---

① Normunds Naumanis, "Cerinu simfonija minorā," *Diena,* (18 Feb. 2011), p.7.

② Normunds Naumanis, "Līdz mielēm un pilnībai," *Diena,* (20 May 2011), p.6.

③ 同上。

④ Margarita Zieda, "Jevgeņijs Oņegins. Komentāri," *Studija* 1:12 (2012), p.3.

歌剧导演

2012 年，赫尔曼尼斯开始从事歌剧导演工作，这成为他之后几年的主要工作领域。在《浮士德的天谴》（*La Damnation de Faust*）首演前的采访中，他概述了做出这一决定的关键原因："过去 30 年，欧洲戏剧的趋势倾向于一种毁灭的心态。而歌剧则让你专注于和谐，让我们有机会重新挽回局面。"①

在五年的时间里（2012—2017 年），赫尔曼尼斯上演了十多部歌剧，其中包括在萨尔茨堡音乐节上演的阿洛伊斯·贝恩特·齐默尔曼（Alois Berndt Zimmermann）的《士兵们》，在布鲁塞尔皇家铸币局剧院（La Monnaie）上演的莱奥什·雅纳切克（Leoš Janácek）的《耶努发》（*Jenufa*，2014），在斯卡拉歌剧院（Teatro alla Scala）上演的威尔第（Giuseppe Verid）的《福斯卡里父子》（*I Due Foscari*）和普契尼的《蝴蝶夫人》（*Madame Butterfly*，2015、2016 年），在巴士底歌剧院（Opéra Bastille）上演的柏辽兹（Herctor Berlioz）的《浮士德的天谴》（2015 年），以及在维也纳国家歌剧院（Wiener Stoatsoper）上演的瓦格纳（Richard Wagner）的《帕西法尔》（*Parsifal*，2017 年）。

《士兵们》获得了广泛的认可，并成为欧洲歌剧生活中的一部重要作品。赫尔曼尼斯将剧情从 18 世纪中叶转移到 20 世纪初，也就是第一次世界大战前。这一时期对欧洲的文化和历史意义重大——物质生活过度满足、绝望但又无处释放的热情、处处不平等的现实——可以从早期投射在窗户上的色情照片体现出来。照片中的色情描述、士兵公开的性行为和悬崖峭壁之间的明暗对比，营造出一种真实的戏剧张力，同时也揭示了它的时间——第一次世界大战前的停滞时期和对战争的预料。

莱奥什·雅纳切克的歌剧《耶努发》呈现的是主角之间的典型冲突——兄弟间的竞争、继母对继女和私生子的仇恨——导演将其进行了文字改编，创

---

① *La Damnation de Faust by Alvis Hermanis. A Fairy Tale and a Voyage of the Mind.* http://www.euronews.com/2015/12/10/center-stage-opera-national-de-paris (accessed on 8 March 2017).

造了一个虚构的故事框架。舞台设计师是赫尔曼尼斯和乌塔·格鲁伯-巴勒尔（Uta Gruber-Ballehr），服装设计师是伊娃·德塞克（Eva Dessecker），录像设计师是伊内塔·西普诺娃（Ineta Sipunova）。赫尔曼尼斯在精美的装饰面板和视频投影上使用了新艺术风格的图案，灵感来自摩拉维亚的大自然。歌手们也以这种方式表演，穿着风格化的服装，时不时地配合着动作。一排舞者排成一条"河"——流淌着，形成了一个持续跳动着的点缀。中间部分孩子的出生和死亡，以及母亲的悲痛，被完全真实地描绘出来，但也带有一定的装饰：在演员活动空间上方，在结了冰花的窗户后面，"河水"依然在流淌着，在"波浪"中哺育着溺水的孩子，这给人类世界的死亡嵌上了一种非同寻常的神话之美。

赫克托·柏辽兹的戏剧传奇《浮士德的天谴》是赫尔曼尼斯最复杂的作品。他围绕着人类心灵的挫折和对逃避的寻求，创造了自己的叙事方式。他在"火星一号"这个奇妙的项目中找到了摆脱智力和精神危机的方法。导演还找到了和浮士德相对应的现代人物——空间和时间的探索者斯蒂芬·霍金。事实上，这是一个关于两个浮士德的故事：一个是纯粹的灵魂，由歌剧巨星、德国男高音乔纳斯·考夫曼（Jonas Kaufmann）演绎；一个是纯粹的思想——安静的霍金（Hawking），由皮纳·鲍什（Pina Bausch）的首席舞蹈家多米尼克·梅西（Dominique Mercy）演绎。在最后一幕中，当火星探险开始时，霍金——浮士德仿佛失重一样从芭蕾舞演员的手中向上漂浮起来。与此同时，另一个浮士德已经倒在了轮椅上，动弹不得。只有大脑可能复活，而非灵魂，这就是现代欧洲人所持的怀疑观点。

诗歌戏剧

诗歌戏剧已经成为赫尔曼尼斯导演的一个特定元素。从 2006 年开始，他以拉脱维亚浪漫主义诗人弗里西斯·巴尔达（Fricis Bārda）的诗歌为基础，创作了《弗里西斯·巴尔达·诗歌·氛围》（*Fricis Bārda·Poetry·Ambient*），引发人们深思。在这种深思中，人们不仅重视诗歌，而且对声音的调整、语言和音乐的节奏都非常重视。正如评论家们所写的那样，这一切将"诗歌转化为时间和空间"。

在同年上演的国际著名的《寂静之声》(The Sound of Silence)中，诗歌也是时间和空间的来源。这部作品是献给赫尔曼尼斯的父母和拉脱维亚的一代人——铁幕后的花癫派①（对他们来说诗歌就像西蒙和加芬克尔的歌词一样）。②

近十年后，赫尔曼尼斯回到了诗歌剧场，在新里加剧院为两位杰出的演员举办了两场单人演出——为米哈伊尔·巴雷什尼科夫（Mikhail Baryshnikov）上演的《布罗茨基/巴雷什尼科夫》(Brodsky/Baryshnikov, 2016年)，还有为古纳·扎里扎（Guna Zarina）上演的《微醺的上帝》(The Tipsy God, 2018年)。尽管叙述方式不同，但这两部作品都绝对是基于现实材料的。

以《布罗茨基/巴雷什尼科夫》为例，作品涉及演员本人及其真实面貌和生活，讲述了他与约瑟夫·布罗茨基（Joseph Brodsky）的深厚友谊。这部作品是一场连续的对话，有时是在演员和他所读的诗歌之间；有时是在舞蹈家巴雷什尼科夫和诗人布罗茨基之间；有时是在生活边界两边的同代人之间，或在乐章和老式录音机中诗人的声音之间，在身体和空间、肉体和话语、人类和死亡之间。该剧的主角是对话，借助巴雷什尼科夫之手呈现在人们面前。

图1 《长生》，由阿尔维斯·赫尔曼尼斯执导，新里加剧院，2003年。
摄影：雅尼斯·戴纳茨（Jānis Deinats）

---

① 花癫派，嬉皮士的别称，因配花或手持花而得名，象征爱与和平。——译者注
② 保罗·西蒙和阿特·加芬尔克是美国20世纪60年代的男声组合。——译者注

《微醺的上帝》的纪实性是由女演员古纳·扎里扎创造的，她完全具有诗人、先锋派和嬉皮士艾瓦斯·内巴特（Aivars Neibarts）的外在形象。然而，表演开始时，真实的人已经在大火的烟雾中窒息而死了。这不是一个真实的人的旅程，而是诗歌的第二自我或诗人的灵魂在生活、诗歌和天堂之间的旅程。赫尔曼尼斯，也是这部作品的布景设计师，将舞台分为三个部分。第一个是语言观察室，在那里，主人公在咝咝作响的磁带之间捕捉脑海中和录音机中响起的词语，斟酌这些词语，要么把它们用在诗歌里，要么就忘了。下一个房间是一个逼真的（尽管有些夸张）诗人的房间，有一张铁床、一台打字机和无数个瓶子。主人公过着放荡不羁的生活，喝酒喝到不省人事，而女演员就像一个提线木偶，明显地将自己与角色分离开，在最极端的醉酒状态下，以最敏捷的杂技动作踉跄跌倒在地。第三个房间是天堂，或者说是天地万物的空间。这个创造性的空间，将《寂静之声》《布罗茨基/巴雷什尼科夫》和《微醺的上帝》统一起来。这是一个非常个人化的主题，从赫尔曼尼斯的这些作品中可以看出：任何形式的创造都是唯一可行的存在方式。

在15年的时间里，赫尔曼尼斯一直忙于新里加剧院以及国外作品的制作，凭借《微醺的上帝》，他得以完全回归到自己的剧场。自2017年秋季以来，由于原剧院需要翻新，新里加剧院一直在临时地点演出。赫尔曼尼斯一直与学生演员合作，因为他需要重启他带领了20年的剧团。

对于赫尔曼尼斯的演员、观众和评论者来说，在过去的30年里，他的作品一直意味着多方面的挑战。面对这样的挑战，要接受前所未有的游戏规则，要能从不同角度看待戏剧，于无声中听惊雷，领会诗歌。最重要的是，要习惯一切都不会如预期发展的事实，还要向赫尔曼尼斯的煽动屈服。

参考文献

[1] Hermanis, Alvis, *La Damnation de Faust by Alvis Hermanis*: A Fairy Tale and a Voyage of the Mind. http://www.euronews.com/2015/12/10/center-stage-opera-national-de-paris (accessed on 8 March, 2017).

[2] ———, "Teātris un humānisms mūsdienu vardarbības pasaule," *Teātra Ve*

stnesis 2:4 (2008), p. 103.

[3] Kelleher, Joe, *Illuminated Theatre: Studies on the Suffering of Images* (London & New York: Routledge, 2015).

[4] Laera, Margherita, *Theatre and Adaptation: Return, Rewrite, Repeat* (London: Bloomsbury Methuen Drama, 2014).

[5] Mauro, Margherita, *Le Signorine di Wilko* (Rome: Ponte Sisto, 2010).

[6] Naumanis, Normunds, "Cerinu simfonija minorā," *Diena*, (18 Feb. 2011).

[7] ——, "Dejas uz teātra kauliem," *Diena*, (23 Sept. 1999).

[8] ——, "Lıdz mielem un pilnıbai," *Diena*, (20 May, 2011).

[9] Rietuma, Dita, "Dzıve pec citiem likumiem," *Diena*, (20 Sept. 1997).

[10] Slava, Laima (ed.), *Alvis Hermanis* (Riga: Neputns, 2015). Suhanovs, Reinis, "Maigā neželiba," *Teātra Ve stnesis* 3:4(2013).

[11] Tırons, Uldis, "Lācpleša atgriešanās," *Rıgas Laiks* 12:12 (1995).

[12] Valtenberga, Gita, "Pilnıga neintervija," *Latvijas Jaunatne*, (23 Oct. 1992).

[13] Zieda, Margarita, "Jevgeņijs Oņegins. Komentāri," *Studija* 1:12 (2012).

[14] Zole, Ieva, "Jaunais reālisms—kas tas tāds?" *Forums*, (23 Jan. 2004).

[15] Zvirgzdinš, , Juris, "Alvis Hermanis Free Lance." *Liesma* 4:12 (1990).

[16] Давыдова, Марина, *Культура Zero: Очерки русской жизни и европейской сцены* (Москва: НЛО, 2018).

格热戈日·亚日那的后戏剧:
充满欢乐与认同感的戏剧

[波兰]阿尔图尔·杜达* 著

梁潇 译

一些评论家和戏剧研究者声称,最新型的波兰戏剧诞生于两部作品在华沙的首次公演之际:一是格热戈日·亚日那(Grzegorz Jarzyna)的《热带的狂热》(*Tropical Craze*),该剧根据斯坦尼斯瓦夫·I.维特凯维奇(Stanisław I. Witkiewicz)的两部剧本改编而成;二是格日什托夫·瓦里科夫斯基(Krzysztof Warlikowski)的《厄勒克特拉》(*Electra*),该剧是索福克勒斯(Sophocles)的作品,1997年1月18日在华沙国家剧院①(Teatr Dramatyczny/

---

* [波兰]阿尔图尔·杜达(Artur Duda),戏剧、表演研究学者,任教于波兰托伦尼古拉·哥白尼大学(Nicolaus Copernicus University Toruń, Poland)人文学院,表演与戏剧翻译研究团队联合负责人,学术研究领域主要为东欧当代戏剧、戏剧和其他作为人类媒介的现场表演,以及戏剧和表演理论。著有《现实剧场》(*Theatre of Reality*,2006年)、《作为媒介和媒体化对象的现场表演》(*Live Performance as Medium and Mediatized Object*,2011年)、《托伦戏剧1904—1944——表演故事》(*Theatre in Torun 1904–1944. A Performative Story*,2020年),与他人合著《媒体中的戏剧》(*Theatre among Media*,2015年)。德国学术交流中心(Deutscher Akademischer Austauschdienst,简称DAAD)研究员[柏林自由大学(Free University Berlin),2001年,导师:埃里卡·费舍尔-利希特(Erika Fischer-Lichte)教授]、戏剧评论家、多个波兰戏剧期刊的长期合作者,国际戏剧研究联合会(International Federation for Theatre Research,简称IFTR)、德国戏剧研究学会(Gesellschaft für Theaterwissenschaft,简称GTW)、波兰戏剧研究学会(Polish Society for Theatre Research,简称PTBT)成员。此外,他还担任东欧戏剧中心的长期顾问,该中心由上海戏剧学院于2018年创立。

① *Watroba. Słownik polskiego teatru po 1997 roku*, ed. Maciej Nowak, (Warsaw: Krytyka Polityczna Press, 2010), p.7; 见 Beata Guczalska, *Aktorstwo polskie. Generacje*, (Cracow: Państwowa Wyesza Szkoła Teatralna Press, 2014), p.369。

Drama Theatre Warsaw）上演。在接下来的几年里，这两位当时的英雄创造了华沙的花样剧院（Teatr Rozmaitości）的非凡地位，并成为当代波兰剧场的象征。他们向剧院和公众生活推出了全新的、有争议的文本和话题。在瓦里科夫斯基的作品中，有一个裸体的丹麦王子①探望他的母亲②，桌子上的几块生肉仿佛欧里庇得斯（Euripides）笔下《酒神的伴侣》（2001年）中彭特修斯难堪的遗体，以及格蕾丝（Grace）畸形的身体③。所有这些场景都描绘了禁忌的、心理分析驱动的爱与疯狂，以及人体的创伤体验。

亚日那的戏剧之旅是一个合乎逻辑的过程。他先是在克拉科夫市（Cracow）的雅盖隆大学（Jagiellonian University）学习哲学，然后进入克拉科夫戏剧学院（The Cracow Theatre Academy）学习导演，后来在导师负责的赫尔曼·布洛赫（Hermann Broch）的《梦游者》（*Sleepwalkers*，1995年）中担任克里斯蒂安·陆帕（Krystian Lupa）的助手。1997年，亚日那的戏剧处女秀大受好评，使他的职业生涯飞速发展。在三部作品上演之后——前面提到的《热带的狂热》，以及维托尔德·贡布罗维奇（Witold Gombrowicz）的《勃艮第公主伊沃娜》（*Ivona, the Princess of Burgundia*）和布拉德·弗雷泽（Brad Fraser）的《身份不明的人类残骸和爱的真谛》（*Unidentified Human Remains and the True Nature of Love*），亚日那在1998年成为华沙的多样剧院的艺术总监，此后便一直担任此职位。

作为波兰最有前途的戏剧巨星，亚日那的职业生涯似乎与德国的托马斯·奥斯特迈耶（Thomas Ostermeier）或立陶宛的奥斯卡拉斯·科索诺瓦斯的早期经历相似。从一开始就是一连串的胜利。他获得了所有重要的戏剧节奖项：波兰经典戏剧的最佳演出奖④，该演出季的最佳导演奖⑤，波兰导演在"接触"（"Kontakt"）国际戏剧节首次荣获大奖⑥，月刊《剧场》（*Teatr*）的杰出大

---

① 由杰克·波尼贾维克（Jacek Poniedziałek）扮演。
② 由斯坦尼斯瓦瓦·切林斯卡（Stanisława Celińska）扮演。
③ 萨拉·凯恩（Sarah Kane）的《清洗》（*Cleansed*），2002年。
④ 奥波莱（Opole），1999年。
⑤ 卡托维兹（Katowice），1999年。
⑥ 托伦（Toruń），2000年。

奖①和《政治周刊》（Polityka）颁发的护照奖（1999年）。然后，他开始在戏剧和歌剧方面进行国际合作。

《热带的狂热》就是一个复杂的后戏剧作品，它结合了电影、电视、视频剪辑和流行音乐的惯例。主角之间爱恨交加的关系以一种讽刺的方式呈现，这是典型的后现代文化特征。一些评论家声称，这让人想起大卫·林奇（David Lynch）或昆汀·塔伦蒂诺（Quentin Tarantino）的标志性电影风格，但由一个"天生的"戏剧模仿和戏仿大师上演。与瓦里科夫斯基不同，亚日那的目的不是在舞台上表现人类生存的悲剧性特征，也不是创造一个作者的"面向神经质观众的剧场"②，或者是"结合了治疗功能和社会影响的虚幻剧场"③。他的方法也很有智慧，带来了一个快乐的、得到认可的剧场。《热带的狂热》让老一辈的观众感到愤怒和烦躁，因为它是以最大的幽默感向城市流浪者进行讲述，他们认识到亚日那使用的美学过滤器，以及对当代世界和他们自身存在状态的多变、模糊的图像。

亚日那一开始就选择了波兰怪诞和荒诞戏剧大师维科伟奇（Witkacy）和贡布罗维奇的剧本，这并非偶然。马娅·奥斯塔泽斯卡（Maja Ostaszewska）因其夸张的态度和矫揉造作而受到观众的喜爱，她在《热带的狂热》中创造了一个战时蛇蝎美女的经典形象。她与亚日那最喜欢的另一位女演员（也是亚日那当时的未婚妻）玛格达莱娜·谢莱卡（Magdaléna Cielecka）形成了鲜明的对比。后者在《勃艮第公主伊沃娜》中扮演了一个陌生而疏离的女孩，既不美丽也不丑陋，但仍然刺激着宫廷中的每个人，让他们嘲笑她、伤害她，最终杀死她。在她的独立、挑衅性的首要地位和无名小卒的总体光环中，她类似于玛丽娜·阿布拉莫维奇（Marina Abramovic）的表演《0 节奏》（Rhythm 0），艺术家邀请观众按照他们的意愿对她采取行动。与阿布拉莫维奇不同，谢莱卡扮演的伊沃娜在所有的人类恶魔被释放后被杀死。

玛格达莱娜·谢莱卡也在亚日那的《4:48 精神崩溃》（4:48 Psychosis）中

---

① 康拉德·斯维纳尔斯基奖（Konrad Swinarski），1999年和2009年两次获奖。
② Grzegorz Niziołek, *Warlikowski extra ecclesiam* (Cracow: Homini Press, 2008), p.53.
③ 同上书，第16页。

扮演了角色。这个剧中的第二个案例是萨拉·凯恩的自传式人物故事，她是一个即将自杀的女人。如果说伊沃娜是按照复杂的写实表演的惯例来扮演的话，那么凯恩笔下的女主角似乎就是以肉体表演和行为艺术的方式来表现。以下是贝娅塔·古恰尔斯卡（Beata Guczalska）对这个创作的描述：

> 在舞台边缘，一个几乎全裸的女人站在观众面前——她只穿着肉色的裤子，手腕和膝盖上缠着绷带。她的脸上有泪痕、伤痕，神色悲伤且坚定。她正处于生死攸关的境地，在精神斗争中精疲力竭。她在向上帝、向她的爱人、向观众祈祷："触摸我！看着我！爱我！让我自由！跟我说话！"然而，没有人在说话，无论是上帝，还是人，或者任何被戏剧惯例束缚的观众。这个女人转身跑向铁墙，她以自杀的方式冲向铁墙，人们听到一声巨大的金属板撞击声。她的手腕上几乎没有被堵住的伤口，脸也受到猛烈撞击，血流不止。这一连串的动作重复了好几次，血越来越多，泪水越来越多，尖叫声也越来越多，破坏身体、摧毁身体的企图越来越强烈。①

亚日那的《4:48精神崩溃》可以被解释为遵循了瓦里科夫斯基的道路。以下是尼齐奥勒克（Niziołek）对于瓦里科夫斯基戏剧的肉体性的论述："（他）颠覆了精神和肉体的价值观。他使身体成为真理和圣洁的场所。他不相信超越，因为对他来说，最大的谜团是物质实体，它可能是反抗所有化身为资产阶级现实的伪装，并从个人抗议中获得力量，创造短暂的、不可持续的社会群体。（瓦里科夫斯基）并不惧怕融合，他从不同的时代和文化中挪用宗教符号。"②

然而，《4:48精神崩溃》是亚日那作品中少数的例外之一。在其中，他选择了一种更具审美性的策略——"驯服"观众，而这些观众在很多情况下根本不熟悉戏剧艺术。从哲学的角度来看，亚日那的戏剧并不像瓦里科夫斯基那样是无神论的。从一开始，其中就有仪式的元素，暗示着对神圣或超验存在的信

---

① Guczalska, *Aktorstwo polskie*, pp.364–365.
② Niziołek, *Warlikowski*, p.75.

仰。事实上，这就是亚日那和他的导师克里斯蒂安·陆帕之间隐藏的线索：在资本主义和全球化的最终胜利之后，发现世界的神秘层面。作为一个年轻的学生和艺术家，亚日那曾经踏上前往异国他乡的旅程。首先是在亚洲，在那里，他作为观众体验了巴厘岛的舞蹈；然后是去澳大利亚和巴布亚新几内亚，他跟随布罗尼斯拉夫·马利诺夫斯基（Bronisław Malinowski）和维科伟奇的步伐。正是他的热带之旅，促使他创作了处女作《热带的狂热》———一部怪诞而令人迷惑致幻的欧洲白人与他国土著文化相遇的作品。正如罗曼·帕沃斯基（Roman Pawłowski）所说，"热带在这里不仅是一种诙谐的风格化。欣喜若狂的舞蹈、反常的爱情和毒品成为维科伟奇痴迷的象征：贪得无厌、'存在的陌生性'，以及一个反抗剥夺精神体验的人的堕落。"①

在这次首演的二十年之后，在《剧场》月刊的一次采访中，亚日那对他成功上演皮埃尔·保罗·帕索里尼（Pier Paolo Passolini）的《定理》（*Theorem*）②的不同背景进行了评论：

> 我不相信占星术，不相信任何预言，但我相信奇迹。我相信在我们的生活中存在着一个非理性的维度。奇迹是我无法理解的一切，它超越了我的意识。对我来说，星状的天堂就是一个奇迹。③

他还简短地补充道：

> 我相信绝对。④

此外，在一些表演中，亚日那使用了远东的身体运用技巧。例如，塞萨

---

① Roman Pawłowski, *Chichot tropików*, "Gazeta Wyborcza" no. 16 (20 Jan. 1997), http://www.e-teatr.pl/pl/artykuly/134377.html (accessed on 19 May 2020).

② 见 Maryla Zielińska, *Warszawski spleen, czyli fin de siècle i Grzegorz Jarzyna*, in: *20-lecie. Teatr polski po 1989*, ed. Dorota Jarzabek, Marcin Koscielniak, Grzegorz Niziołek (Cracow: Korporacja Ha!Art Press, 2010)。

③ Grzegorz Jarzyna, *Wierzę w cuda*, the interview by Jacek Kopciński, *Teatr* No. 2 (2010), http://www.e-teatr.pl/pl/artykuly/88859.html (accessed on 20 May 2020).

④ 同上。

里·科辛斯基（Cezary Kosiński）在准备扮演普里斯先生（Price）时接受了武术和巴厘岛仪式舞蹈的训练；玛格达莱娜·谢莱卡和一位韩国大师一起提高了她在舞台上多方位表演的能力，而不是大包大揽。东方的影响对观众来说是显而易见的，不仅在于音乐，而且在于舞台上伊沃娜的不明确地位。谢莱卡评论说：

> 文根成（Mun Gun Sung）是一位韩国舞蹈大师。他来不是为了给我安排舞台动作，尽管他一开始认为这是他的职责，因为他听说我在扮演一个哑巴。对格热戈日来说，创造一种深度的专注是很重要的。在表演中，有几个场景我是完全残疾的。来自远东的人有很好的平衡能力；只要和我的训练师在一起，感知他，就能给我信心，让我相信我可以生活在平静中，与自己和谐相处。从技术方面讲，我们正在研究关于我在宴会现场之前行走的一个段落——如何进行呼吸和控制身体。①

谢莱卡的声明承认了亚日那在表演领域工作的特殊性；也就是说，他有能力运用从不同类型的戏剧中借鉴的惯例——传统的现实主义、后戏剧化的肉体（倾向于行为艺术），以及如上所述的人类学。

在接受评论家亚采克·科普钦斯基（Jacek Kopciński）的采访时，亚日那概述了他对剧场的看法：

> （戏剧）是一种认识现实本质的工具。我们在戏剧里做什么？我们分析日常生活中的事件，通过重复这些事件的方式，能够以一种彻底精确的方式来定义这些事件的现象。这种戏剧分析是安全的，因为即使是最极端的、最痛苦的事件，也会毫无痛苦地重复发生。戏剧从不同的偶然特征，无论是物质或心理中提炼出生活的精髓。当灯光熄灭时，大厅里的黑暗剥夺了你来到剧场时所带来的东

---

① Magdalena Cielecka, Anna Polony, Mieczysław Grabka, Marek Kalita in the interview entitled "Jarzyna czy jak go tam zwa", *Notatnik Teatralny*, No. 17-18 (1998), p.114.

西，剥夺了你在他人心目中的社会地位。批评性戏剧使这个地方成为一个广场，而我更喜欢在埃皮达鲁斯（Epidauros）的那种剧场。①

"（一个）神和治疗者的剧院——避难所。"亚采克·科普钦斯基补充道，这揭示了一些重要的东西：附着亚日那对传统的、持久的、"资产阶级"和"市政"剧场的幻想。

亚日那的戏剧怎么能同时具有艺术性和前卫性呢？从一开始，导演和他的团队就不得不喂养这只杂食性的"怪物"，所以他们试图建立剧场的品牌形象，就像"可口可乐"一样。在当时的波兰，这是一个新策略，需要一些新的描述，如"酷的剧院""年轻的剧院""为穿马丁靴的年轻人准备的剧院"。亚日那和他的团队通过为华沙多样剧院建立一个新的视觉形象实现了目标；他们将剧场与流行文化、互联网联系起来。他们仍然需要商业上的成功和争议，他们是波兰教育戏剧的先驱，创建了一个向儿童、学生、残疾人开放的文化场所（音频描述）。这个文化场所也对外国游客开放（对他们来说需要英文字幕）。他们知道，在华沙所有的艺术机构，都要争取知名度，知名度被视为最有吸引力的选择。

这就是为什么在格热戈日·亚日那的作品中有如此多的视听效果和来自剧场之外的生活元素。他的剧场上响起了墨西哥或印度尼西亚的民间节奏、德国战车乐队（Rammstein）、埋葬乐队（Sepultura）、流行音乐或电子乐、奥利弗·斯通（Oliver Stone）的《天生杀人狂》（*Natural Born Killers*）原声带中的主题、玛丽莲·梦露（Marilyn Monroe）演唱的纳京高（Nat King Cole）的经典曲目《当我坠入爱河》（*When I Fall in Love*）、取自多尼采蒂（Donizetti）的《托斯卡》（*Tosca*）和《爱情灵药》（*Elixir of Love*）中的歌剧咏叹调（《热带的狂热》）或玛丽亚·卡拉斯（Maria Callas）演唱的威尔第的《唐·卡洛斯》（*Don Carlos*）[《身份不明的人类残骸》（*Unidentified Remains*）]。

出于同样的原因，亚日那自己也常常重塑自己的形象，给自己起许多诙谐的绰号。在《热带的狂热》中的署名为格热戈日·霍斯特·阿尔贝蒂斯

---

① Jarzyna, *Wierzę w cuda*, op. cit.

（Grzegorz Horst d'Albertis）（暗指亚日那的西里西亚父亲的德语名字和发现巴布亚新几内亚的意大利旅行者的姓氏）；在托马斯·曼（Thomas Mann）所著的《浮士德博士》（*Doctor Faustus*）中署名为达斯·杰姆兹（Das Gemüse）（德语中的"一种蔬菜"，相当于波兰语中"亚日那"的意思）；在托马斯·温特伯格（Thomas Vinterberg）的《家宴》（*Festen*）中署名为H7；而在《4:48精神崩溃》中只是用一个"十"字符号（+）。随着年龄的增长，这位导演放弃了他改变身份的后现代游戏，但多年来一直在改变他的服装风格和发型，挑战战后波兰的传统艺术家形象——仅限于"一个老公务员"（穿着灰色西装）和"一个经验丰富的知识分子"（穿着黑色高领衫，模仿存在主义者）的模式。

通过他的服装图案，格热戈日·亚日那展示了他的自信，同时它们也是一种讽刺性自我反思的象征，反映了后现代人的恐惧和噩梦。这些恐惧和噩梦形成了一个没有尽头的清单：精神病、神经官能症、吸毒、变态、逃避现实、无信仰、软弱、抑郁、恶习、攻击性、自杀倾向、危机等。批评家拉法尔·韦格日尼亚克（Rafał Węgrzyniak）对它们的描述非常到位，他在评论亚日那的作品时引用了克里斯蒂安·陆帕的话：

> 《热带的狂热》首演后，陆帕立即意识到，在这部改编自斯坦尼斯瓦夫·I.维特凯维奇的两部戏剧的作品中，有"20世纪末的人"，他们带着"异化和麻醉性逃避的经验"，努力"失去自我，寻找一个完全不同的地方，寻找一个原始的节奏"，揭示了"一种新原始主义的黑暗能量，一种隐藏在当今人类身上的新的分裂"，以及"在人们身上爆发出黑暗、狂欢的主题，这就像在黑暗中跳动"。在《热带的狂热》中，"一种新的原始主义、一种新的原始性"是欧洲文化与远东文化相遇的结果。受这种文化的影响，欧洲人进入恍惚状态，随着当地居民的音乐舞蹈，吸食毒品，参与性狂欢。在深度恍惚的状态下，舞者失去理智，试图自杀或至少是伤害自己。①

---

① Rafał Wegrzyniak, "Grzegorz Jarzyna vel Horst D'Albertis vel Leszczuk, vel Brokenhorst," *Notatnik Teatralny*, No. 16-17 (1998), p.127.

自相矛盾的是，亚日那在波兰和欧洲其他地方二十多年的职业生涯可以用"成功"和"危机"两个词同时描述。后者意味着"成为一个总导演，失去了吸引观众和评论家的艺术力量"。从他的《浮士德博士》（1999年）、根据陀思妥耶夫斯基的《白痴》改编的《梅什金公爵》（*The Prince Myshkin*，2000年）和改编自莎士比亚的《2007：麦克白》（*2007: Macbeth*，2005年）中，许多评论家都预言这位导演最终会走向衰落。然而，他在那些年里失去了更多的东西：最好的合作导演和演员组合的核心。2007年秋天，格日什托夫·瓦里科夫斯基带着相当多的优秀演员［如马娅·奥斯塔泽斯卡、杰克·波尼贾维克、安杰列·查拉（Andrzej Chyra）和玛格达莱娜·谢莱卡］离开了华沙多样剧院，建立了新剧院。这个群体中最年轻的人，甚至被专业研究人员称为"华沙多样剧院一代"[①]，并被定义为一个新的表演流派，挑战肉体的禁忌——这似乎是不可或缺的。一位知名的评论家称之为"伟大的华沙多样剧院神话之死"[②]。亚日那排除万难，试图以不同方式取代"叛徒"。首先，他聘请了最炙手可热的德国式政治戏剧的代表，成功地引进了其中一些人[③]，而另一些人则根本没有引进[④]。

另一个危机发生在亚日那剧场所在地。该建筑坐落在马萨科斯卡街（Marszałkowska），位于一个著名而繁忙的街区，并不适合用于现代艺术项目。此外，它只有一个容纳168个座位的小礼堂，现场受技术限制。亚日那面对挑战，开始为华沙多样剧院创作寻找新的地方。2005年，他发起了华沙地形项目，专门为年轻的、有才华的戏剧爱好者和有兴趣与华沙多样剧院艺术家合作的初学者提供服务，创造当代而不是已经知名的戏剧，但没有资金用于布景设计和音乐。特定场所剧场在波兰并不新鲜，但在这种情况下，华沙多样剧院开始一步步揭示波兰首都的快速转型。由不同艺术家执导的作品在华沙中央火车

---

① Guczalska, *Aktorstwo polskie*, pp.363–418.

② Tomasz Plata, "Śmierć wielkiego mitu Teatru Rozmaitosci," *Dziennik*, No. 266 (2007), http://www.dziennikteatralny.pl/artykuly/smierc-wielkiego-mitu-teatru-rozmaitosci.html (accessed 19 May 2019).

③ 热内·波列许（Rene Pollesch）。

④ 扬·克拉塔。

站的酒馆里上演①，在旧公寓里上演②，在老旧的印刷厂里上演③，等等。在发现新的戏剧领域和新的观众群体的同时，在进行"华沙地形计划"的过程中，亚日那找到了一些新的合作者，比如扬·德拉夫内尔（Jan Dravnel）。华沙市政当局也兑现承诺在市中心为华沙多样戏剧找到一个新的地方：在现代艺术博物馆的崭新大楼里。④

2005年，亚日那又开始了一个项目，名为 TR/PL，致力于寻找新的当代波兰戏剧。举办了一系列有一群年轻剧作家参与的研讨会，他们的作品被变成文集出版。⑤最重要的发现就是多萝塔·马斯沃夫斯卡（Dorota Masłowska），她在2002年以小说《白与红》（*White and Red*）首次亮相，当时年仅19岁，一跃成为波兰文学界的璀璨新星。马斯沃夫斯卡对戏剧和剧场从来都不热衷，但当她受到亚日那的邀请时，确实写了一些作品。她的第一部戏剧是《两个讲波兰语的罗马尼亚穷光蛋》（*A Couple of Poor Polish-speaking Romanians*），该剧于2006年11月在华沙多样剧院举行了世界首演，导演是普热梅斯瓦夫·沃伊切谢克（Przemysław Wojcieszek）。⑥对于观众来说，这是一个绝佳的机会，可以体验马斯沃夫斯卡通过引用街头俚语、普通人的讲话、商业广告和其他流行文化文本和体裁来讲故事的天赋。然而，该剧并不成功，导演过分简化了马斯沃夫斯卡的奇幻故事。该故事讲述了两个醉醺醺、飘飘然的派对参与者乔装成贫穷的罗马尼亚人，在波兰各省游荡。荒诞戏剧的元素和多语言的嘈杂声，变成了一连串类似歌舞表演的套路。因为在波兰扮演罗马尼亚人意味着嘲笑最贫穷的人（在街头语言中，"罗马尼亚人"等于"吉普赛人"，即小偷、骗子、弃儿），所以社会排斥的问题在其中没有立足之地。

相比之下，马斯沃夫斯卡的第二部剧作——《我们之间挺好的》（*We Are*

---

① 《放手一搏》（*Risk It All*），2003年。

② 伊万·维里帕夫（Ivan Vyrypaev）的《氧气》（*Oxygen*），2004年。

③ 尼尔·拉布特（Neil LaBute）的《重击》（*Bash*），2004年。

④ 开始的日期仍在推迟。

⑤ *TR/PL. Antologia nowego dramatu polskiego* (Warsaw: TR Press, 2006).

⑥ 见其中一篇评论：Roman Pawłowski, "Królowa w rumuńskim przebraniu," *Gazeta Wyborcza* no. 120（2006年5月24日）。

Pretty Good，2009年），由亚日那在柏林的邵宾纳剧院执导，从一开始就大受欢迎。这是一个多维度的故事。首先，它讽刺性地描绘了一个由于"真正的"波兰身份遭到嘲笑的华沙家庭：一个金属小女孩[①]与她的母亲哈莉娜（Halina）[②]和坐在轮椅上的祖母[③]一起生活。与此同时，它是一个关于不存在的波兰首都的悲剧故事——一个被希特勒和斯大林摧毁的鬼城。其次，这是一个关于（后）资本主义的后现代故事，在一个渴望超越现实的第二世界中，关于其欲望、欢乐、幻觉、即时产品、承诺之地、商业广告和商业化。最后，它是一个剧场中的自动主题故事，无法建立现实世界的任何可信的形象，因此，它在原则上成为剧场的一个体现。被披露作为一个媒介，它运用了公共关系和营销专家使用的所有技术。值得注意的是，该剧的标题暗指波兰朋克乐队斧头乐队（Siekiera，即The Axe）的一首歌，歌中描述了一个女孩在森林中被四个男人强奸的故事。

亚日那在对该剧的创作中决定强调自动主题的层面。卢卡兹·德鲁尼亚克（Łukasz Drewniak）写道："这里不是华沙老式公寓的杂物间，而是一个封闭的黑白电视演播室，三面墙都是屏幕。表演的背景是一栋不存在的房子。"[④]这使得表演中的所有人物和事件都是不真实的——僵尸、幻象。唯一真实的东西就剩下语言了。

无论是在德国还是在波兰，观众都喜欢关于波兰的历史无辜受害者的自嘲片段，如关于世界一开始就是波兰，所有的人都是波兰人的奇怪的广播独白。然而，在有效地引诱了所有观众对国家的定型观念、陈词滥调和简单的谎言进行自由的嘲笑之后，亚日那的作品走向了一个令人震惊的结局。卢卡兹·德鲁尼亚克声称，"在屏幕上，被炸毁的华沙的房屋轰然倒塌。原来，祖母在第二

[①] 由玛格达莱娜·珀拉斯佳（Magdalena Popławska）扮演。

[②] 由玛格达莱娜·库塔（Magdalena Kuta）扮演。

[③] 由才华横溢的达努塔·沙夫拉尔斯卡（Danuta Szaflarska）扮演，在她去世后，由男演员莱赫·洛托茨基（Lech Łotocki）变装表演。

[④] Łukasz Drewniak, "Sukces sztuki Masłowskiej w Berlinie," *Dziennik*, no. 75 (2009), http://www.e-teatr.pl/pl/artykuly/70040.html?josso_assertion_id=D3A5763C6FD8EB4D（2020年5月20日访问）。

次世界大战的第一天就死了,所以她的女儿从未出生,金属小女孩也从未存在过。我们所凝视的这个世界从未存在过,它从一开始就处于绝对的否定状态,如同一个梦幻岛。战争摧毁了一个世界,而后来建立的世界从一开始就是假的——一个假象。那些失去生命的人从未出生或没有任何机会存在,但他们仍然生活在某个特定的、'消极的'的波兰。他们是如此之多,以至于波兰的幻影掩盖了一个真正的波兰的不存在。外墙是幻影、欺骗、海市蜃楼、谎言、虚情假意的庇护所。"①

总而言之,马斯沃夫斯卡的《我们之间挺好的》的制作是亚日那的剧场在后戏剧的欢乐和智力认可之间的一个典范。

图1 《我们之间挺好的》,格热戈日·亚日那执导,华沙多样剧院,2009年。莱赫·洛托茨基扮演阴郁的老妇人 ②

在2018—2019年演出季结束之际,在华沙亚日那的华沙多样剧院可以看到什么?在马萨科斯卡街的主舞台上,是黑色音乐剧《雷希尼茨》(*Rechnitz*)。

---

① Łukasz Drewniak, "Sukces sztuki Masłowskiej w Berlinie," *Dziennik*, no. 75 (2009), http://www.e-teatr.pl/pl/artykuly/70040.html?josso_assertion_id=D3A5763C6FD8EB4D(2020年5月20日访问)。

② 照片由纳塔利娅·卡巴诺夫(Natalia Kabanow)拍摄,来自华沙多样剧院档案馆。

歌剧——《大屠杀的天使》（*The Angel of Holocaust*），根据埃尔弗里德·耶利内克（Elfriede Jelinek）的恐怖剧本改编，由卡塔日娜·卡尔瓦特（Katarzyna Kalwat）执导，六名演员和一个弦乐四重奏组成。还有格奥尔格·毕希纳（Georg Büchner）的《沃伊采克》（*Woyzeck*），由格热戈日·亚列姆科（Grzegorz Jaremko）——第三个华沙多样剧院首演奖得主执导。与此同时，"常青树"《4:48精神崩溃》在澳门文化中心演出，《加利福尼亚/格瑞斯·斯利克》（*California/Grace Slick*）（由热内·波列许执导）参与了布拉迪斯拉发（Bratislava）的一个国际戏剧节。

至于格热戈日·亚日那本人，他执导了马斯沃夫斯卡的第三个剧本《其他人》（*Other People*），这是专门为他写的。这是一首描写波兰经过30年变革的"多语言音乐诗"，是一个关于华沙人民的故事。这部作品是时下流行的参与式剧场的一个例子，由专业艺术家、说唱歌手和华沙的普通市民共同完成。布景是一个绿色的盒子，有三块波纹金属板作为屏幕，借用了今天波兰首都的众多建筑工地。内容十分丰富，包括视频和嘻哈音乐。这是对穷人的商业嘲弄吗？或者正好相反，这为社会外来者创造了一个自由空间？是剥削还是支持？也许两者都是。最近，格热戈日·亚日那满50岁了，也结婚了。他仍然在等待华沙多样剧院有一座新的大楼。

参考文献

[1] Drewniak, Łukasz, *Sukces sztuki Masłowskiej w Berlinie*, "Dziennik" 2009 no.75, http://www.e-teatr.pl/pl/artykuly/70040.html?josso_assertion_id=D3A5763C6FD8EB4D (accessed 20 May 2020).

[2] Guczalska, Beata, *Aktorstwo polskie. Generacje*, Cracow: Państwowa Wyesza Szkoła Teatralna Press, 2014.

[3] Gruszczyński, Piotr, *Ojcobójcy. Młodsi zdolniejsi w teatrze polskim*, Warsaw: W.A.B. Press, 2003.

[4] Cielecka, Magdalena, Anna Polony, Mieczysław Grabka, Marek Kalita (Jarzyna's actors) in the interview entitled *Jarzyna czy jak go tam zwa*, *Notatnik*

Teatralny 1998, no. 17-18.

[5] Jarzyna, Grzegorz, *Two Swords in Beijing. Premiere*. The interview by P. Cieslak, "Rzeczpospolita" 18 January 2018, https://www.rp.pl/Teatr/301189927-Grzegorz-Jarzyna-o-premierze-spektaklu-Dwa-miecze-w-Pekinie.html (accessed 19 May 2020).

[6] ——, *Wierzę w cuda*, the interview by Jacek Kopciński, "Teatr" 2010, No. 2, http://www.e-teatr.pl/pl/artykuly/88859.html (accessed 20 May 2020).

[7] Kosiński, Dariusz, *Teatra polskie. Historie*, Warsaw: Instytut Teatralny Press, 2010.

[8] Krakowska, Joanna, *Demokracja. Przedstawienia*, Warsaw: Instytut Teatralny Press, 2018.

[9] Niziołek, Grzegorz, *Warlikowski extra ecclesiam*, Cracow: Homini Press, 2008.

[10] Nowak, Maciej (ed.), *Watroba. Słownik polskiego teatru po 1997 roku*, Warsaw:Krytyka Polityczna Press, 2010.

[11] Pawłowski, Roman, *Chichot tropików*, Gazeta Wyborcza no. 16, 20.01.1997, http://www.e-teatr.pl/pl/artykuly/134377.html (accessed 19 May, 2020).

[12] ——, *Królowa w rumuńskim przebraniu*, Gazeta Wyborcza 2006, no. 120, 24.05.2006.

[13] Plata, Tomasz, *Śmierć wielkiego mitu Teatru Rozmaitos'ci*, Dziennik 2007 no. 266, http://www.dziennikteatralny.pl/artykuly/smierc-wielkiego-mitu-teatru-rozmaitosci.html (accessed 20 May, 2020).

[14] TR/PL. *Antologia nowego dramatu polskiego*, Warsaw: TR Press, 2006.

[15] Wegrzyniak, Rafał, *Grzegorz Jarzyna vel Horst D'Albertis vel Leszczuk, vel Brokenhorst*, Notatnik Teatralny 1998, no. 16-17.

[16] Zielińska, Maryla: Warszawski spleen, czyli fin de siècle i Grzegorz Jarzyna, in: 20-lecie. Teatr polski po 1989, ed. Dorota Jarzabek, Marcin Koscielniak, Grzegorz Niziołek, Korporacja Ha!Art Press, Cracow 2010.

扬·克拉塔：波兰戏剧中寻求社会认同的调音师

[波兰] 卡塔日娜·克雷格莱乌斯卡* 著

张芝璇 连幼平 译

一

为了实现做导演的目标，扬·克拉塔专门学习了相关知识，完成学业的六年后，他才着手准备第一部完全独立创作的作品：尼古拉·果戈理的《钦差大臣》①。在这部姗姗来迟的处女作之后，这位导演的戏剧事业就开始突飞猛进。事实上，有些评论家将2004—2005年的戏剧季命名为"克拉塔年"，原因有二：一是2005年12月由华沙戏剧研究所组织举办了克拉塔戏剧节；二是2006年克拉塔获得了波兰最具影响力的周刊之一颁发的"政治周刊护照奖"。

"政治周刊护照奖"久负盛名，自1993年以来，每年都颁发给有潜力的年轻艺术家，而克拉塔的获奖原因是"对经典的创新和大胆诠释，诊断波兰现状和民族神话力量的热情和执着"②。他之后的作品也相当成功（赢得了多个奖

---

* [波兰] 卡塔日娜·克雷格莱乌斯卡（Katarzyna Kreglewska），戏剧研究者，翻译家，在波兰格但斯克大学（The University of Gdańsk）戏剧、剧场和表演系任助理教授，著有《波兰戏剧的记忆：理论—历史—文本》（*Polish Theatre Memoirs: Theory—History—Texts*，2017年），并与他人合编了多本关于波兰戏剧和文学的书籍。自2016年以来，卡塔日娜·克雷格莱乌斯卡一直担任之间艺术节的研究副总监。

① 参见扬·克拉塔，《政治》（*Polityka*），2009年11月3日，https://www.polityka.pl/tygodnikpoli-tyka/kultura/paszporty/173243,1,teatr-jan-klata.read（2019年5月6日访问）。

② 参见"Jan Klata," *Polityka*, 3 November 2009, https://www.polityka.pl/tygodnikpoli-tyka/kultura/paszporty/173243,1,teatr-jan-klata.read（2019年5月6日访问）。

项），不仅在戏剧界引起了巨大的反响，也获得了极佳的口碑。

即使不说这是兼容并蓄的，至少也可以说克拉塔的目标剧目是异常丰富的，因为他导演了波兰国内外的经典剧目，特别是莎士比亚和古希腊的戏剧。①创作一系列作品的同时，这位导演一直在树立自己的公众形象：一个外来者，一个反对派人物，穿着马丁靴、梳着莫霍克发型②的叛逆形象。③尽管有这些边缘戏剧的特性，克拉塔还是能成功地在波兰的主要剧院执导演出。2013年1月，他接受了克拉科夫海伦娜·莫德热耶夫斯卡国家老剧院（Helena Modrzejewska Narodowy Stary Teatr）负责人的职位，这是波兰最古老、最重要的剧院之一。

让我们从头说起。导演的戏剧经历可以追溯到他的青年时代：还不到12岁的时候，克拉塔写了一部名为《绿象》（Słoń Zielony）的剧本，在一次由名为《对话》（Dialogue）的期刊举办的比赛中，他凭借剧本胜出。该剧在扎科帕内的斯坦尼斯瓦夫·伊格纳西·维特凯维奇剧院（Stanisław Ignacy Witkiewicz Theatre）首映。这部戏剧还被译成英文，在澳大利亚的一个戏剧节上演出。④高中一毕业，克拉塔就被位于华沙的亚历山大·泽尔维罗维茨国家戏剧艺术学院（Aleksander Zelwerowicz National Academy of Dramatic Art）的

---

① 值得一提的是在克拉科夫国家老剧院上演的两部作品：《俄瑞斯忒亚》（Oresteia, 2007）；《俄狄浦斯王》[Oedipus Rex，（改编自1927年伊戈尔·斯特拉温斯基（IgorStravinski）的歌剧作品，2013]。玛高扎塔·巴德佐夫斯卡（Ma łgorzataBudzowska）在《扬·克拉塔：革命的音乐性》（JanKlata: Muzycznosc rewolucji）一文中提到这些作品，见于《神话的阶段性蜕变：文化视角下的21世纪波兰戏剧》（Sceniczne metamorfozy mitu: Teatr polski XXI wieku w perspektywiekulturowej），罗兹：罗兹大学出版社（Łódz: Wydawnictwo Uniwersytetu Łódzkiego, 2018），2018年版，第233—288页。

② 即莫西干头。——译者注

③ 莫妮卡·奎特科夫斯卡在《共同性问题》（Pytanie o wspólnoe）一文中对导演的自我创作进行了充分的探讨，参考 Jerzy Grzegorzewski i Jan Klata, (Cracow: Wydawnictwo Uniwersytetu Jagiellońskiego, 2016). 亦可参考 A. R. Burzyńska, The Classics and the Troublemakers. Theatre Directors from Poland (Cracow: Wydawnictwo Uniwersytetu Jagiellońskiego, 2014); O. Śmiechowicz, Lupa, Warlikowski, Klata. Polski teatr po upadku komunizmu, (Warsaw: Wydawnictwo Naukowe PWN, 2018)。

④ Cf. M. Zielińska, "Prowokator," Ozon 2005, No. 1.

导演系录取。在那里待了两年后（由于冲突，又或是因为要另寻导师），他转到了克拉科夫，在那里他能学习（也可以当助手）杰尔兹·格热戈尔泽夫斯基（Jerzy Grzegorzewski）、杰尔兹·亚罗基（Jerzy Jarocki）和克里斯蒂安·陆帕的作品。格热戈日·亚日那是他的同学。1997年他们毕业之后，亚日那立即开始了令人震惊的职业生涯，而克拉塔却没有。

在之后的五年里，克拉塔做了几份兼职，包括非主流类音乐的乐评人、撰稿人以及电视访谈节目的导演。直到他的剧本《格雷普鲁塔微笑》(*Uśmiech grejpruta*)①入围一次戏剧竞赛的决赛②，他的职业地位才发生了根本性的变化。因为2002年12月，克拉塔在波兰剧院准备了一个广受欢迎的戏剧研讨班，五个月后将其改编成了一部完整的舞台作品。同时，他还执导了尼古拉·果戈理的《钦差大臣》，不久又执导了安德烈·纪德（André Gide）的《梵蒂冈酒窖》(*The Vatican Cellars*，于2004年1月9日首演)。在《格雷普鲁塔微笑》中，克拉塔展现了焦急等待教皇死讯的记者，以便通过媒体发送他们的报道。他把《钦差大臣》中的情节转移到了波兰和20世纪70年代的盖莱克③时期，展现了正是这一时期塑造的这个国家的民族意识。在《梵蒂冈酒窖》中，他提出了关于宗教情感的问题（将极端的虚无主义与宗教狂热放在了一起）。

二

从事戏剧工作之初，克拉塔就创造了一个介入戏剧④——首先是社会性参与，其次是政治性参与。这就是为什么罗曼·帕沃斯基称他为"有思想的

---

① 波兰语单词 grejpfrut 和英语中的拼写错误是故意为之。
② 由《对话》和波兰剧院（Teatr Polski）在弗罗茨瓦夫举办的一次竞赛。
③ 爱德华·盖莱克（Edward Gierek, 1913—2001），波兰共产主义政治家。——译者注
④ 在1948年的《文学是什么》(*Qu'est ce que la littérature?*) 一文中，萨特倡导一种"介入文学"。在他看来，艺术家应该参与到他们时代的重大政治和哲学辩论中。后来，这种形式被运用到戏剧创作中，代表人物有让-保尔·萨特（Jean-Paul Sartre），阿尔贝·加缪（Albert Camus），艾梅·塞萨尔（Aimé Césaire），卡泰布·亚辛（Kateb Yacine）。——译者注

反叛者",一个从事"高风险戏剧"①的人,甚至可能不幸地成为波兰版的弗兰克·卡斯托夫（Frank Castorf）②。克拉塔的首要任务既不是与美学相关的戏剧,也不是因为要进行哲学思考而以戏剧为借口,而是处理深深扎根于当代现实相关论题的戏剧。在他的作品中,波兰及其复杂的历史扮演了非常重要的角色,而这一历史是不能被简单概括的。克拉塔考量的是这个国家的构成。他对社会关系的本质进行审查,并寻求是何种特性形成了波兰社会中（大多数人）的共同世界观。他提出了关于宗教忏悔和归属的问题,以及如何理解和践行道德准则的问题。克拉塔阐释了他如何看待戏剧对公众的义务："因为它就发生在此时此地,戏剧必须有很高的温度。戏剧必须生发出来,必须有血、有汗、有泪。这只是一种媒介,有点像马戏团,也有点像心理剧。"③他承认,真正让他坚持下去的是"挑战自己在这个摇摇欲坠的世界做一些什么,于混乱中建立秩序,创造节奏"。为了证明这一点,当主题不连贯时,就会出现一些重要的问题；真理就存于形式和所谓的特殊幽默感之下。④

但是,像"介入戏剧"和"政治戏剧"这样的描述远远不足以概括克拉塔戏剧语言的意象。毋庸置疑,在他的作品中有一点很重要,也是最重要的一点,那就是他塑造戏剧空间的方式——利用音乐。事实上,克拉塔最经常采用的方法就是从音乐入手创作某部作品,音乐往往是诠释整部作品的关键。

三

克拉塔的个人风格和后来的戏剧美学追求的根源,或许可以在他的第四部

---

① R. Pawłowski, "Teatr 2004", *Gazeta Wyborcza* 2004, no. 300.

② Idem, "Tow. Horodniczy", *Gazeta Wyborcza* 2003, no. 89.

③ "Dorosnaćdo widowni," J. Klata in conversation with D. Kardasińska, Notatnik Teatralny 2004, no. 32–33, p.63.

④ J. Klata, "O prawdzie i nieprawdzie, etyce i estetyce," edited by M. Kuzmiak, *Notatnik Teatralny* 2004, no. 32–33, p.76.

作品中找到。《H.》①于2004年7月2日在格但斯克造船厂首演②。当时，这部作品在评论界引起了极端的回应，然而，从首演至今已经过去了15年，可以清晰地看到，这部作品作为波兰戏剧最重要的作品之一，在21世纪初就已经载入了史册。③这里没有详细的考察制作，但值得一提的是其中两个极其重要的要素：音乐和制作地点的选择。

决定使用非戏剧性场所是一种表演行为，它对戏剧效果以及观众对戏剧的感知影响极大。正如乔塞特·费拉尔（Josette Féral）所认为的，可以将戏剧场所理解为一种精神领域，在演员和观众的心目中，这是一种召唤，又或是一种意象。④因此，观众对戏剧的接受方式也取决于戏剧对戏剧空间的应用方式，以及与这种特定心理领域相关联的体验。

导演用自己"造船厂的经验"来解释他对《哈姆雷特》的空间选择。他读了斯坦尼斯瓦夫·韦斯皮亚斯基（Stanisław Wyspiański）的《哈姆雷特研究》（*Studium o Hamlecie*），受到了启发，后者根据人们对赫尔辛格（Elsinore）的理解和呈现方式来诠释这部剧。⑤他认为，莎士比亚，"无论什么时候，他想要呈现所发生的事，当然，他眼前总有发生这一切的地点地貌。"⑥韦斯皮亚斯

---

① 根据莎士比亚的《哈姆雷特》改编。

② 《H.》根据威廉·莎士比亚的《哈姆雷特》改编，由斯坦尼斯瓦夫·巴冉扎克（Stanisław Barańczak）翻译，由扬·克拉塔执导并进行采样和刮擦，空间安排、服装、灯光由贾斯蒂娜·瓦戈夫斯卡（Justyna Łagowska）负责，动作由马奇科·普鲁萨克（Maćko Prusak）负责，2004年7月2日在格但斯克造船厂第42A号生产大厅首演。参见：K. Kreglewska, "Hamlet w Stoczni. "H." według Szekspira w reeyserii Jana Klaty" [in:] Teatr Wybrzeże w latach 1996-2016. Zjawiska-ludzie-przedstawienia, ed. J. Puzyna-Chojka, K. Kreglewska, B. Świader-Puchowska, (Gdańsk, 2019)—In the present essay, I refer to that discussion.

③ 首映两年后，该影片得以录制，参见：http://ninateka.pl/film/h-spektakl-teatr（2018年5月7日访问）。

④ Cf. J. Féral, "Miejsce teatralne jako przestrzeń fascynacji: 'Wieza' Anne-Marie Provencher" [in:] *Teatr w miejscach nieteatralnych*, ed. J. Tyszka, (Poznań, 1998), p.190.

⑤ 参见："Wawel na mnie nie działa," *Didaskalia* 63 (2004), p.17.

⑥ S. Wyspiański, Hamlet, [in:] idem, *Dzieła zebrane*, vol. 13 (Cracow, 1961), ed.L. Płoszewski etc., pp.13–14. See also: pp.15–17.

基本人打算把《哈姆雷特》的情节定位在克拉科夫的瓦维尔山和城堡——"他想要一个体现国家、社会和历史精神的地方，至于如何称呼它并不重要。"[1] 克拉塔表示：

> 格但斯克造船厂（Gdańsk Shipyard）是演出此剧的理想场所：生产大厅里有安娜·瓦伦蒂诺维奇（Anna Walentynowicz）的龙门架，离欧洲和世界历史变迁的地方不远。当你走进那个巨大的、后工业时代的、有点神圣的空间时，你会不禁想到：不久前，造船厂的工人们去参加了一场示威游行。为他们自己的命运而战，为我的命运而战。[2]

因此，《H.》的制作是出于对造船厂发生的事情的感激之情，但也是对后来发生的事情的惊愕之情——也出于反思，需要反思从此开始的变化把波兰人引向何方。[3] 必须承认的是，变革后的 15 年里，国家形象并没有让人感到骄傲或乐观。相反，是一片废墟的形象，完美地呼应了造船厂被忽视（被废弃）的空间，锈迹斑斑，杂草丛生。在破败的室内环境中，新的"精英"沉溺于消费。克拉塔表示，地点的选择对塑造作品的多层意义具有重要影响。[4] 他解释道，《H.》意在讲述"一个拒绝腐朽世界的年轻人，但他唯一能做的只能是毫无意义地反抗。而他足够理智，即使输掉也能保持体面。这太波兰化了。我们总是宁愿漂亮地输掉，也不愿过正常的生活"[5]。

许多评论家指责克拉塔明目张胆地将该剧的意义局限在社会政治层面。值得强调的是，克拉塔的许多其他作品中，政治是一个重要的参考点。在《钦差大臣》中，他犀利地评价了政治家们的行为和品格。在瓦乌布日赫市，地方当局的代表观看该剧的一场演出，可以理解的是，演员和导演当时都担忧代表们

---

[1] "Mysle̜ ze Hamlet jest Polakiem," J. Klata talks with M. Wasiewicz, *Gazeta Wyborcza—Trójmiasto* 153 (2004), http://encyklopediateatru.pl/artykuly/127328/mysle-ze-hamlet-jest-polakiem (accessed 6 May 2019).

[2] 同上。

[3] Cf. "Wawel na mnie nie działa," op.cit., p.17.

[4] Cf. "W Polandzie," J. Klata talks with K. Mieszkowski, *Notatnik Teatralny* 38 (2005), p.36.

[5] 同上。

的反应，并努力预测"如果你举起一面映照人民的镜子，将会是什么后果"①。而事实却是：观众席上的每一名官员都假装舞台上描述的是另一个政党。克拉塔表示：

> 当我看到类似的事情时，我想：天哪！这个体制的确吸收了所有的反抗。无论如何，这就像是流行文化。这是我的两个爱好：政治和流行文化。流行文化也能够吸收各种各样的反抗和反对意见，即使它来自一个绝对另类的、好斗的立场，如同群星汇聚，突然间引人注目，与流行文化有关的种种反抗都变得异常畅销——如同涅槃一般。②

克拉塔导演策略的最大特点之一就是它的戏剧技巧，他自称为"采样"（Sampling）和"搓碟"（Scratching）。"采样"是一个音乐术语，意思是在新创作的作品中使用先前录音的摘录作为元素。在DJ打碟时中，"搓碟"是指留声机唱针和黑胶唱片之间的搓碟，而在戏剧中则是指对观众意识进行的操作，一个能够动摇固定模式和观戏刻板印象的操作。③这些技术直接从消费和流行文化主导的世界中引介而来。

现实中的每一个元素都可以被解构、重建、再制造和再循环，基于这样的原则，克拉塔自由地从他的周围环境中汲取灵感，并混合了不同美学风格的符号，从而打破了观众的接受习惯。④帕威·斯塔博夫斯基（Paweł Sztarbowski）评论说："在波兰戏剧界，没有人如此大规模地引用大众文化——音乐会、录像技术、音乐录像和广告。"⑤他还指出，克拉塔与戏剧文本有着绝对自由的关系（他把戏剧剧本当作音乐作品一样对待，即作为重新混合的素材），时常"就会有人提出抗议，有人抱怨他的作品变得单调，意义变得单薄，或者情

---

① "Dorosnąć do widowni," op. cit., p.60.
② 同上。
③ 引自"Słownik pojęć dramaturgicznych," *Notatnik Teatralny* 58-59 (2010), pp.78–95.
④ Cf. J. Kowalska, "Egzorcysta," *Notatnik Teatralny* 38 (2005), pp.82–85.
⑤ P. Sztarbowski, "Teatr mój widzę masowy," *Newsweek Polska* 2007, No. 9.

节删减得太过火"①。同时，值得强调的是，克拉塔认为对剧本的干预很重要，"他如实地改了标题，以示他是根据故事和从别人的剧目中提取的词语，来创造新的剧本"②。

克拉塔如何看待莎士比亚戏剧和影响了大众意识的哈姆雷特神话？最重要的是，他为莎士比亚增色不少，还摒弃了一些深深地扎根于传统制作方法的元素。他的哈姆雷特没有说出著名的"存在还是毁灭"的独白，而这却是许多演员的梦想。人们期待着奥菲莉亚疯狂的场面，也只是枉然。一般来说，克拉塔自始至终并不追求对人物的深度呈现，很难找到他们行动背后的详细动机，而且各个场景之间缺乏清晰的逻辑联系。克拉塔干脆放弃了传统的叙事结构。

该剧中多个事件围绕的中心轴并不是原剧的结构。导演创造了"一个完全自主的、超越剧本的，有时甚至与剧本相反的事件顺序。这些平行的叙事伴随图像和音乐逐渐成形"③。无论如何，克拉塔经常明确指出，"导演可以随心所欲，但必须保证有好的作品。"④ 通过减少《H.》中的台词，克拉塔将其含义转移到作品的其他元素中，比如舞台动作和音乐。

*

对克拉塔来说，音乐"意义重大"。在他看来，如今音乐是文化的主要表达形式，"它是一种让身处人群的人们识别各自身份的代码。"⑤ 因此，"播放列表"是克拉塔作品中一个非常重要的元素也就不足为奇了。贾斯蒂娜·瓦戈夫斯卡（现实生活中是导演的妻子）说，当克拉塔开始制作时，他首先想出一个适当的传统风格，让他的剧本扎根于此，然后马上选择音乐："他把剧本给我，播放音乐，我必须根据这些指导方针找到自己的方法。"⑥ 而克拉塔这样描述他的工作方式：

---

① J. Kowalska, "Egzorcysta," op. cit., p.82.
② P. Sztarbowski, "Teatr mój widzę masowy," op. cit.
③ J. Kowalska, "Egzorcysta," op.cit., p.82.
④ "W Polandzie," op.cit., p.38.
⑤ Cf. "W oku salonu," J. Klata talks with Ł. Drewniak, *Przekrój* 8 (2005).
⑥ Cf. "Intensywne eycie z szachista," op.cit., p.45.

我作品的结构是音乐性的。比如我使用的舞台装置，是对某一材料进行多次截取，取样留下，再用它们来构建新的东西。而截取刮擦的痕迹会给舞台上发生的事情带来一种粗糙感。比较敏锐的观众会知道我从哪儿拿的东西，意识感觉较弱的人只会体会到感情。①

同样，在《H.》中，有些音乐样本作为引用作品出现，也具有非常重要的作用。它们的作用不仅仅是作为大众文化美学的标志（通常以不同于原作的编排方式出现），而且以一种谨慎和深思熟虑的方式嵌入戏剧结构的适当位置。

在克拉塔的作品中，音乐样本承担着合唱团曾经的角色。它们是刻画特定人物的手段，是对特定事件的评论或对未来事件的预示。最后，音乐样本和精神伤痕说明，有时克拉塔的整个舞台会让人想起一个加长的音乐视频，由编辑过的场景组成，其价值首先体现在画面十分壮观，且有暗示性。②

*

毫无疑问，借着莎士比亚悲剧的主题，克拉塔将自己的故事写进了《H.》，这个故事的主题是当代波兰的形象。③空间的选择，就像"采样"和"刮擦"的技术一样，意味着观众有机会近距离接触导演在舞台上创造或示意的"精神领域"——将情节移到"剧场"之外，会增加对观众的情感冲击。放弃传统叙事模式的霸权，意味着观众可以沉浸在故事里。克拉塔选择的策略更加合理，在1989年后，我们做了什么？这个问题在2004年听起来尤为重要，更糟糕的是，这个问题在今天仍然适用。就像讨论是否有什么东西能将我们团结在一起（历史？殉道者？宗教？习俗？），以及作为一个国家，我们是否能

---

① "Woku salonu," op.cit. 值得注意的是，编织在克拉塔戏剧作品中的音乐片段经常在戏剧结构中扮演着与布莱希特式（Brechtian）歌曲相似的角色。例如，参见 Anna R. Burzyńska, *The Classics and the Troublemakers, Theatre Directors from Poland*, op. cit。

② 克拉塔经常提到音乐视频的美学，而这一策略可能在作品《问候/告别》（*Witaj/Żegnaj*）中实现了最强的表达，该作品基于2008年在比得哥什（Bydgoszcz）的波兰剧院上演的苏珊娜－洛丽·帕克斯（Suzan-Lori Parks）的作品《365天/365场戏》(*365 Dyas/365 Plays*) 而创作。

③ 参见：R. Pawłowski, "Duński książę w cieniu stoczni," *Gazeta Wyborcza* 155 (2004)。

形成某种共同体，还存在争论。①

四

克拉塔的作品中，对民族神话的解构，对群体是否有形（无形）、是否（不）存在的痛苦思考，无疑在其中占有重要地位。这位导演经常"处理"民族身份的话题，例如通过改编波兰经典作品，如亨利克·显克维奇（Henryk Sienkiewicz）的《三部曲》(*Trylogia*)②和《应许之地》(*Ziemia Obiecana*)③。特别值得一提的是《转变！》(*Transfer!*)④。导演将该剧描述为"历史课"，讲述了战后人口转移的受害者，即波兰人和德国人的命运。该剧剧本基于真实人物的叙述完成（其中一些人之后出现在舞台上），他们是事件的参与者及目击者——"卷入历史机器之人，伟大政治地图上的棋子。"⑤

毫无疑问，克拉塔的作品是从创造这些作品的空间中成长起来的，但是不能把他的作品简单地定义为本地作品。这是一个深深扎根于当代、解构、后现代、碎片化世界的作品。一方面，它自由地借鉴了流行文化；另一方面，它设法解决道德本质的重要问题，并提出了有关个人和集体身份的问题。克拉塔对当代现实的反思往往成为提出一些普遍问题的理由——关于人类、人类的本性、人类对世界和同胞的责任。在斯坦尼斯瓦夫·I.维特凯维奇之后的戏剧，《菲兹德卡的女儿》(*Córka Fizdejki*)⑥当然也是如此。这部戏剧把波兰加入欧

---

① Cf. R. Pawłowski, "Głosujcie na Klate!", *Notatnik Teatralny* 38 (2005), pp.26–33.

② 2009年于克拉科夫的国家大剧院上演。

③ 2009年于弗罗茨瓦夫的波兰剧院上演。

④ 2006年于弗罗茨瓦夫当代剧院上演。

⑤ Cf.: "'Transfer!' Jana Klaty," https://culture.pl/pl/dzielo/transfer-jana-klaty (accessed 6 May 2019)，查看该作品可查询网页 Ninateka，参见：https://ninateka.pl/film/transfer-jan-klata。

⑥ 2004年于瓦乌布日赫（Wałbrzych）的杰尔兹·萨尼亚夫斯基戏剧院（Jerzy Szaniawski Teatr Dramatyczny）上演。

盟作为反思与他者关系的缘由。在《门前的鞋匠》(*Szewcy u Bram*)①和斯坦尼斯瓦·普兹比谢夫斯卡（Stanisława Przybyszewska）的《丹东事件》(*Sprawa Dantona*)中，克拉塔考虑了与革命相伴而生的机制。在后来的作品《问候/告别》(*Witaj/Żegnaj*)②中，他根据美国戏剧家苏珊娜-洛丽·帕克斯（Suzan-Lori Parks）的《365天/365场》(*365 Days/365 Plays*)，对当代世界进行了描述，这是个既无法进行明确判断，又不可能在片段中感知的世界。

可以说，一开始，任命克拉塔担任克拉科夫国家大剧院院长的决定就引起了极端的反响，尤其是在右翼圈内。③他导演的第一部作品，即奥古斯特·斯特林堡（August Strindberg）的《到大马士革去》(*To Damascus*)，于2013年秋上演后，这种情况很快变得更加糟糕。在一次演出中发生了示威活动，还一度导致演出中断。这是对该剧中看似不雅、"色情"的场景做出回应，也对"导演扬·克拉塔的左翼态度和对国家戏剧纪念物的亵渎"做出抗议④。2015年波兰政府换届后，围绕克拉塔的争议越来越大，越来越多的声音要求撤销他的职务。随后的作品也不断地激化他面临的紧张局面，包括易卜生（Ibsen）的《人民公敌》(*An Enemy of the People*)⑤，这不仅是一个关于小城镇当局永恒愚蠢的故事，也触及当前的移民危机和仇外心理。早期的《李尔王》⑥，克拉塔将情节转移到梵蒂冈的地窖中，提出了关于当代罗马天主教会和权力机制的讨论。最终，克拉塔没有被解雇，但2017年夏天他的任期结束之际，宣布寻找新执事的通知也随之发出。任命委员会的成员（主要由当局的代表组成）决定不重新任命克拉塔，因此他于2017年9月30日离职。

---

① 2007年于华沙剧院上演，根据斯坦尼斯瓦夫·I.维特凯维奇的《鞋匠》(*Szewcy*)改编。

② 2008年于比得哥什波兰剧院上演。

③ 关于他的导演生涯，已经有很多文字记载，以上参见：J. Targoń, "Klata i po Klacie," *Dialog* 9（2017）。

④ M. Keskrawiec, "Tajne przez jawne na widowni Starego Teatru," *Dziennik Polski* 2013, 14 November.

⑤ 2015年于克拉科夫的国家老剧院上演。

⑥ 2014年于克拉科夫的国家老剧院上演。

克拉塔在克拉科夫作为导演的最后一次首演是韦斯皮亚斯基的《婚礼》（*Wesele*）（2017年5月12日）。毫不夸张地说，这是一次象征性的首演——《婚礼》是所有波兰戏剧中最重要的一部，是关于民族身份的基本声明，是人们眼中的杰作。[①]为了满足公众的需求，该剧曾有一段时间在国家大剧院每天演出两场。然而，在剧院人员变动后，演出剧目中便没有了它的位置，尽管在许多波兰舞台上有客座演出［并不总是戏剧表演，如《婚礼》曾顺利在2018年格丁尼亚（Gdynia）的露天音乐节（Open'er）和其他地方演出］。

五

离开克拉科夫后，克拉塔在布拉格帕尔莫库剧院（Theatre pod Palmovkou）指导了莎士比亚的《针锋相对》（*Measure for Measure*）（于2018年1月27日首演）。这位导演已经在波兰以外的地方工作过几次，尤其是在德国——在杜塞尔多夫剧院（Düsseldorfer Schauspielhaus），他执导了马克·拉文希尔（Mark Ravenhill）的《射击/取宝/重现》（*Shoot/Get Treasure/Repeat*，2010年）；在波鸿执导了弗朗茨·卡夫卡（Franz Kafka）的《美国》（*Amerika*，2011年）、弗里德里希·席勒（Friedrich Schiller）的《劫匪》（*The Robbers*，2012年）和《哈姆雷特》（2013年）。他也曾有机会在莫斯科艺术剧院（Moscow Art Theatre）工作[②]。

最近在波兰，克拉塔执导了根据阿道夫·诺瓦钦斯基（Adolf Nowaczyński）的戏剧改编的《伟大的弗里德里克》［*Wielki Fryderyk*，波兹南的波兰剧院，2018年5月5日首演］和欧里庇得斯的《特洛伊女人》［*The Trojan Women*，该剧于2018年9月8日在格但斯克的维布泽尔剧院（Teatr Wybrzeże）首演］。他最新的作品是《债》（*Dług*）[③]。这部戏剧的灵感来自大卫·格雷伯（David

---

[①] 参见：D. Kosiński, "Teatr z tej i nie z tej ziemi," *Tygodnik Powszechny* 21 (2017)。

[②] 《麦克白》，2016年。

[③] Debt，克拉科夫的普罗克西玛新剧院（Teatr Nowy Proxima），2019年9月14日首演。

Graeber）的《债：第一个五千年》(Debt: The First 5000 Years)[①]，并获成功。该剧是一部拼贴作品，以视频短片的诗学方式构建。四名演员现场演奏的音乐与戏剧场景交织在一起，这些场景基于各种经典剧本，与债务的字面意义和隐喻意义相关[②]。同样，在这部充满活力、引人入胜和充满智慧的作品中，克拉塔对当代现实进行了判断，正如其中反复出现的一句台词："每个人都是一笔债务。每一天都是一笔贷款。"

2018年11月，克拉塔获得了欧洲最重要的戏剧奖项之一——欧洲戏剧新现实奖，作为第十八届欧洲戏剧奖的一部分。由此，他加入了一个艺术家团队，其中包括阿纳托利·瓦西里耶夫（Anatoly Vasiliev）、埃蒙塔斯·涅克罗修斯、奥斯卡拉斯·科索诺瓦斯、阿尔维斯·赫尔曼尼斯、盖·卡西尔斯（Guy Cassiers）和凯蒂·米切尔（Katie Mitchell）。[③]

图1 《H.》，由扬·克拉塔执导，维布泽尔剧院（Teatr Wybrzeze），2004年。
摄影：维斯瓦夫·切尔尼亚夫斯基（Wiesław Czerniawski）

---

① 参见：D. Graeber, *Debt: The First 5000 Years* (New York: Melville House, 2011)。

② 如陀思妥耶夫斯基的《罪与罚》(*Crime and Punishment*)、歌德（Goethe）的《浮士德》或莎士比亚的《威尼斯商人》(*The Merchant of Venice*)。

③ 完整的获奖者名单，公认的创意创新，可查询网页 Premio Europa per il Teatro；参见：http://www.premio-europa.org/open_page.php?id=250（2019年5月7日访问）。

参考文献

[1] Budzowska, Małgorzata, "Jan Klata. Muzyczność rewolucji" [in:]., *Sceniczne metamorfozy mitu. Teatr polski XXI wieku w perspektywie kulturowej* (Łódź: Wydawnictwo Uniwersytetu Łódzkiego, 2018).

[2] Burzyńska, Anna R., *The Classics and the Troublemakers. Theatre Directors from Poland* (Warsaw: Zbigniew Raszewski Theatre Institute, 2008).

[3] "Dorosnąć do widowni," Jan Klata in conversation with Dorota Kardasińska, *Notatnik Teatralny* 2004, No. 32-33.

[4] Féral, Josette, "Miejsce teatralne jako przestrzeń fascynacji: 'Wieza' Anne-Marie Provencher" [in:] *Teatr w miejscach nieteatralnych*, ed. J. Tyszka, (Poznań: Wydaw. Fundacji Humaniora, 1998).

[5] Graeber, David, Debt: *The First 5000 Years* (New York: Melville House, 2011).

[6] Keskrawiec, Marek, "Tajne przez jawne na widowni Starego Teatru," *Dziennik Polski* 2013, 14 November.

[7] Klata, Jan, "O prawdzie i nieprawdzie, etyce i estetyce," edited by Marta Kuzmiak, *Notatnik Teatralny* 2004, No. 32-33.

[8] Konopko, Aleksandra, "The Theater of Jan Klata. Struggling for a New Audience," *Journal of Education, Culture and Society*, 2 (2010).

[9] Kosiński, Dariusz, "Teatr z tej i nie z tej ziemi," *Tygodnik Powszechny* 21 (2017).

[10] Koscielniak, Marcin, *"Młodzi niezdolni" i inne teksty o twórcach współczesnego teatru*, (Cracow: Wydawnictwo Uniwersytetu Jagiellońskiego, 2014).

[11] Kwasniewska, Monika, *Pytanie o wspólnote. Jerzy Grzegorzewski i Jan Klata*, (Cracow: Wydawnictwo Uniwersytetu Jagiellońskiego, 2016).

[12] "Myslę, ze Hamlet jest Polakiem," Jan Klata talks with Mirella Wasiewicz, *Gazeta Wyborcza—Trójmiasto* 153 (2004), http://encyklopediateatru.pl/artykuly/127328/mysle-ze-hamlet-jest-polakiem (accessed 6 May, 2019).

[13] *Notatnik Teatralny* [special number], 2005, no. 38.

[14] Pawłowski, Roman, "Duński ksiażę w cieniu stoczni," *Gazeta Wyborcza* 2004, No. 155.

[15] ——, "Tow. Horodniczy," *Gazeta Wyborcza* 2003, no. 89.

[16] Puzyna-Chojka, Joanna, Kreglewska, Katarzyna, Świader-Puchowska, Barbara, "Hamlet w Stoczni. 'H.' według Szekspira w rezyserii Jana Klaty" [in:] *Teatr Wybrzeze w latach 1996-2016. Zjawiska-ludzie-przedstawienia*, (Gdańsk: Uniwersytet Gdánski, 2019).

[17] "Słownik pojęć dramaturgicznych," *Notatnik Teatralny* 2010, No. 58-59.

[18] Sztarbowski, Paweł, "Teatr mój widzę masowy," *Newsweek Polska* 2007, No. 9.

[19] Śmiechowicz, Olga, *Lupa, Warlikowski, Klata. Polski teatr po upadku komunizmu*, (Warsaw: Wydawnictwo Naukowe PWN, 2018).

[20] Targoń, Joanna, "Klata i po Klacie," *Dialog* 2017, No. 9.

[21] "Wawel na mnie nie działa," A conversation with Jan Klata, *Didaskalia* 2004, no. 63.

[22] "W oku salonu," Jan Klata talks with Łukasz Drewniak, *Przekrój* 2005, No. 8.

[23] Wyspiański, Stanisław, *Hamlet*, [in:] idem, *Dzieła zebrane*, ed. Leon Płoszewski etc., vol. 13 (Cracow: Literackie, 1961).

[24] Zielińska, Maryla, "Prowokator," *Ozon* 2005, no. 1.

RECORDINGS OF PERFORMANCES DIRECTED BY JAN KLATA AVAILABLE ONLINE

Transfer: https://ninateka.pl/film/transfer-jan-klata

H.: http://ninateka.pl/film/h-spektakl-teatr.

"赫卡柏对他而言意味着什么,他对赫卡柏又意味着什么":奥斯卡拉斯·科索诺瓦斯的戏剧

[立陶宛]拉莎·瓦西纳斯凯特* 著

郑莉 连幼平 译

奥斯卡拉斯·科索诺瓦斯,1969年出生,虽然属于中间一代的导演,但人们对他的印象可能永远都是立陶宛戏剧史上的一位青年导演。如果说立陶宛的新历史始于1990年,那么奥斯卡拉斯·科索诺瓦斯的戏剧生涯也同时开始。21岁时,还是学生的科索诺瓦斯就导演了根据丹尼尔·哈尔马斯(Daniil Kharms)的作品改编的处女作《由彼及此》(There to Be Here,1900年)。当时,立陶宛的作品皆以民族独立为主题,但科索诺瓦斯的作品却以卓别林式的技巧和黑色幽默为特点,呈现出如梦如幻、扭曲变形、令人恐惧却又滑稽可笑的形象,与现实相去甚远。科索诺瓦斯很快就以立陶宛导演的身份成名,自此

---

* [立陶宛]拉莎·瓦西纳斯凯特(Rasa Vasinauskaite),1987年至1992年间在圣彼得堡国立戏剧学院(Saint Petersburg State Theatre Arts Academy)学习,博士论文题目为《面具及其对20世纪戏剧与表演体系的影响》(The Mask and Its Influences on Theatre of 20th Century and on Systems of Acting)。她任职于文哲艺术学院,系音乐戏剧历史部主任,同时在艺术历史部、立陶宛音乐部以及戏剧学院担任教授一职。拉莎·瓦西纳斯凯特著有《无常戏剧:1990—2001年间立陶宛导演纲要》(Theatre of Impermanence.Outline of Lithuanian Directing in 1990—2001,2010年),与他人共同撰写了立陶宛戏剧与戏剧历史的相关专著,主要包括《后苏维埃戏剧:历史,身份与记忆》(Post-Soviet Lithuanian Theatre: History, Identity, Memory,2014年)、《艾米塔·斯尼克鲁修斯的戏剧:采访,文章与回顾》(Theatre of Eimuntas Nekrosius: Interviews, Articles, Reviews,2012年)及《立陶宛戏剧史1929—1990》(Lithuanian Theatre History 1929—1990,2002年,2006年,2009年)。其所作文章良多,或学术或大众,主要涉及当代戏剧与立陶宛戏剧史。其本人还是国际戏剧评论家协会及立陶宛表演艺术评论家协会(The Lithuanian Association of Performing Arts Critics)的成员。

大胆地朝着国际认可的方向前进。

重要的是，科索诺瓦斯与他的同事——立陶宛另一位知名导演埃蒙塔斯·涅克罗修斯不同，他的独特之处在于能使自己的戏剧与时俱进。这证明他不仅有自己的风格和戏剧语言，而且能够感受到戏剧界"时尚"的原则，能够感受到生活、文化和政治的脉搏。科索诺瓦斯的作品虽然属于先锋派和实验主义，但又能与大众文化相协调。因此，由于科索诺瓦斯的戏剧具有批判与解构的态度，是"转型的"（反映了立陶宛从苏联时代到后苏联时代的社会转变和戏剧上的转变），我们可以称其为"后现代主义"戏剧。值得注意的是，作为一名转型期的导演，科索诺瓦斯的身上也体现了他这代导演[①]最重要的特征，即对（当代）现实的批判和讽刺。

继处女作之后，科索诺瓦斯又根据丹尼尔·哈尔马斯和亚历山大·威登斯基（Alexander Vvedensky）[②]的剧本，导演了两部作品。1992年上演的《老妇人》第一个版本中，舞台上布满了红白相间的条纹，中间是一口棺材。1994年上演的《老妇人》第二个版本中，原来的红色换成了黑色，棺材也换成了一个巨大的手提箱。布满舞台的黑白条纹让人联想到一座监狱，在监狱中，一个孤零零的灯泡诡异地亮了起来（布景设计师为支勒维纳·肯皮纳）。戏剧评论家鲁塔·瓦纳盖特（Rūta Vanagaite）就此写道："埃蒙塔斯·涅克罗修斯的戏剧就像是随风雨涌动着的空气一样，带着傍晚的凉爽扑来。而科索诺瓦斯的戏剧是刻意构建的，是冷酷的，就像是棺材里的尸体，'这个世界就是一具尸体！'——这种假设听起来就像是一种嘲弄，这个世界就是一具尸体，那么，就让我们一起玩吧，把这具死尸上不断长出的胡子剃掉。"[③]继威登斯基的戏剧《伊万诺夫一家的圣诞节》（*Christmas at the Ivanovs*）和让·阿努伊（Jean Anouilh）的戏剧《云雀》（*The Lark*）后，科索诺瓦斯在1994年又导演了《你

[①] "转折点"的一代，他们出生并成长在一个被占领的国家，在自由的条件下开始了独立的生活。

[②] 俄罗斯先锋艺术家团体"OBERIU"（俄语"真正的艺术联盟"的首字母缩写）的成员，活跃于20世纪20年代和30年代。

[③] R. Vanagaitė, "Teatrinio sezono ivykis: mirusios Senės pabučiavimas." *Lietuvos rytas*, 13 January 1995.

好，索尼娅的新年》(*Hello, Sonia New Year*)。科索诺瓦斯、布景设计师肯皮纳以及作曲家金塔拉斯·索代卡（Gintaras Sodeika）称《云雀》为"一出达达主义的戏"。①

现实与非现实、生与死、罪与罚、戏剧与闹剧、悲剧与怪诞、抒情与滑稽，这些都是科索诺瓦斯这三部曲创作的出发点，他据此选择主题并根据潜意识创造出它们独特的形式。在这三部曲中，所有的角色都为自己的恐惧、噩梦和忧虑所束缚。但让观众哄堂大笑的，并不是矛盾和荒谬，而是这些角色为了解放自己而做出的努力，看上去有点让人可怜，但还有点小骄傲。这是我们每个人身上留下的印迹，是骨子里对自由的追求。因此，科索诺瓦斯的戏剧形式和角色皆与当时立陶宛戏剧的一般舞台角色和诗意的语言不同。

（后）现代主义的经典，或者经典的（后）现代主义

在迈向 21 世纪时，立陶宛戏剧坚信自己固有的创造性想象力，也找到了自己的新使命，以及与公众互动的新形式。这种"新开放"反映了立陶宛导演的隐喻学派和另一种戏剧类型的美学之间的联系，这种戏剧类型被 20 世纪 80 年代和 90 年代的西方戏剧历史学家和理论家称为"后戏剧"。汉斯-蒂斯·雷曼（Hans-Thies Lehmann）②的书于 2010 年被翻译成立陶宛语，它让人们重新评价了 20 世纪 90 年代及以后的舞台现象。重新评价将许多不同的戏剧称为"后戏剧"。然而，自 1980 年以来，具有不同特点的后戏剧已经成为立陶宛舞台的突出代表，这多亏了埃蒙塔斯·涅克罗修斯的戏剧，因为他在对戏剧文本和戏剧元素的处理上，甚至是戏剧与现实的联系上、与观众的互动上，都功不可没。对于科索诺瓦斯来说，这种互动十分重要。他的戏剧语言不断有了新的特点，对现实世界和（世界）戏剧艺术的重大变化做出快速反应。因此，导演了"真正的艺术联盟"（OBERIU）的剧本后，通过古典戏剧和当代戏剧，科

---

① 《你好，索尼娅的新年》的海报；1994 年 3 月 17 日首演。

② Hans-Thies Lehmann, *Postdraminis teatras*, iš vokiečių kalbos vertė Jūratė Pieslytė (Vilnius: Menų spaustuvė, 2010).

索诺瓦斯开始反思与自己同时代并取得重大成就的戏剧人。

1997 年，有的评论家认为，科索诺瓦斯在大众心中早已不再属于青年导演一列，而是同乔纳斯·瓦伊特昆斯（Jonas Vaitkus）（科索诺瓦斯的老师①）、埃蒙塔斯·涅克罗修斯、里马斯·图米纳斯（Rimas Tuminas）一起名列立陶宛四大导演之席。在世纪之交，科索诺瓦斯最重要的作品有立陶宛作家及剧作家西吉塔斯·帕鲁司基斯（Sigitas Parulskis）的《附言：文件已备好》（*P.S. File O.K.*，1997 年），贝尔纳-玛丽·科尔泰斯（Bernard-Marie Koltès）的《罗贝托·祖科》（*Roberto Zucco*，1998 年），马克·拉文希尔的《购物与性交》（*Shopping and Fucking*，1999 年），莎士比亚的《仲夏夜之梦》（*A Midsummer Night's Dream*，1999 年），马里厄斯·冯·马扬堡（Marius von Mayenburg）的《火焰之面》（*The Face of Fire*，2000 年），米哈伊尔·布尔加科夫（Mikhail Bulgakov）的《大师与玛格丽特》（*The Master and Margarita*，2000 年），以及索福克勒斯的《俄狄浦斯王》（2002 年）。这些作品聚焦年轻人的状态：他们的内在自我、他们与社会的冲突。科索诺瓦斯最初仍然使用象征性和矛盾性的语言，后又逐渐转向"新现实主义"②。但对于他来说，"新现实主义"还有一层重要的潜在意思，即它讲述了悲惨的创伤记忆和反抗。1999 年，科索诺瓦斯创立了独立的奥斯卡拉斯·科索诺瓦斯剧团③，以哈尔马斯象形符号（几个圆圈中间有一个点）作为剧院的标志。

我们可以看到，科索诺瓦斯的所有作品都具有象征和现实两个层面。其中，象征源于每部作品的美学，现实则聚焦于对现实的鉴定。此外，无论是文学作品还是戏剧作品，让所有作品的情节具有意义的是视觉而非语言。其作

---

① 科索诺瓦斯属于第一代毕业于立陶宛而非俄罗斯的导演。在立陶宛音乐与戏剧学院时，他的老师是导演乔纳斯·瓦伊特昆斯（生于 1944 年），是苏联时期政治戏剧的杰出创作者。

② O. Koršunovas, Teatru per laika *OKT: būti čia* (Vilnius: VšĮ "Oskaro Koršunovo teatras," 2009), pp.21–22.

③ 科索诺瓦斯表示，奥斯卡拉斯·科索诺瓦斯剧团将成为一个把经典作品以现代戏剧的方式进行演出的保留剧目剧院，现代戏剧将获得古典价值。也就是说，他的目标是在古典戏剧中发现与当代观众相关的东西，并发现当代戏剧中普遍存在的东西。

"赫卡柏对他而言意味着什么，他对赫卡柏又意味着什么"：奥斯卡拉斯·科索诺瓦斯的戏剧

品还有另外一个共同特征，即所有作品都有一个"开放结构"。用翁贝托·埃科（Umberto Eco）的话来说，这种"开放结构"基于观众的主动感知和接受，这将作品从戏剧结构的框架中解放出来，释放出一种多层面的解释潜力。

《罗贝托·祖科》听起来像是科索诺瓦斯与涅克罗修斯的讨论或争论，就像是这位青年导演在创造他那个时代和他那一代人的《哈姆雷特》（十年后的2008年，他创作了自己的《哈姆雷特》）。立陶宛戏剧评论家瓦尔达斯·瓦西里奥斯卡斯（Valdas Vasiliauskas）写道：《罗贝托·祖科》看起来就像一部惊悚电影，它运用了充满活力的蒙太奇手法，附有台词字幕的片段（大屏幕上出现了暴力的电影场景），演出阵容有演员和非演员[①]。更重要的是，一代摇滚歌手、自行车手、滑板手、唱片节目主持人和妓女都用自己的语言说话，这在立陶宛剧院还是第一次。瓦西里奥斯卡斯评论说："科索诺瓦斯是戏剧恐怖分子。"[②] 舞台上的情形就是这座城市及其夜生活的现实写照。这座城市也不可避免地获得了一些大众文化的特征：大多数的角色穿着街头和俱乐部的服装，电子音乐回荡，耀眼的灯光闪烁，舞台上有一个真正的滑板坡道（为真正玩滑板的人而准备）。舞台的布景设计师是尤拉特·保勒凯特（Jūratė Paulėkaitė）（1965—2011年），他经常与科索诺瓦斯合作，和作曲家金塔拉斯·索代卡都是奥斯卡拉斯·科索诺瓦斯剧团最佳作品的合著者。

乍一看，在立陶宛剧院上演的《购物与性交》似乎涵盖了所有可能的认知领域。该剧发起了大范围的广告攻势，并在首场结束后组织了观众见面会。这部作品受到后现代电影风格的影响，运用了一个一闪而过的蒙太奇片段，表演情感丰富，精力充沛。然而，表演的新颖之处并非上述提到的种种，而是以一种新的表演方式，将演员从角色中解放出来，让舞台与观众之间有了直接的联系。与大众文化的陈词滥调、刻板形象与极端的生活状况形成对照的是，科索诺瓦斯的戏剧讲述了这样一种现实，用鲍德里亚的话来说就是

---

① 几位知名且备受认可的立陶宛文化人物也出现在了舞台上，不仅将演员与角色的关系置于一个不同寻常的视角，也让该剧的剧情更加符合立陶宛的背景。
② V. Vasiliauskas, "Teroristas O. Koršunovas dar nėra suimtas," *Lietuvos rytas*, 20 January 1998.

"重新确认表现现实的绝对水准是不可能的,同样,在舞台上表现幻想也是不可能的,因为表现现实变得不可能了,表现幻想也就不可能了"[①]。演员变成了后现代舞台视觉的一种"现代"平衡物。对于科索诺瓦斯来说,重要的是即使在最令人震惊的情节中,也要让演员保持自然和联想。这种与演员合作的方式在科索诺瓦斯之后的作品中十分重要,这些作品包括《哈姆雷特》(2008年)、马克西姆·高尔基的《在底层》(2010年)、安东·契诃夫的《海鸥》(*The Seagull*, 2013年)。特别是在后两部作品中,每一个演员都要同时在"故事"里和"舞台"上,要同时成为"动作"和"作品传达的意义"。[②]

作为一名热爱探索和尝试的导演,科索诺瓦斯理所当然地成了国际艺术节的常客。2000年,科索诺瓦斯参与导演了阿维尼翁的项目《定理》,并上演了自己版本的《欧洲酒店》(*Hotel Europa*)以及布尔加科夫的《大师与玛格丽特》。2002年,科索诺瓦斯被授予立陶宛国家文化艺术奖。2006年,他又获得欧洲戏剧新现实奖。截至目前,科索诺瓦斯已获得近40项国际艺术节奖和国家奖。奥斯卡拉斯·科索诺瓦斯剧团的巡演路线从欧洲到拉丁美洲,从澳大利亚到亚洲。然而,科索诺瓦斯的剧院主要是为了立陶宛的观众和他的城市设计的。在他看来,自己首先是一名来自维尔纽斯的导演。此外,这座城市于他而言很特别,她就像一名助产士,满怀爱意地接受他的每一部新剧。

事实上,科索诺瓦斯导演的索福克勒斯的《俄狄浦斯王》中,舞台上的游乐场是传统的立陶宛式游乐场。幽暗的设施死气沉沉,孩子们不仅没有被它吸引,反而害怕它,所以只是偶尔在那里玩耍。如今,苏联时代遗留下来的游乐场已经不复存在,但在2002年,人们一眼就认出了舞台上的游乐场是传统的立陶宛式游乐场。科索诺瓦斯的俄狄浦斯(当代的权威人物:政治家和大商人)就是在这样一个游乐场中长大的孩子。游乐场中有一个沙坑,这个沙坑

---

① J. Baudrillard, *Simulacra and Simulation*, trans. by S. F. Glaser (Ann Arbor, Michigan: University of Michigan Press, 1994), p.19.

② 这种表演可以被称为后布莱希特式表演:演员沉浸在舞台情节中,但同时在观众的眼中,演员扮演或引导这个情节(或角色)。演员与角色之间的重合度达到最大,或者演员是一个真实的角色。科索诺瓦斯的所有作品都以演员的概念选择为特征。

是圣坛，是俄狄浦斯和伊俄卡斯忒的床，是城镇的神圣土地，也是成年俄狄浦斯的庇护所。幼年俄狄浦斯受到诅咒，这个沙坑正是他命运的体现：在沙坑里，他"发现了"伊俄卡斯忒；失明后，他又回到了这个沙坑，熄灭了沙子里的最后一束光。然而，《俄狄浦斯王》之所以有趣，不仅是因为它讲述了一个当代权威人物的故事，更因为它的悲剧形式是以一种（后）现代的方式来诠释的。这种方式就是由作曲家索代卡和打击乐演奏家阿尔卡迪久什·戈特斯曼（Arkadijus Gotesmanas）创作的一个乐谱。在这个乐谱中，一切语调和动作都由节奏来衡量，塑造内容的也是节奏。

用科索诺瓦斯的话来说，"每个人都是暗藏的俄狄浦斯，但并不是每个人都会走他的路。"① 在苏联解体13年之后的2002年，这部作品是最接近他哲学思想的一部，也是最生活化的一部，它打开了对认知的强烈渴望之门，这种认知不可避免地使人更接近悲剧性的自我意识。

"赫卡柏对他而言意味着什么，他对赫卡柏又意味着什么？"

科索诺瓦斯骨子里就是位戏剧导演，这就是为什么其作品本身和作品中的角色经历了自相矛盾的转变：创造一种强大的"影子"现实。舞台上每日上演的情景扩展为隐喻性的概括，一种近乎摄影的现实主义发展为抽象和象征主义，正常的社会空间变成了神话。新现实主义戏剧流行的秘诀可能在于：一些导演将其作为社会批判的手段和积极斗争的工具；一些导演将其作为找出文明弊端的可能手段之一；还有一些导演则将其作为为戏剧表达和表演创造新工具的材料。尽管科索诺瓦斯自己也相信他的作品意义重大，肩负着把我们这个时代的热门问题展现出来的使命，但我认为他属于最后一类导演。

奥斯卡拉斯·科索诺瓦斯剧团成为一个创新实验室和一种生活方式。科索诺瓦斯关注的不仅仅是上演一出戏，而是随着这出戏从头到尾，引导他不断地做出改变。对他来说，戏剧是一个有机体，每天都在运转，创造幻想和情感。

---

① O. Koršunovas, "Oidipas karalius" *OKT: būti čia* (Vilnius: VšĮ "Oskaro Koršunovo teatras," 2009), p.32.

科索诺瓦斯的忠实演员都很有创意和想法，顺便说一句，这些演员已经创造出并正在创造出最好的角色。虽然奥斯卡拉斯·科索诺瓦斯剧团是一个为创作者和观众提供极端感受和体验的舞台，但这种体验是一种特定美学的表达，而不是对"超真实"现实的纯粹模仿。

科索诺瓦斯的戏剧语言不断变化，既保留了"真正的艺术联盟"三部曲中的真假场景的混合，也保留了"新现实主义"的具体性和真实性。其中，"真正的艺术联盟"三部曲扭曲了舞台现实；"新现实主义"通过容易认出的场景和角色，带动舞台和观众之间的积极对话。这也许就是导演能够轻松地将现代主义美学与后现代主义美学相结合、将经典作品与当代戏剧相统一的原因。对于科索诺瓦斯来说，重要的是形而上学的想象和生活的戏剧化，而非通过某部戏剧在舞台上对现实世界进行描绘。科索诺瓦斯并没有改变观点，他仍然认为舞台作品是一种独特的现实，只能按照它自己的规则存在，只能通过一个人的主观"自我"来理解。[①]

在导演《大师与玛格丽特》这部剧时，科索诺瓦斯主要关注的是创造的原则，尤其是作为一种表现方式的表演——寻求真实以及真实和谎言之间相互关系的表现方式。这一主题在《哈姆雷特》中表现得更为突出。演出开始时，所有演员都坐在化妆室的镜子前，问镜中的自己"你是谁"。这一疑问贯穿了其后的所有叙事线索。莎士比亚的《哈姆雷特》被改编成一个关于演员之间、演员和导演之间以及演员和角色之间关系的故事。带有化妆台的化妆室和后台（舞美设计师为科索诺瓦斯本人）紧密相连，戏剧和生活融为一体，以至于虚

---

① 在立陶宛，他导演的最著名的作品包括最优秀的悲剧作品《罗密欧与朱丽叶》（2003 年），马里厄斯·冯·马扬堡的《冷孩子》（Cold Child, 2004 年），奥古斯特·斯特林堡（August Strindberg）的《到大马士革去》（2007 年），根据威廉·莎士比亚的《暴风雨》改编的《米兰达》（Miranda, 2011 年），塞缪尔·贝克特的《克拉普的最后碟带》（Krapp's Last Tape, 2013 年），萨拉·凯恩的《清洗》（Cleansed, 2016 年），贝托尔特·布莱希特的《婚礼》（Wedding, 2016 年），马丁·克里姆普（Martin Crimp）的《干掉她》（Attempts on Her Life, 2018 年），马里于斯·伊瓦什克维休斯（Marius Ivaškevičius）的《俄罗斯罗曼史》（Russian Romance, 2018 年）。在导演这些不同的作品时，科索诺瓦斯以一名作者的身份，通过戏剧手段修改或改变了戏剧的可能性。

构的故事很难和现实分开。科索诺瓦斯将莎士比亚的"故事"和戏剧的"故事"融合在一起,哈姆雷特导演了自己的悲剧。1997年,涅克罗修斯导演的《哈姆雷特》是一个狂热的、尘世的舞台;2008年,科索诺瓦斯导演的《哈姆雷特》是一出展现个人狂热意识的戏剧,对这个人来说,揭露真相至关重要,要在每个人都扮演不同角色的戏剧中揭露真相。

此外,科索诺瓦斯也将揭露真相运用在了其导演的《在底层》、《海鸥》、《驱逐》(Expulsion)和《大教堂》(The Cathedral)这几部作品中。其中,《在底层》和《海鸥》完全是两部实验作品。2011年导演的《驱逐》是一部长达五个半小时的巨作,讲述了立陶宛人民移居英国的故事,作者是与他同一时代的立陶宛剧作家马里于斯·伊瓦什克维休斯(Marius Ivaškevičius)。2012年导演的《大教堂》是20世纪70年代形成立陶宛民族认同最重要的剧本之一,作者是贾斯汀·马尔钦科维修斯(Justinas Marcinkevičius)。

《在底层》和《海鸥》展示了一种全"裸"的表演风格。这两部作品的上演场地都是排练厅(剧院里一个中等大小的房间),而非舞台。在《在底层》这部作品中,演员坐在长桌的一边,观众坐在长桌的另一边。在《海鸥》这部作品中,观众坐在距离演员稍远的地方,但演员也坐在沿着墙壁排列的椅子上。这些演员同时也是观众,在自己表演前看着同事表演。戏剧消失了,更确切地说,戏剧变成了对关系和事件的浓缩描述,由鲜活、自然的人们此时此刻在这里"表演"。正如立陶宛评论家阿尔玛·布拉斯凯特(Alma Braškytė)所写的那样,"导演试图探索出参与一场戏剧表演的先决条件,如放弃复杂的布景设计、舞台设施、视频图像、复杂的配乐以及演员的专业技能这个保护甲。这些实验的目的是让演员探索自我,是通过戏剧的主题和演员与观众的会面对他们的个人和专业能力进行的一个测试。"[①]

《在底层》和《海鸥》结束了科索诺瓦斯漫长而重要的创作生涯。

---

① A. Braškytė, Oskaras Koršunovas: Real-Time Theatre. *Contemporary Lithuanian Theatre. Names and Performances* (Vilnius: TKIEC, Tyto Alba, 2019), pp.113–114.

关于政治

科索诺瓦斯作品的潜台词总是"包含"政治。此外，他的戏剧始终处于一种与主流戏剧美学和社会政治制度相对抗的状态，反对一切限制思想自由的东西，反对"正常化"，反对把人变成系统中的一个齿轮。从这方面来看，科索诺瓦斯选择立陶宛剧作家帕鲁司基斯和伊瓦什克维休斯的戏剧作品是一件十分必要的事。这两位剧作家的剧本以非线性叙事、时间和行动的转换、非标准语言和互文性（俚语、社会方言、俄语脏话、艺术和非艺术文本的拼贴）为特征。此外，帕鲁司基斯的《附言：文件已备好》是第一部反映苏联创伤这一现实的戏剧，伊瓦什克维休斯的《驱逐》聚焦于独立的立陶宛的意识形态、身份、政治和历史。

重要的是，在科索诺瓦斯过去10年的作品中，政治成为争论和欢笑的主题和对象，这导致了一场悲剧性的闹剧。在《驱逐》这部作品中，场景与现场的音乐联系在一起，动作用视频投影进行复制。现场有一个展览，展示着不同的民族、宗教和社会类型，主题为移民对外国环境的适应以及在一个不断操纵语言、身体或精神自由的全球多文化空间中创造真实身份的可能性。于是，作品的焦点从移民转向了融合，这导致语言、历史、宗教甚至是人类尊严的牺牲。换句话说，这部作品主张一种新主体性，它与普遍的伦理和审美规范、社会和政治等级制度形成对比。这种新主体性基于戏剧对一个小国的责任，这种责任在立陶宛和后苏联国家被认为是理所当然的。对这些国家而言，戏剧仍然是发现现实和创造身份最重要的手段。

反过来，在莫里哀（Molière）的《伪君子》（*Tartuffe*，2017年）这部作品中，以答尔丢夫（Tartuffe）为代表的政治被描绘成操纵、强迫和谎言，而以奥尔恭（Orgon）为代表的政治则只是盲目、愚蠢和自私。（科索诺瓦斯导演的）这部剧配有强烈的音乐，充满了古怪和滑稽的情节，并使用视频投影把人物形象进行多倍复制。剧中省略了原著中的大结局，没有国王干预这一部分。因此，答尔丢夫被描绘成了一个当代的恶魔，他沉迷于对权力的渴望，征服了奥尔恭家族。欢笑和恐惧不仅是科索诺瓦斯导演的《伪君子》中不可或缺的一部分，也是其于 2019 年导演的最新作品《我们班》（*Our Class*）① 中不可或缺的一部分。《我们班》是塔代乌什·斯沃博吉安耐克（Tadeusz Słobodzianek）所著的一部关于大屠杀的悲剧或悲剧性的证词。

立陶宛评论家称奥斯卡拉斯·科索诺瓦斯的戏剧为实时戏剧，其戏剧形式和内容不仅属于后戏剧文学，也是后创伤的一种。此外，他的戏剧不仅包含可见的或可识别的现实，也包含了拉康意义上的真实。这种真实不存在于我们的现实中，它没有所指，但我们可以在想象的系统中分辨出它，甚至可以将它命名为死亡的真实、过去创伤的真实以及我们的存在这个不可妥协的真实。

独立的奥斯卡拉斯·科索诺瓦斯剧团创办后，新一代的演员、舞美设计师和作曲家随之诞生，新一代的观众也随之发展壮大。在过去的 20 年里，奥斯卡拉斯·科索诺瓦斯剧团成功地将立陶宛戏剧传统的新理解与当代全球文化联系起来。经过了 20 年的工作和国内外巡演，奥斯卡拉斯·科索诺瓦斯剧团已经成为立陶宛领先的戏剧公司之一（2004 年，该剧团成为维尔纽斯城市剧院）。在这期间，科索诺瓦斯一直在立陶宛国内外进行演出，并且也一直与立陶宛音乐与戏剧学院的学生一起工作。迄今为止，科索诺瓦斯仍然是立陶宛最高产的导演之一，他能够轻松地驾驭戏剧和歌剧、戏剧和表演艺术，也能够轻松地将现实与想象相结合，创造出属于自己的戏剧世界。

科索诺瓦斯曾于 1998 年说道："我一直对戏剧的一个方面很感兴趣，那就是戏剧或许能够表达出语言无法表达的东西，或许能够在观众和演员之间创造一种神秘的内心交流。对我来说，语言与动作之间、语言与画面之间的差异十分重要。这种差异能够带来新的意义。"② 如今，他的作品依旧能够对不断变化的世界和戏剧的新可能性做出回应。

---

① 2015 年，科索诺瓦斯也在挪威奥斯陆国家剧院上演了《我们的班集体》。

② *The Theatre of Oskaras Koršunovas*, ed. by R. Vasinauskaitė (Vilnius: Baltos lankos, 2002), pp.65–66.

图 1 《哈姆雷特》，奥斯卡拉斯·科索诺瓦斯导演，
奥斯卡拉斯·科索诺瓦斯剧团，2008 年。
格特鲁德——内尔·舍文琴科（Nelė Savičenko），
哈姆雷特——达留斯·梅什考斯卡斯（Darius Meškauskas），
克劳狄斯——代纽斯·加文诺尼斯（Dainius Gavenonis）。
摄影：季米特里·马特韦耶夫（Dmitrij Matvejev）

参考文献

[1] Baudrillard, Jean, *Simulacra and Simulation*, translated by Sheila Faria Glaser, Ann Arbor, Michigan: University of Michigan Press, 1994.

[2] Braškytė, Alma, ed., *OKT: būti čia*, Vilnius: VšI: "Oskaro Kor̦šunovo teatras," 2009.

[3] "Oskaras Koršunovas: Real-Time Theatre," *Contemporary Lithuanian Theatre. Names and Performances*, edited by Ramunė Marcinkevičiūtė and Ramunė Balevičiūtė, Vilnius: TKIEC, Tyto Alba, 2019.

[4] Koršunovas, Oskaras, *The Theatre of Oskaras Koršunovas*, edited by Rasa Vasinauskaitė, Vilnius: Baltos lankos, 2002.

[5] Lehmann, Hans-Thies, *Postdraminis teatras*, iš vokiečių kalbos vertė Jūratė Pieslytė, Vilnius: Menų spaustuvė, 2010.

耶尔内伊·洛伦西:人是关键

[斯洛文尼亚] 布拉日·卢坎* 著

姚小翔 马慧 译

耶尔内伊·洛伦西 1973 年出生,与托米·亚内日奇(Tomi Janežič)、塞巴斯蒂扬·霍瓦特(Sebastijan Horvat)、迭戈·德布雷亚(Diego de Brea)以及年龄稍长的马泰亚·科列斯尼克(Mateja Koležnik)和伊维察·布连(Ivica Buljan)一样,属于斯洛文尼亚戏剧界著名的"第四代导演"。这一代导演大多在国际上享有盛誉,洛伦西本人也曾于 2017 年获得著名的"欧洲新戏剧现实奖"。职业生涯初期,洛伦西曾执导过一些另类的、实验性的戏剧作品,此后则主要在一些主流戏剧机构任职,为其带去了创新、另类的戏剧形式和创意团队的运作方式。与此同时,他也在卢布尔雅那大学广播电影电视学院(ULAGRFT)担任戏剧导师,指导一些年轻的导演和演员。除此之外,他还执导歌剧。

---

* [斯洛文尼亚] 布拉日·卢坎(Blaž Lukan),2006 年获得斯洛文尼亚卢布尔雅那大学(The University of Ljubljana)戏剧影视与广播电视学院博士学位。除了在戏剧和电影中担任戏剧顾问,他还撰写戏剧评论,为斯洛文尼亚及外国作家出版的戏剧撰写文本,以及在戏剧和表演艺术理论领域发表学术论文。他曾担任看见实验剧院(Glej Experimental Theatre,1985—1988)和采列人民剧院(Celje People's Theatre,1989—1993)的艺术总监,并于 2008 至 2012 年期间担任斯洛文尼亚戏剧评论家与研究员协会(The Association of Theatre Crtics and Researchers of Slovenia)主席。他著有多部书籍,包括《青年戏剧词汇》(Theatre Glossary for Young People,1996 年)、《斯洛文尼亚戏剧创作:作为戏剧实践的剧本作法》(Slovenian Dramaturgy: Dramaturgy as Theatre Practice,2001 年)、《表演姿态:表演艺术与戏剧论文集》(Performative Gestures: Essays on Performance Art and Theatre,2013 年)和《土耳其弓:斯洛文尼亚戏剧论文集》(Turkish Bow: Essays on Slovenian Drama,2019 年)等。

《酒神的伴侣》：古典与神话

要了解洛伦西的戏剧作品的基本特征，首先就得了解他对于古典和神话类题材或剧本的喜爱。1996 年，洛伦西从卢布尔雅那大学广播电影电视学院毕业时，他的毕业作品是索福克勒斯的《安提戈涅》。同年，他所执导的布莱希特短剧《巴尔》(*Baal*)[①] 偏离了古典神话方向，但在 1998 年，洛伦西又重新回归这一主题，执导了艾略特充满诗意与古典元素的《大教堂谋杀案》[②] 以及欧里庇得斯的《酒神的伴侣》[③]。古典与神话成为他日后反复用到的一个主题。

洛伦西导演生涯的第一个十年以《酒神的伴侣》开始，以 2009 年另一部古典戏剧埃斯库罗斯（Aeschylus）的《俄瑞斯忒亚》作结。在这期间，尽管在主题与表达方面，洛伦西也会涉猎其他题材或背景的戏剧文本，但大约有 20 部作品都是古典和神话类题材，如《美狄亚》和《吉尔伽美什史诗》(*The Epic of Gilgamesh*)。他创作上的第二阶段的核心作品无疑是基于观阿弥（Kan'ami）、世阿弥（Zeami）和金春禅竹（Zenchiku）的作品改编的能剧《松林风声》(*Wind in the Pines*)[④]，以及维特凯维奇的《疯狂机车》(*The Crazy Locomotive*)[⑤]。2015 年，随着他执导的荷马的《伊利亚特》上演（此前已有作品显现出一些迹象），洛伦西进入第三个创作阶段。这部史诗而非剧本开启了他"叙事性戏剧"（narrative theatre）创作的新阶段，并一直延续至今。

在《酒神的伴侣》中，洛伦西最突出的导演手法是使戏剧动作形式化，以及叙事性的转向。在他看来，直接的独白比"侧面的"对话更重要。可以说，他仅以这样一个手法就"否定了"自埃斯库罗斯以来"投入"到希腊悲剧发展中的全部努力。此后，他在《俄瑞斯忒亚》中进一步强化了这一手法。《酒

---

① 在马里博尔斯洛文尼亚国家剧院（Drama SNT Maribor）上演。
② 在卢布尔雅那城市剧院（Ljubljana City Theatre）上演。
③ 在马里博尔斯洛文尼亚国家剧院上演。
④ 该剧于 2019 年在马里博尔斯洛文尼亚国家剧院上演。
⑤ 该剧于 2012 年在位于卢布尔雅那的斯洛文尼亚国家剧院上演。

神的伴侣》中的主人公（诸神和国王们）独自站上舞台，独自在"世界"上游荡，甚至独自表演（罕见的）仪式行为，而"仪式"顾名思义，一般是集体性的。他们在舞台上的亮相并不是随意的、偶然的，而是被编排成一个演说场景，一场精心安排的戏剧独奏会，带着酒神颂歌队的腔调。原则上讲，洛伦西对纯粹的复制品不感兴趣，他的戏剧作品总是包含着多样复杂的元素：抽搐、符号、移位、倍增、回声等。同样的导演手法在他后来的作品中也可见一斑，比如在《伊利亚特》中，麦克风的使用对于表达非常重要，它不仅是声音的媒介，也能自发产生声音。

在《酒神的伴侣》中，洛伦西并不执着于寻找新的神或与神争论（他声称自己是无神论者），也不执着于追求用所谓的牺牲换取人类和谐，也许他只是从以太中捕捉能量，以新世纪人类的方式等待着新时代的到来。他的作品往往会给人这样一种感觉：通过赋予残酷而"混乱"的古典世界以复杂的形式，重构这一世界并赋予其全新的意义。这就呈现了一种冷酷力量，它能够将舞台与原作之间的所有关联扼杀在萌芽状态，并且将其限定在他自身特有的形式中。

《酒神的伴侣》是洛伦西这一阶段作品的典型代表，其复杂性展现了洛伦西戏剧理念的进一步发展。它所涉及的主题是他一直感兴趣的，包括上帝或神灵、人类、神话戏剧结构中"美"与"惧"的冲突以及具有诗意（"能量"）价值的表演符号等，这些元素都非常适合于戏剧创作。洛伦西一度坚持将戏剧行动形式化，正如他所执导的莫里哀的《唐璜》[①]中所展现的。他还从剧本本身以及演员身上挖掘真实的人文素材，更甚者，他会从他自己——一个导演、一个戏剧发起人的身上发掘素材。

《吉尔伽美什史诗》：在戏剧中探寻人性

在其导演的第一阶段，除了聚焦于神话与诗歌主题，洛伦西还在竭力表现人。但对他来说人到底是什么？他说："人是关键，因为戏剧是关于人、为

---

① 该剧于1999年在位于采列（Celje）的SLG剧院上演。

了人,并且诞生于人。"① 洛伦西在努力回答这样一个最基本的问题:是什么造就了我们?这是一个很古老的问题,需要我们给出新的答案。乔治·阿甘本(Giorgio Agamben)给出了一种答案,他认为,"人的人性"是一项原则,它"消除了所有的差异……除此之外没有更进一步的区分"。② 一切事物的基础是人类或人性,是万物产生与归依的部落、群体、种属,是在元素周期表上占有一席之地的最小物质微粒。人类坚不可摧,因此可以不断被摧毁,直至永恒。阿甘本与莫里斯·布朗肖(Maurice Blanchot)认为:"没有任何人本质会被摧毁或发现,即人类是这样一种存在,总是与自己分离,总是和自己错过。但如果人类可以无休止地被摧毁,那么在这种摧毁之外、之中,总有什么会留存下来,显而易见,人类会在这个过程中成功留存。"③

在洛伦西的戏剧中,人是唯一留存下来的,除此之外,别无他物。人会永恒地存在,或你或我,或"非全部"④,都是我们在生活与艺术中无法回避的。⑤

在洛伦西第一阶段的作品中,围绕人的主题并找到了合适的表演形式的包括《男性幻想》(*Male Fantasies*)⑥、萨拉·凯恩的《洗礼》⑦、贡布罗维奇(Gombrowitz)的《婚姻》(*The Marriage*)⑧、2005 年上演的西藏神话《特里梅昆丹》⑨(*Tchrimekundan*)⑩,以及内博伊沙·波普·塔西奇(Nebojša Pop Tasić)重述的《吉尔伽美什史诗》。《清洗》在表演时运用了诗意隐喻的手法,从而

---

① Ana Perne, "Zame se predstava nikdar ne zgodi na odru," interview with Jernej Lorenci. *Literatura*, vol. 30, No. 326 (August, 2018), p.94.

② Giorgio Agamben, *Cas, ki ostaja: Komentar k Pismu Rimljanom* (Ljubljana: Študentska založba, 2008), p.69.

③ 同上书,第 70 页。

④ 同上书,第 72 页。

⑤ 见《伊利亚特》,2015 年版。

⑥ 该剧于 1999 年在马里博尔文化音乐之巢(KGB)上演。

⑦ 该剧于 2001 年在位于卢布尔雅那的斯洛文尼亚国家剧院上演。

⑧ 该剧于 2004 年在青年剧院(Mladinsko Theatre)上演。

⑨ 该剧于 2005 年在位于卢布尔雅那的斯洛文尼亚国家剧院上演。

⑩ 又名《未盲人》(*The Unblinded*),与 Nansal, Djroazanmo 并称西藏三大神话。

——译者注

避免了激烈的表演动作。此外，洛伦西还发明了新的表演符号，创造了一套自主表演结构，一度脱离了文本。但矛盾的是，这些符号与结构同时又是文本最真实的表达。这部作品十分露骨，使观众感到痛苦与恶心。

洛伦西执导的《婚姻》以一种梦境般的节奏表现了一段摧毁对权力荒唐追求的悲剧，同时他也尽力使这一情节不被已有的对梦境肤浅且荒谬的解释所束缚。他以亚里士多德式的严谨将这些场景联系起来。婚姻中的梦境唤起了更深层次的秩序：荒谬逐渐褪去，化为忧郁，粗鲁和直率转变为急躁与狂热，进而变成崇高而美丽的光环。这部剧承载着导演强烈的疑问：如何在一个可以畅所欲言的世界中塑造自我而不减弱情感表达；如何依靠自己在无数先辈发展创造的戏剧艺术中立足；如何在几乎所有事物都可见与假定不可见的世界中都能被看见。

洛伦西在《吉尔伽美什史诗》中首次对这些问题作出回复。这一作品无疑具有这样的特点：在青年剧院室内舞台的有限空间中，古典作品史诗般的广阔性得到了增强。舞台仿佛化为原始的沙坑，而在那里，上演着上帝与人类始祖的生死决战，也上演着关于人类自身的戏剧。洛伦西并不在乎戏剧的经济效益如何，而是试图探究这个在舞台上有着四千年演出历史的人物形象的本质。演员达里奥·瓦尔加（Dario Varga）很好地唤起了他的"记忆"，尤其是关于"人类"的第三部分，观众可以看到这样一个人物形象：他试图探寻人性的真正本质，并在个人短暂的生命中探索命运禁锢的真正意义——只有这种与时空的联系，才能保证人类与周围世界的存在。观众只需要回忆演员眼中被照亮的黑暗或者他[1]淹没在寂静中的呼吸，心中就会留下疤痕一样的印象。

在《吉尔伽美什史诗》中，我们可以看到洛伦西特有的、已为人所熟知的导演方式：掩盖在沙砾、树干或者干树枝等自然元素下空旷的舞台。几乎所有他的作品的舞台布景都是由布兰科·霍伊尼克（Branko Hojnik）设计的，采用集中与冥想的表演处理方式，奠定了表演的整体节奏：忧郁与咒语交织。在剧中，音乐声一直不断[2]，并试图与观众建立起亲密的沟通。在洛伦西所导演

---

[1] 这里指贝克蒂安（Beckettian）。
[2] 洛伦西常合作的作曲家是布兰科·罗日曼（Branko Rožman）。

的剧本中，似乎没有什么来自外部，所有的一切都来自内部，包括戏剧（或神话，或诗歌题材）剧本，以及他在神话、历史与现在及其自身中对人类的热情探索。

在对戏剧及其原始材料进行反思时，洛伦西很快就意识到，过于封闭在自己的世界中可能会带来问题，个人思想可能变得比戏剧形式更重要。在2009年的《俄瑞斯忒亚》之前，他的作品似乎变得越来越安静，越来越着眼于个人的内心世界，而忽略了戏剧活动的关键层面——观众。随后的《俄瑞斯忒亚》和《松林风声》成为两部里程碑式的作品，仍然由文本改编而来，但洛伦西正在开拓新的表演与哲学空间。也正是在那时，他渐渐领悟到了一个基本的人生真谛，正如他在前面提到的采访中所说：在戏剧或者艺术领域工作就意味着要"打开自己"。因为戏剧的发展不仅在于对剧本、对角色、对演员的人性的探索，也在于导演本人，因为导演是这种探索活动的总发起者。

《俄瑞斯忒亚》：开拓新的戏剧空间

《俄瑞斯忒亚》和《松林风声》分别与戏剧材料和观众建立了新的联系。在《俄瑞斯忒亚》中，洛伦西已经尝试了很多（后现代）导演手段，但最为特别的还是对表演进行复制迁移和双重阐释，对表演方式进行提取、整合并迁移应用，在一部作品中运用另一部作品的表演方式，就像将一层皮覆盖于另一层皮之上。无论是当时还是现在，从形式上看，洛伦西在导演时并不常使用解释或象征手法，而是在情境、表演或图像等变为一种象征之前进行阻止，或者重复很多次，直至其象征意义完全清空。

深思起来，洛伦西认为《俄瑞斯忒亚》不仅是一部为人熟知的神话作品，更是一个家庭在忠诚与复仇间挣扎的悲剧，讲述了自由意志与神圣秩序之间的矛盾。看起来，他似乎在埃斯库罗斯的作品和他的导演世界中发现了一个相通的主题：君权的消亡。这种消亡是一种全方位的消亡：以前神和人的等级制度正在崩溃，普遍的人权甚至是普遍存在的（非）等级制度的民主也在消亡。直到最后，如果没有无序的间隔，剧本内在的戏剧理论结构就无法再上演，只能回忆埃斯库罗斯的基本纯对话序列，或用独白替换掉合唱的节拍。主权（包括最高权力）变得无能为力，似乎成为这场危机中不可避免的陷阱，无人幸免。所有人都会陷入责任转移和持续影响的恶性循环，当局及其主权权力不再作数，而是以非政府形式统治，不再需要任何授权，完全将自己作为最高力量隐藏起来，留下只有武断和不负责任的剧目才能填补的破坏和空白空间。这是所有戏剧的最终宿命。

《松林风声》是一部与观众关系更密切的作品，更接近观众，采用埃斯库罗斯常用的关于神的讽刺，让女演员娜塔莎·马特亚舍克（Nataša Matjašec）赤裸着躺在木桌上，完美上演了一个场景。尽管她只是在呼吸，却轻易地唤起了观众对人生的联想。

在《俄瑞斯忒亚》和《松林风声》之后，又上演了一系列风格类似的作品，它们交替展示着引人注目的"奇观"和与观众关系密切的室内剧，包括：斯特尼萨（Strniša）的《青蛙》（*Frogs*）[1]、奥斯特洛夫斯基（Ostrovsky）的《风暴》（*The Storm*）[2]，维特凯维奇的《疯狂机车》，塞利戈（Šeligo）的《婚礼》（*The Wedding*）[3]，以及莎士比亚的《奥赛罗》（*Othello*）[4]。

也许《疯狂机车》最能代表洛伦西最新风格转向之前的情况，尤其是它反映出的观演关系，而据洛伦西所言，表演需要唤起观众的情感想象力，调动观众去将他们的生活经历和戏剧中的情节联系起来。在执导这部剧时，洛伦西在三个概念之间游走。首先是原则上的疯狂，这也是他最少聚焦的一点；其次就是搭载乘客的隐喻机车所匆匆驶过的"疯狂的世界"；再者就是其中一位主人公所谈论的"头脑中的空虚"，为舞台和语义的动态性提供了最大的可能性。然而，洛伦西却找到了第四种选择：这并不关乎我们或者世界是否疯狂，也不关乎我们是否太空虚或者太充实，而是关乎这样一个事实——本质上讲，我们是由空虚和充实、镇静和疯狂、速度和静止之间的冲突所定义的；我们的本性（和世界的本性）实际上难以捉摸；当我们处于某件事的终点时，实际上只是

---

[1] 该剧于 2011 年在普图伊城市剧院（Ptuj City Theatre）上演。
[2] 该剧于 2011 年在卢布尔雅那城市剧院上演。
[3] 该剧于 2013 年在位于卢布尔雅那的斯洛文尼亚国家剧院上演。
[4] 该剧于 2013 年在卢布尔雅那城市剧院上演。

处于一个新的起点；当我们觉得正在奔向未来时，实际上正在回到过去。一旦我们习惯了自己的身份，它就会变得不同；我们微笑着接受发生在自己身上的一切，但这并不能使我们免于恐惧……

《伊利亚特》：导演手法的综合体现

随着执导根据斯韦特兰娜·马卡罗维奇（Svetlana Makarovič）的作品改编的戏剧《为爱而来的王者》（*The Dead Man Comes for His Sweetheart*）以及荷马的《伊利亚特》[①]，洛伦西转向了他延续至今的新导演阶段。《为爱而来的王者》是一部怪诞的诗歌音乐作品，充满了令人心醉神迷、精心编排的管弦乐，在表演层级之间不断切换，还引入了表演者正面组织的原则，由表演者直接向观众展示他们的戏剧叙事。

在《伊利亚特》中，"人"这一概念经历了一种特殊而矛盾的畸变：尽管舞台上有真实的人物存在，但他们似乎融为一体，化为虚无，变成从他们身后的虚空中浮现出来的人物素描[②]。然而，这与来自虚空的声音无关，洛伦西自己也意识到了这一点：声音其实来自荷马的书，书里按照时间有条理地记录了声音的轨迹。洛伦西所执导的整部《伊利亚特》中，无论是空间、历史、一本书、舞台边缘，或是一条将想法与现象、主意与执行、长眠或人类童年与其当代存在的奇观分开的想象中的半圆线，都是从虚空的背景中产生的。在《伊利亚特》上演的过程中，洛伦西就是观众与这种虚空之间的协调者。

通过《伊利亚特》，洛伦西对于导演职责产生了新的认识。他认为，导演是一个协调者，并不具备排他性，而这一点在他刚开始执导时也并不知道。他的首要任务是为整个团队建立一个安全、便于进行创造性表达的空间。因此，他必须时刻保持清醒，并认识到所收集材料的价值，因为这决定着演员演出最

---

① 该剧于 2015 年由位于卢布尔雅那的斯洛文尼亚国家剧院、卢布尔雅那城市剧院和坎卡耶夫大教堂（Cankarjev dom）共同出品。

② 这部剧最终在坎卡耶夫大教堂宏伟的迦卢斯大剧院（Gallus Hall）的大厅上演，观众几乎感觉不到铁幕后空荡荡的大厅。在第二部分，观众才短暂地看到这个空旷的大厅。

终要达到的效果。从完成这些任务到即兴创作并呈现每个故事，他最终必须按照某些（戏剧）舞台创作原则，在"演员与观众的想象交汇处"[1]创作出戏剧作品。

在《伊利亚特》中，尽管人与神所演奏的乐谱并不是导演所作的——作者另有其人，洛伦西还是充当了他们之间的协调者，并且他并不认同20世纪的导演创作者所遵循的准则。事实上，由于新的现实都被写入其中，所以它非常贴近剧院中的观众——舞台走近观众，并"听从于"观众的指挥。洛伦西的《伊利亚特》是在一个亚里士多德式的拱形剧院中上演的，正如菲利普·拉库-拉巴尔特（Philippe Lacoue-Labarthe）所言，这代表了一种"虔诚的愿望"，但"这种愿望却注定要一次次地与舞台要素（空间、演员和观众）[2]相冲击"，体现了从叙事诗到悲剧的转变。因此，尽管结束曲是一首关于一切都转瞬即逝的曲子，《伊利亚特》中却并未说明一切都已发生，而是说一切都有待发生。或者说，因为这首曲子，《伊利亚特》成了表现将来之事的作品，在其中，死亡只是人类的一次格式化，被写成一本书、一首诗或者是一段读来令人窒息的诗节，与现实脱节。

《圣经》：叙事戏剧

《伊利亚特》之后，洛伦西意识到，文本只是"戏剧的一种可能性，但并不是唯一"。从那时起，正如前面所提到的，他的戏剧可以被称作叙事戏剧（"故事表演"）。他接下来的作品或多或少都带有个人偏好，通常仍与所选定的文本剧本有关[3]，但剧本本身却不再一定是戏剧类的[4]。基于此，创意团队以

---

[1] Ana Perne, "Zame se predstava nikdar ne zgodi na odru," interview with Jernej Lorenci. *Literatura*, vol. 30, No. 326 (August, 2018), p.95.

[2] Philippe Lacoue-Labarthe and Jean-Luc Nancy, Scène (Villeneuve-d'Ascq: Christian Bourgois editeur, 2013), p.23.

[3] 比如莫里哀、雅里（Jarry）、莎士比亚、马雅可夫斯基（Mayakovsky）等的作品。

[4] 比如《圣经》和《维索科纪事》（*The Visoko Chronicle*）。

不同方式创作出新的表演剧本，可能有时仍与原文本有关①，但通常会完全偏离原始文本，因而原文本与表演剧本之间并不存在必然的联系。洛伦西自己称这些作品"主题变异"。特征最突出的包括他所执导的莫里哀的《女学究》（*Learned Women*）②，雅里的《于布王》③，《圣经》（初稿）④，马雅可夫斯基的《臭虫》（*Bedbug*）⑤，以及斯洛文尼亚作者伊万·塔夫查尔（Ivan Tavcar）的小说《维索科纪事》⑥。

《于布王》仿佛一幅拉伯雷式的壁画，描绘了一场放荡的表演。这部作品的中心是演员耶尔内伊·舒克曼（Jernej Šugman），他是"于布王"和"演员"的象征性人物，同时也是当代个体的原型：忙于自我的贪婪与快乐或忙于"本我"。而在没有任何规范的情况下，这种"本我"正在成为一切的规范，并将"真诚"这一绝对美德归于自己。作品中的一切都很怪异，包括最后那张图片——一张非常大的照片，照片中的导演赤裸着身体，不顾一切地暴露在镜头下，完全融入了这支怪诞的骷髅之舞。

洛伦西执导的《圣经》是对这一"书中之书"的戏剧化尝试，抹去狂妄的期望和幻想，并且把《圣经》主要当作描写"人的话"而非"神的话"，描写世俗而非神圣的书。这部戏剧的对白主要是那些神圣的话语，而经由演员之口，就变成了人的话语。《圣经》非常关注文字，而这些文字——尤其是按照《约伯记》（*Book of Job*）的顺序——本身就构成了事件。洛伦西尽可能地将《圣经》置于宗教背景之外，对其进行了去语境化和解构的处理，使得作品的关注点最后落到了文字的来源——身体上。遭受否定、折磨与欺凌的身体，也许正需要这样一种基本的表演姿态才能觉醒，将自己从层层神圣的绷带中解放出来，以其赤裸、真实的形象在观众面前发光。在作品中，上帝完全简化成

---

① 在《于布王》（*Ubu the King*）中，最终版本仍保留了几行原始文本。
② 该剧于 2015 年在位于采列的 SLG 剧院上演。
③ 该剧于 2016 年在位于卢布尔雅那的斯洛文尼亚国家剧院上演。
④ 该剧于 2017 年在卢布尔雅那 SNG 剧院上演。
⑤ 该剧于 2017 年在克拉尼普列舍伦剧院（Prešeren Theatre Kranj）上演。
⑥ 该剧于 2018 年在位于卢布尔雅那的斯洛文尼亚国家剧院上演。

了一束光——一个光秃秃的、陈旧的钨丝灯泡，悬挂在舞台上方，闪烁着微弱的光芒。然而，这部作品整体上既没有对（基督教）宗教进行"批判"，也没有进行论战，只是在揭露人类包括虚荣心在内的某些基本特征时可能有所涉及。它既没有挑战传统，也没有摆出优于传统的姿态，而主要是运用诗意的隐喻，来探寻我们真正的价值，比如《圣经》中的灰烬或者《约伯记》场景中的灰尘。洛伦西所导演的《圣经》并不是为了否定，而是为了创造：人类的语言究竟能告诉我们什么？

图 1 《伊利亚特》，由耶尔内伊·洛伦西执导，于 2015 年在位于卢布尔雅那的斯洛文尼亚国家剧院、卢布尔雅那城市剧院和坎卡尔中心（The Cankar Centre）上演。图中从左至右分别为：阿尔雅日·约瓦诺维奇（Aljaž Jovanovic）、马尔科·曼迪奇（Marko Mandić）、耶特·奥斯坦·韦鲁普（Jette Ostan Vejrup）、格雷戈尔·卢斯特克（Gregor Luštek）。图片源自彼得·乌汗（Peter Uhan）

《维索科纪事》是一部根据小说编年史改编的故事，讲述了 17 世纪某个家庭的生活。但从一开始，整个故事背景的设定就是当代。洛伦西创作第三阶段后期的某些特征在这一作品中可见踪迹——演员们围坐在一张桌子旁，用诙谐的评论描述作品的开篇，即导演的想法与愿望，以及他们对文字材料的看法。这立刻在戏剧中建立起一个真实的"内部"环境，称作"舞台叙事"。但正如从洛伦西此前的后戏剧时代作品，以及阿尔维斯·赫尔曼尼斯、蒂姆·埃切尔斯（Tim Etchells）和叶夫根尼·格里什科维茨（Evgeny Grishkovets）等外国导演的类似作品中可见，叙事从来都不是简单的叙事，尽管它是起点，但在某个时刻，可能会发展成为新的行动（act），也就是戏剧（drama，该词从词源上看，意思是表演）。在《维索科纪事》中，即兴创作与剧本阅读、个人故事与小说情节、表演者之间的私人关系与虚构人物之间的关系交织在一起。观众见证了戏剧的创作：在演员踏上去的那一刻，一张桌子就变成了舞台，但也可能变成某种"真实"、遥远的场景，由观众根据想象去"增补"所缺失的一切。叙事使得材料更加接近观众，同时在处理充满感官感觉的身体时，又增加了一定的距离感。但经过一个奇怪的转折之后，它们又重新回到观众的想象与意识中。所以它们可以同时存在于不同地方，当然可能存在，也可能不存在。观众既是倾听者，也能被人听见；既是世界的创造者，也是消费者。人的语言是一切的最终根源，正如洛伦西所说，"人是关键"。

参考文献

[1] Agamben, Giorgio, *Cas, ki ostaja: Komentar k Pismu Rimljanom*, Ljubljana: Študentska založba, 2008.

[2] Lacoue-Labarthe, Philippe and Jean-Louis Nancy, *Scène*, Villeneuve-d'Ascq: Christian Bourgois editeur, 2013.

[3] Perne, Ana, "Zame se predstava nikdar ne zgodi na odru," interview with Jernej Lorenci, *Literatura*, vol. 30, No. 326 (August, 2018).

克里斯蒂安·陆帕：毁誉参半的大师

［波兰］卡塔日娜·瓦利戈拉* 著

刘启晖 译

游行队伍路过时的叫喊声，透过开着的窗户传入房间。无法清楚地分辨他们喊了些什么，但是我们知道有大群人在街上，吹口哨、大喊大叫，乃至击鼓。那叫喊声里没有任何愉悦的情绪，只有满满的沮丧和愤怒。房间里的人听着街上传来的这些声音，他们是一群来自不同年龄段的艺术家、疯子、怪人，或是一些在别处没有容身之所的流浪汉。他们好奇地听着窗外的声音，感到担忧，却并不害怕。窗外发生的一切与他们无关，它还未影响到他们的世界。不一会儿，一个男人进了房间，他一丝不挂，但穿着鞋子。阿尔卡丁娜（Arkadina），一个由玛丽亚·玛伊（Maria Maj）扮演的老妇人向大家介绍了这个男人："这是雅内克（Janek）——一个诗人和恋物癖者。""你就穿成这样在街上走？""大家怎么看你？"其他人问道。"没什么。当他们看到我的鞋子的时候，他们就无话可说了。"雅内克狡猾地说。

这一幕就是《睡眠之城》（*The City of Sleep*）的开场。这部戏是陆帕最引人深思同时也最不受重视的作品之一①，它于 2012 年在 TR 华沙剧

---

* ［波兰］卡塔日娜·瓦利戈拉（Katarzyna Waligóra），克拉科夫雅盖隆大戏剧系博士研究生。2017 年，她撰写了一本关于戏剧道具的著作——《这不是一匹全新的马》[*Koń nie jest nowy (O rekwizytacb w teatrze) / It's Not a Brand New Horse*]。同时，她定期为波兰戏剧杂志《戏剧表演》（*Didaskalia*）供稿。她是第十八届比得哥什戏剧节首映式（Festival Prapremiery in Bydgoszcz）的策展人。作为一名戏剧教师，她在波兰的多个机构为成人和青年学生教授当代戏剧、表演艺术和表演研究。她目前的研究兴趣在于女性的尴尬表演——解放女性参与公共领域的一种特殊艺术形式。

① K. Waligóra (*) Jagiellonian University, Kraków, Poland, 110.

院①首映，改编自阿尔弗雷德·库宾（Alfred Kubin）的小说《另一边》(The Other Side)②。许多的批评家认为陆帕的改编并没有达到原著的高度，只是一个冗长、结巴、缺乏逻辑的拙劣的仿制品。类似的批评铺天盖地，然而赞赏的声音却很少。尽管如此，2012年版本的《睡眠之城》却可能是陆帕导演生涯中最令人惊艳的作品，充满了耀眼的场景和创新的理念。这部作品是他四十年漫长而复杂的职业生涯的一个转折点，即结束旧的篇章，开启新的时期。

开　始

陆帕早期的戏剧实践一直伴随着批评家们毁誉参半的评论，《睡眠之城》只不过是他众多被指责的作品中的一部。可以说，这部戏不是陆帕导演生涯中的第一个滑铁卢。1969年，他从克拉科夫美术学院（Academy of Fine Arts in Kraków）毕业，并获得了美术学位，随后就读于罗兹电影学校（Łódź Film School），开始了另一段学习之旅。在该学校待了几年之后，他被校方以电影作品太差为由开除。然而陆帕却时常坚称，学校是因为恐同的原因才厌恶他。在20世纪70年代早期，同性恋并不被波兰官方禁止，然而其存在依旧被整个国家或社会所忽视。所以，尽管男同性恋和女同性恋并不受官方体制的压制，但还是被迫隐藏他们的性取向。整个社会充满了对同性恋的偏见。在20世纪70年代，陆帕正经历着一个反抗的时期，诚如他自己承认的那样：

突然之间，我感觉到自我，我接纳了真实的自己……我感觉到内在的自我正在意外地爆发出来……在校期间，我表现得非常狂妄

---

① 剧院位于华沙，它成立于1949年，当时是华沙的国家综艺剧院，在20世纪和21世纪之交成为戏剧革命的中心，产生了新的美学和戏剧语言，以及整整一代导演、剧作家、布景设计师、作曲家和演员，他们在21世纪初塑造了波兰戏剧。该剧院被称为"来自波兰的年轻朋克剧院"和"城市中最快的剧院"，它将舞台和表演的创新与迅速变化的社会现实、政治和经济相结合。——译者注

② 阿尔弗雷德·库宾，奥地利版画家、作家，被认为是象征主义和表现主义的代表。《另一边》是他唯一的文字作品，写于1908年。该书以压抑的想象领域为题材，小说充满幽闭恐怖的气氛。——译者注

和离经叛道。①

作为导演系的学生时,他的老师们在他预备作为考试作业的练习短片中发现有同性恋的隐喻。多年之后,陆帕追忆道:

> 我有其他的含义……这是一部关于两具身体互相影响的电影,两个与周遭格格不入的人在学校宿舍里共处一室……校方只看到他们想看到的东西。

诚然,对于一个导演来说,被电影学院开除是一段艰难的经历。陆帕遂决定去考克拉科夫国立表演学院(State Higher Theatrical School),即现在的克拉科夫 AST 国家戏剧学院②(AST Academy of Theatre Arts)。然而,不同于他早期的美术学习,他对电影仍保有痴迷,这在他后来的许多戏剧作品中都有迹可循。

陆帕过人的天分不彰自显,从他 1977 年导演的第二部独立作品《实用主义者》,又名《绿药丸》(*Dainty Shapes and Hairy Apes, or The Green Pill*, 1922 年)③中就可见一斑。该剧是他作为表演学院四年级学生的毕业之作,在广受赞誉的同时,也为这位年轻的导演赢得了许多新的机遇。众多选择之下,他最终决定去塞浦路斯维德剧院(C.K. Norwid Theatre)④工作。维德剧院坐落在波兰西南部的一个小镇——耶莱尼亚古拉镇(Jelenia Góra)。陆帕拒绝去大剧院而选择这里的决定似乎有些让人惊讶,然而却有其深意。细究这个边陲剧院的背景就会发现,该剧院的剧院经理是著名的阿丽娜·奥比德尼亚克(Alina Obidniak)⑤。她擅长运营剧院,在安排剧院演出剧目时能很好地把握大众流行

---

① Krystian Lupa, Łukasz Maciejewski, *The End of the World of Values*, (Łódz, 2017), p.513.

② 位于克拉科夫和弗罗茨瓦夫,1946 年由演员朱利叶斯·奥斯特瓦(Juliusz Osterwa)创立。该学院一开始由波兰主要的一些戏剧家运作,随后在杰出的理论家教导下逐渐形成风格,并培育了许多在国内外有影响力的学生。——译者注

③ 波兰著名作家、画家和摄影师斯坦尼斯瓦夫·I. 维特凯维奇的戏剧作品。

④ 该剧院成立于 1945 年,以波兰浪漫主义诗人、剧作家塞浦路斯·维德命名。——译者注

⑤ 波兰戏剧导演和女演员,为导演耶日·格洛托夫斯基的密友。——译者注

口味和先锋实验风格之间的平衡。前者可以为剧院赢得观众的喜爱、戏票的收入以及当局的满意；后者则促进艺术的发展。在这家剧院处于工作室时期[①]时，陆帕就拥有相当固定的演员班底，这群演员是专为戏剧实验性探索而设的。也是这一时期，他开始和彼得·斯基巴（Piotr Skiba）合作。彼得参演了这一时期几乎所有陆帕的作品，他也成了陆帕最喜欢的演员。维德剧院还给他提供舒适的实验工作环境，包括长期的排练周期和任由他调配的演员。聚集在陆帕身边的团队人员不仅有工作上的合作关系，私底下也是常在一起的亲密伙伴。陆帕在维德剧院待了十年，也贡献了十场首演。他离开之后，这一演员班底随之分崩离析。[②]

在离开维德剧院之后，乃至在维德剧院期间，陆帕同时也为克拉科夫波兰老剧院[③]效力，在这里他创作出了部分他最知名的作品。格热戈日·尼齐奥勒克[④]（Grzegorz Niziołek）在他的书中谈及陆帕的导演风格时说：

> 陆帕的戏剧展示了正在体验并了解自己和真实的人，而不是单纯地在行动……他的戏剧由一系列的场景组成，每一个都在尝试重复相同的越轨举动……为了试着定义这种类型的戏剧结构，陆帕以音乐中变奏曲的形式来做类比，就像变奏曲是建立在一个主旋律的重复和变化发展基础上一样……虽然情节线从未被完全打破，但在变奏形式的戏剧中，情节变成了第二性的存在。[⑤]

---

① 维德剧院有两个阶段：主要阶段（Main Stage，540 个座位）和工作室阶段（Studio Stage，100 个座位）。——译者注

② 波兰著名作家、画家和摄影师斯坦尼斯瓦夫·I. 维特凯维奇的戏剧作品，第 514 页。

③ 波兰最早的国立剧院，成立于 1781 年，由议员弗利克斯·奥拉切夫斯基和演员马特乌斯·维特科夫斯基共同创建，被认为是波兰首屈一指的剧院。——译者注

④ 波兰戏剧家、文学学者、教授，出生于 1962 年。主要研究 20—21 世纪的波兰戏剧、导演艺术、波兰的浪漫主义传统，同时写剧评。2004—2007 年出任国家波兰老剧院的文学总监。——译者注

⑤ Grzegorz Niziołek, *Sobowtór i utopia. Teatr Krystiana Lupy* (Kraków, 1995), p.71.

陆帕所谓变奏形式的戏剧并不只从一个单一的作品中体现，而是在一系列的剧作中得以确定。陆帕喜欢重复相同的文本或主题，作品《另一边》就是这样的情况，同时，库宾的小说又为《睡眠之城》提供了背景。这部作品的第一个版本于 1985 年在克拉科夫波兰老剧院首映。它和后来陆帕在华沙 27 年里制作的任何一部戏都完全不同。正是在 1985 年，陆帕第一次接触小说而不是直接选用一个剧本。他并不是改编这本小说，而是把小说当灵感来源和出发点。这部复杂、长达四小时的戏剧经常要演整整两个晚上，它讲述的是一个极端的梦想家完全不被整个国家理解的故事。这部戏排练了 120 多次，最后却只演出了 15 场。格热戈日在书中认为，《睡眠之城》之所以受到如此冷遇，是因为陆帕违背了一些在当时看来不可违反的戏剧原则，主要是一致的戏剧结构、逻辑清晰的台词、表演完整且固定的片段。正如格热戈日所言："评论家的观点只是批判浪潮中的冰山一角，虽然大家没有全都表达出来。可见陆帕的戏引爆了当时的戏剧界。"①

尽管受到这样的冷遇，小说还是成了陆帕戏剧作品中的恒定因素。很长时间里，陆帕青睐的作者是罗伯特·穆齐尔（Robert Musil）②、赫尔曼·布洛赫③，当然，最值得一提的是托马斯·伯恩哈德（Thomas Bernhard）④。有趣的是，在今天看来，陆帕创作于 20 世纪 80—90 年代期间的作品被认为是最好的，然而观众却对这些作品毫不关心。举例来说，1989 年改编自罗伯特·穆齐尔小说的《追梦人》（*The Dreamers*）在首演一年后，戏剧评论家亚采克·谢拉兹基

---

① Idem, "Kleski Krystiana Lupy," *Didaskalia*, No. 57 (2003), http://www.didaskalia.pl/57_niziolek.htm.

② 奥地利哲学家（1880—1942），其小说《没有个性的人》被认为是最重要和最有影响力的现代小说之一。——译者注

③ 奥地利作家（1886—1951），被认为是主要的现代主义者之一，代表作《维吉尔之死》。——译者注

④ 奥地利小说家、剧作家、诗人（1932—1989），他被认为是第二次世界大战以来最重要的德语作家之一。——译者注

（Jacek Sieradzki）① 提到说：

> 这部戏在首演之后几乎没有演过，剧中演出间隙时有很多很长的停顿。这部戏没有，也不可能获得轰动的成功，但是它却为导演赢得了一批独特的狂热追随者。他们这些人知道自己喜欢陆帕什么，甚至他们会反复观看。这种观众数量不多，大概就只有几十个人。②

相反，1992 年改编自托马斯·伯恩哈德小说的《石灰厂》（*The Lime Works*）却获得了巨大的成功。该剧在克拉科夫国家波兰老剧院（National Stary Theatre in Kraków）演出，被誉为 20 世纪 90 年代最重要的戏剧盛事之一。这部戏通过对康拉德（Konrad）和他生病的妻子之间亲密关系的刻画吸引了观众。康拉德一直想写一篇令人难忘的关于听力的研究论文。该剧独创性的演员指导，尤其体现在马乌戈扎塔·哈耶弗斯卡–克日什托菲克（Małgorzata Hajewska-Krzysztofik）和安杰伊·胡齐阿克（Andrzej Hudziak）两位主演身上，两人的表现实在是太让人震撼了。1998 年，这部戏甚至在电视上播放，即使在首演之后过了 16 年，它依然在舞台上活跃。

克里斯蒂安·陆帕的传奇不仅是由他的作品缔造的，他经常重演的资讯以及他在创作过程中发生的轶事的传播，都发挥了作用。陆帕因延长排练时间而出名：虽然在波兰的戏剧界通常只需花费两个月左右去准备一部戏，陆帕却可能在一部戏上耗费一年之久。相较于其他的波兰导演，陆帕也更懂得如何合理地在最大程度上为他的戏剧作品安排更多的预算。他经常自己设计场景布置，因为视觉设计也是他艺术风格中不可分割的一部分。他还自己挑选并改编文本，以及设计音乐旋律。③

无论是在维德剧院，还是克拉科夫波兰老剧院，或者是后来的弗罗茨瓦

---

① 波兰杂志《对话》（*Dialog*）的主编，戏剧评论家。《对话》是波兰唯一定期出版当代波兰和外国戏剧的杂志。——译者注

② Jacek Sieradzki, "Kłopoty z teatrem powaenym," *Polityka*, No. 8 (1998), http://www.eteatr.pl/pl/artykuly/120210.html?josso_assertion_id=98E086C61EEDE961.

③ KRYSTIAN LUPA: THE MAESTRO THEY CRITICISE LOVE, 114.

夫波兰剧院（Polski Theatre in Wrocław）以及华沙波兰大剧院（The Dramatic Theatre in Warsaw），陆帕的身边始终环绕着一群崇拜自己的演员，他们随时准备为他工作。他的戏剧梦境需要一种合适的表演方法来表现，也即莫妮卡·祖乌科斯（Monika Zółkos）①形容的：

> 通过（演员的）自省、加深自我意识，从一个角色中可能会出现的情绪和经验中找寻状态，在这样的一个过程中建立一个角色。与此同时，关键是导演本人的态度能够触发演员表演时的个人隐秘，同时让它（在舞台上）立得住。②

在戏中，陆帕常引用他自己的经历和童年回忆。他与戏中某一具体的人物感同身受，拥有对这个世界共同的理解。通过这样的方式，陆帕鼓励演员从自己的隐私视角来展示一个角色，但又不陷入纯粹个人的宣泄之中。陆帕从不否认，他有些过分沉浸在自己的戏中，以至于有点歇斯底里。他说："我不能忍受我自己的戏。我不能看着演员们没有胆量做一些他们原本可以做到的事情。"③接着又说，"有时我在想，这些不满的想法是不是只是我一时的心血来潮。也许它们有时在我坐在观众席时涌上来，我几近崩溃的边缘。我必须马上离开那场演出，因为我感觉我不能忍受接下来会发生什么。"④

2008年，《工厂2》（Factory 2）的首演是陆帕导演职业生涯的一个转折点。这部长达八小时的戏剧在克拉科夫国家波兰老剧院小舞台（Kameralna Scena）⑤演出。这是他对安迪·沃霍尔（Andy Warhol）⑥入迷的一部作品，剧中

---

① 格但斯克大学文艺理论与艺术批判系博士，主要研究波兰戏剧或外国戏剧中的女权主义问题。——译者注

② Monika Zółkos, "Podróe do granic aktorstwa w teatrze Krystiana Lupy," *PrzestrzenieTeorii*, No. 7 (2007), p.302.

③ Krystian and Maciejewski, *The End*, p.296.

④ 同上书，第374页。

⑤ 波兰老剧院共有三个分场，为大舞台（Duża Scena）、小舞台（Kameralna Scena）、新舞台（Nowa Scena）。——译者注

⑥ 美国艺术家、电影导演、制片人，视觉艺术运动和波普艺术领军人。——译者注

角色都参观过沃霍尔本人和他的"工厂"工作室。创作这部戏的时候，陆帕第一次尝试在排练时即兴写作剧本，而不是用一个已有的文学作品。他邀请了两位戏剧构作——伊加·甘恰尔奇克（Iga Gańczarczyk）[①] 和玛格达·斯托约夫斯卡（Magda Stojowska）[②]，同时还有一群演员来协助自己。

这部戏的关键是试镜的准备，就是用相机把演员的即兴表演拍下来，之后将其中部分用到戏剧里。大家一起待着、聊天、看电影、浏览照片、阅读传记和回忆录，还有模仿"工厂"里组成的团体，都是这部戏剧作品必不可少的一部分。那就意味着，整个剧院的日程安排必须跟着这一部戏的制作走。《工厂2》的制作持续了一年多，然而小舞台只有这么一个排练厅，所以它的日常使用在这期间完全被打乱。它的墙被喷绘成了银色，这个颜色暗示的是沃霍尔的工厂。对于角色创作的过程来说，戏服非常重要，所以负责服装的彼得·斯基巴专门从巴黎进口了一批布料。很快，专门制作的戏服越来越多，以至于他们从仓库专门申请了一个单独的房间来存放它们，其中很多衣服甚至从来没在舞台上用过（这样占用剧院的行为，以及演员工作的形式，也引起了一些研究者的道德质疑[③]）。

演员最好的即兴表演被记录下来，纳入脚本中。这也是陆帕第一次在作品中专门为影像投影指定这么多的空间：不仅有拍好的镜头，还有现场行动的实时投屏。《工厂2》在年轻一代艺术家的想象之中留下了烙印，也促进了剧场中戏剧素材处理方式的改变。在这期间，由于《工厂2》，波兰戏剧开始慢慢地将其从文学的禁锢中解放出来，积极地向文本，尤其是在排练时写作的文本敞开。

之后，陆帕对演员即兴表演时的创作可能性产生了更浓烈的兴趣。他不断从类似沃霍尔这样有影响力的名人的传记中攫取灵感，称这些人为活在梦中的人。在华沙波兰大剧院期间，他决定以三个偶像人物为题着手创作一个戏剧

---

① 波兰戏剧导演及编剧。——译者注
② 波兰老剧院文学秘书。——译者注
③ 详情见：M. Kwasniewska, "Between Freedom and Manipulation: The Situation of Actors in Factory 2," *Polish Theatre Journal*, No. 1:7 (2019), http://www.polishtheatrejournal.com/index.php/ptj/article/view/195/945.

三部曲：美国演员玛丽莲·梦露、法国犹太裔哲学家西蒙娜·韦伊（Simone Weil）和亚美尼亚思想家古鲁·乔治·古尔捷耶夫（Guru George Gurdjieff）。第一部曲，《假面·玛丽莲》（*Persona. Triptych/Marilyn*，2009年），展示了一场关于玛丽莲的梦。她从影视布景中逃出并躲在一个废弃的摄影棚里，和众访客展开了一系列的对话。这些访客包括她的表演老师宝拉·斯特拉斯伯格（Paula Strasberg）、摄影师戴因斯·安德鲁（Andrew de Dines）以及心理治疗师拉尔夫·格林森（Ralph Greenson）。主演桑德拉·科热尼亚克（Sandra Korzeniak）[1]将自己与角色之间构建了很强的联系，她的表演十分动人。雅各布·帕普奇斯（Jakub Papuczys）[2]直接评论道："桑德拉没有在扮演玛丽莲，而是成了玛丽莲。现在，观众有机会在这三个小时里欣赏这绝妙表演所达到的惊人效果。"[3]这充分说明了陆帕探索的结果，即意欲将角色化身为演员。玛丽莲不断遭受痛苦，她诉说着她的痛楚，同时将其用身体表现出来，就和《工厂2》一样。这对演出来说非常重要。还有一个很重要的点就是投影的使用。在演出的最后，就在最后一场戏之前，桑德拉赤身裸体的影像象征着玛丽莲的身体是某种献祭品。这段影像是半私密性的，演员知道摄影机是开着的，但她是为自己说话，而不是为角色代言。她诉说着扮演玛丽莲有多么艰难，面对着这样一个好莱坞巨星，她感觉自己有多不完美。

尽管《假面·玛丽莲》颇受批评家的赞誉，但《假面·西蒙娜的身体》（*Persona. Simone's Body*）却遭受了极大的冷遇。《假面·西蒙娜的身体》被认为是太拖沓、单调，甚至难以理解的一部戏。无论是否是因为这个打击，还是出于其他的原因，陆帕都对继续完成三部曲失去了兴趣。相反，他开始着手另

---

[1] 波兰戏剧、电影女演员，因在《假面·玛丽莲》中扮演女主角而斩获三个奖项，其中包括费力克斯华沙（Feliks Warszawski）相关奖项，即华沙剧院奖中含金量最高的一个奖。——译者注

[2] 雅盖隆大学表演系博士生。——译者注

[3] Jakub Papuczys, *Walka z persona*, e-teatr.pl, 1 May 2009, http: //www.e-teatr.pl/pl/artykuly/72039, druk. html.

外两部同名的、相似的作品：维迪洛桑剧院①的《等候室》（*The Waiting Room*）以及弗罗茨瓦夫波兰剧院的《等候室.0》（*Waiting Room.0*）。在瑞士版本中，他让演员用拉尔斯·诺连（Lars Noren）②的小说文本《人类循环 3：1》（*The Human Circle* 3：1，1997 年）来做即兴表演。这部戏以地下道为背景，舞台布景很美，它的主人公是抗拒大众社交原则的人，由一些年轻的瘾君子们扮演。弗罗茨瓦夫版本的《等候室.0》则在一个老火车站演出，它几乎是按照文本逐字逐句地演出的。该演出舞台是由一个老火车站改建的。这部戏中，旅客因为火车故障停靠在一个荒废的站台上，他们不知道自己身处何地，也不知道要在原地等候多久。陆帕尝试思考一个偶然发生的特殊实验：当人们别无选择地被迫待在一个封闭空间里，且时长超出预期时，会发生什么。这两部戏都受到了几乎整个波兰评论界的批判：作品没有逻辑、难懂且结巴。

这些评论是那样熟悉，《睡眠之城》在 TR 华沙剧院首映的时候，他们也是如此说的。这两部作品，陆帕都重新邀请了《工厂 2》的戏剧构作伊加·甘恰尔奇克一起合作，他的主题也还是一个以梦为生的社群。然而，如约安娜·霍夫斯卡③所言：

> 那些被抛弃的人所住的孤岛位于现实的边沿，孤岛上的人并不是那些为我们揭露了更多真实的局外人，而是无可救药的自大狂，他们的想法和经历都是不透明的，也并不能被翻译成任何已知的或可吸收的语言。④

这种创作文本的方式和之前的作品很像。库宾的小说为演员们的即兴表演提供了灵感来源，陆帕随后将其写下来并编辑成剧本。剧本的结构复杂，且

---

① 位于瑞士，成立于 1964 年，该剧院近年特别关注瑞士年轻一代的艺术家。——译者注

② 瑞典剧作家、小说家、诗人。他的戏剧是现实主义的，经常围绕家庭和个人关系展开，要么是在贫困和社会底层的人之间，要么是在物质上舒适但情感上缺乏安全感的人之间。——译者注

③ 波兰戏剧编辑、演员，曾担任维德剧院文学顾问。——译者注

④ Joanna Wichowska, "Mistrz zaprasza do konfesjonału," *Didaskalia* No. 112(2012), p.54.

更多的是碎片化的即兴反应。这部戏持续了六个小时，导演并不畏惧停滞的时刻、现场精神萎靡或者剧中没有行动。然而，这部戏中有好几场戏充满创新的活力、野性的幽默以及自由的实验。比如其中一场，乌托邦梦想之城的居民看着观众，说他们觉得自己被监视着。"（这一幕）就像我们集体幻觉的一张快照。"一位观众这样说。演员并排站在舞台的边沿，其中一个演员拿着相机，为其他人拍照，舞台的大屏幕上随即出现演员和观众的照片。然后，演员拍照的动作再做一次，屏幕上出现的照片却是演员站在空荡荡的大厅里。

正如一开始提到的，《睡眠之城》并没有收到评论家的好评，相反，陆帕之后的作品《伐木》（*Woodcutters*）①却大受好评。在这部戏中，导演延续了歌剧《波希米亚人》②（*La bohème*）中的主题，嘲笑了自负的艺术家们。该戏的关键时刻是托马斯·伯恩哈德（由彼得·斯基巴扮演）的独白，它批判了艺术创作体制奴隶般地听命于国家权力机构。这是一个特殊的主题，尤其在当时波兰艺术的独立性已经受到了紧迫威胁的情况下。在这部戏首映的魔力之下，《伐木》取得了耀眼的成就且大受各方赞美。然而，难以忽视的是，在这部戏中，陆帕回到了他之前就达到的安全区里：在他最喜欢的作家的庇护之下，采用一种老练且安全的舞台演出风格，同时戏剧拥有连贯的叙事结构。评论家们终于松了一口气，他们所担心的（陆帕的）实验先锋时期结束了。

二、决不投降

在 2011 年，他（抗争的态度）在创作《睡眠之城》的时候或多或少就已初见端倪。波兰独立日③的时候，华沙大约有 20 000 人在街上独立游行，这是一场由右翼极端势力组织且带有很强民族性的示威游行。他们和警察发生了冲

---

① 根据托马斯·伯恩哈德的文本改编，于 2014 年在华沙波兰大剧院成功上演。

② 一部意大利歌剧，故事发生在 1830 年左右的巴黎，展现的是波希米亚人的生活方式，故事主要讲述了一个可怜的裁缝和她的艺术家朋友们的故事。——译者注

③ 波兰国庆日，于 11 月 11 日庆祝，以纪念波兰在 1918 年从德意志、奥匈帝国和俄罗斯帝国手中恢复波兰第二共和国主权。——译者注

突，在大街上大喊大叫，甚至还袭击记者。我开头所提到的（一群人在屋里）静听街上游行声的那一场戏（即《睡眠之城》开场），很可能是对这些事件的影射。陆帕这样的举动标志着他戏剧创作的另一转向，即捍卫艺术的独立性，这在《伐木》中得到了有力体现。在波兰，独立游行成了每年11月11日的常规事件。2015年，右翼法律与正义党① 赢得了波兰选举并组建了新政府。这一政党因与天主教结盟而闻名，他们鼓励抵制同性恋，并讨厌艺术和官方意志作对。

波兰民族情绪在公众及政治领域的增强，对陆帕产生了很大的影响。2015年11月，在创作 SPI->RA->LA 时，他写了一个很长的宣言，包括以下内容：

> 我害怕红白旗②，你能想象这意味着什么吗？是的，我被孤立了，如果我渴望逃离，我只能独自离开……我没有归属感，我不是波兰人，就像托马斯·伯恩哈德一样，在他生命的最后一程仍然为自己对奥地利的归属感所困，他还是需要不断逃离他所属的地方。③

陆帕开始在很多的采访中表达他对波兰政治局面的关注。

2016年，他开始为弗罗茨瓦夫波兰剧院改编弗朗茨·卡夫卡的《审判》（*The Trial*）。与此同时，国家文化部决定不再延续之前的合同，而是寻求长期的戏剧导演以及新人导演。剧院的选择权几乎被公务员垄断，他们拒绝接受由波兰戏剧委员会推荐的候选人，而选择一个完全没有能力也不可靠的候选人。这一举动引起了演员及观众持续了数月的空前剧烈大抗议，然而这些都被新政

---

① 法律与正义党是波兰的一个右翼民族保守党，创立于2001年，是目前波兰议会中最大的政党。该政党2015年在议会大选上获得了绝对多数的选票，且在2019年获得连任。该党反对自由民主、反对非异性恋（LGBT）、反对堕胎，被认为带有右翼民粹主义特点。陆帕作为LGBT人群，其权利直接受到波兰社会民众的否认。在每年国庆日时，右翼势力都会组织民众在街上进行拉横幅、喊口号、制造烟幕弹等游行行为，横幅内容常带有"纯粹波兰""反对LGBT"等字眼。——译者注

② 即波兰国旗。——译者注

③ Krystian Lupa, "Iznowu sie na coș strasznego zgodzimy," *Tygodnik Powszechny* No. 47(2015), http://www.e-teatr.pl/pl/artykuly/213037.html.

权所忽视①。陆帕为了抗议这一决策，立刻决定推迟《审判》的相关工作。这部戏最终在2017年被推上舞台，由弗罗茨瓦夫剧院的演员主演。然而，它在华沙的首演却是由许多个地方剧院联合制作的，甚至需要外国剧院的资金支持。即使在首演之前，这部作品也早已成为抗争艺术独立的一个标志。

图1 《卡普里岛——流亡者之岛》，克里斯蒂安·陆帕执导，华沙大众剧院，2019。
摄影：纳塔利娅·卡巴诺夫拍摄（Natalia Kabanow）

《审判》和陆帕最新的作品《卡普里岛》（*Capri—the Island of Fugitives*，又名《流亡者之岛》）有很多相似之处。《卡普里岛》是为华沙大众剧院

---

① 详情见：Monika Kwasniewska, "The Actor in the Deadlock of Contemporary Folwark Relations," *Polish Theatre Journal* No. 12:4 (2017), http://www.polishtheatrejournal.com/index.php/ptj/article/view/108/574。

该事件可看作是波兰法律与正义党管辖下政治加强对戏剧文化进行管控的事件，因为该事件的起因是2015年时，该剧院演出了改编自埃尔弗里德·耶利内克（Elfriede Jelinek）的《死亡与少女》，被指控为"色情内容"，这与波兰的亲天主教、极端保守主义相悖。2016年9月，莫拉夫斯基（Cezary Morawski）取代长期任职的克日什托夫·梅什科夫斯基（Krzysztof Mieszkowski），成为弗罗茨瓦夫波兰剧院的主管。莫拉夫斯基陈旧的艺术手法及保守的态度引起演员与观众的不满，导致了大规模的请愿。陆帕也因此取消了与该剧院的合作。——译者注

（Powszechny Theatre in Warsaw）①制作的。两部作品都很宏大，演出时间长，舞台审美精妙。《审判》被认为是"对波兰社会、人性问题感到疲惫不堪，对会有美好的明天不抱任何期待且无望"的作品。而《卡普里岛》以库尔齐奥·马拉帕尔泰（Curzio Malaparte）②的散文为基础，回顾了第二次世界大战时期的景象。这部戏对残酷的不同形式、大灾难的解剖以及法西斯意识形态的发散，进行了深入的研究。陆帕的戏从来不是政治戏剧，甚至在很多年里，他一度被认为是不关心政治的。导演最新的作品却对政治有了空前的参与热情，但仍然是通过当下波兰的政治局势解读出来的。也正因如此，陆帕的戏即使回归到了大众熟知的手法和传统上，却依旧保持鲜活和流行。

参考文献

[1] Burzyńska Anna, Róeǎ, *Mały słownik trudniejszych rekwizytów*, "Didaskalia" 2008, nr. 84.

[2] Dzieciuchowicz, Iga, Herbut, Anka, Gańczarczyk, Iga, Stojowska, Magda, *Wyobraznia, intuicja, potrzeba kreacjí*, "Didaskalia" 2008, nr. 84.

[3] Kluzowicz, Julia, *Faktoryjka*, "Didaskalia" 2008, nr. 84.

[4] Koscielniak, Marcin, Teatr śmierci Krystiana Lupy, "Didaskalia" 2008, No. 84.

[5] ——, *Regions of Negotiation. Factory 2, Persona. Marilyn, Persona. Simone's Body*, "Didaskalia" 2010, nr 96.

[6] Kwasniewska, Monika, *Between Freedom and Manipulation: The Situation of Actors in Factory 2*, "Polish Theatre Journal" 2019, nr. 1 (7).

[7] ——, *The Actor in the Deadlock of Contemporary Folwark Relations*, "Polish Theatre Journal" 2017, nr. 1–2 (4).

[8] Lupa, Krystian, *I znowu sie na cos̨ strasznego zgodzimý*, "Tygodnik

---

① 第二次世界大战后华沙第一个开放的剧院，为大众电影院改建，专注于古典和当代戏剧。——译者注

② 意大利作家、记者、外交官，第二次世界大战时是战地记者。——译者注

Powszechny"2015, nr. 47.

[9] Lupa, Krystian, Maciejewski, Łukasz, *The end of the world of values*, Łódz 2017.

[10] Łuksza, Agata, *Glamour, kobiecość, widowiskó*, Warszawa 2016.

[11] Niziołek, Grzegorz, *Sobowtór i utopia. Teatr Krystiana Lupy*, Kraków 1997.

[12] ———, *Kleski Krystiana Lupy*, "Didaskalia" 2003, nr. 57.

[13] ———, *Anty-Jung*, "Didaskalia" 2008, nr. 84.

[14] Sieradzki, Jacek, *Kłopoty z teatrem powaenym*, "Polityka" 1998, nr. 8.

[15] Wasztyl, Waldemar, *Krystian Lupa as a Student*, "Didaskalia" 2010, nr 100.

[16] Wichowska, Joanna, *Mistrz zaprasza do konfesjonału*, "Didaskalia" 2012, nr. 112.

[17] Żółkos, Monika, *Podróe do granic aktorstwa w teatrze Krystiana Lupa*, "PrzestrzenieTeorii" 2007, nr. 7.

扬·米库拉谢克的幽暗视觉

[捷克]卡米拉·切尔纳* 著

王星月 译

8位男女演员在舞台上演出了一场如此变幻莫测的"状况":他们的身体在无休止的重复性运动中轰然倒地,接着又直立起来,再倒下。过了一会儿,一位演员表演着自己的动作,但又立即加入其他演员的行列,以这种狂野的节奏一遍又一遍地跌倒在地。这是戏剧《欧洲》(*Europeana*)中的一个场景,该戏是捷克戏剧导演扬·米库拉谢克(Jan Mikulášek)之作,也是他广受赞誉的作品之一。

该戏以帕特里克·乌日德尼克(Patrik Ouředník)的小说为创作基础,一系列看似客观的历史事件组成其戏剧结构,尽管这些历史事件在第一眼看上去彼此毫无关联。百科全书式的统计数据有时看起来显得滑稽好笑,但历史悲剧在该戏中占主导地位。渐渐地,20世纪的欧洲历史形象被创造出来,荒诞不经和变化无常充斥其间。米库拉谢克用更加生动而疯狂的节奏、更快的戏剧速度这样一种舞台改编展现了这个不断变化的世界。同时,戏的情感更加急切,

---

* [捷克]卡米拉·切尔纳(Kamila Černá),戏剧记者、编辑、文化经理。毕业于布拉格查尔斯大学戏剧与电影研究学院(The Theatre and Film Studies Department at Charles University in Prague)。自1993年起,担任艺术与戏剧研究所出版部门(The Arts and Theatre Institute's Publishing Department)的编辑,自2001年起一直担任该部门的负责人,负责管理当代戏剧和世界戏剧丛书的出版工作,并担任《捷克戏剧》(*Czech Theatre*)杂志主编。在其学术研究和新闻工作中,她主要关注当代捷克戏剧和当代欧洲戏剧。她在捷克共和国及国外的戏剧杂志[《世界与戏剧》(*World and Theatre*)、《戏剧新闻》(*Theatre News*)、《木偶人》(*Puppeteer*)、《人民报》(*Lidové noviny*)、《剧场》(*Teatrul*)、《波兰戏剧》(*Teatr Polskiet*)等]上发表多篇文章。她参与了诸多出版项目,也是捷克剧院(Czech Theatre and Drama)针对德国文化背景而设的"维谢格拉德戏剧"(Visegrad Drama)资助项目的负责人。她作为戏剧顾问筹备了两场捷克戏剧展演,同时也是皮尔森戏剧节节目委员会成员。她也曾担任该戏剧节的总顾问(2007—2014)。

其内容不仅涉及战争带来的恐惧，还有性革命、破除的禁忌、新的可能性、新的限制和新的忧虑……幽默、反讽、困惑和精确的事实相结合，它们共同唤起了一个关于欧洲的奇异宣言：在 20 世纪引人入胜的戏剧评论中，平庸无为和历史的里程碑在历史发展中持有相同的空间，毁灭性的战争和政治的冲突与女士胸罩或穿孔厕纸的发明同样重要。个人形象在性感表达中达到最高点，他们是暗示性的隐喻，这种隐喻来自战争带来的疯狂情绪，也来自人类无法从自己的历史中吸取教训这一事实。

《欧洲》对于米库拉谢克及其编剧多拉·维采尼科娃（Dora Viceníková）来说，都是一个重要的转折点。尽管奥热德尼克在小说中有意为之，来自著者的不偏不倚和超然冷静依旧成了情感的催化剂，这种情绪无疑与米库拉谢克和维采尼科娃在之前作品中的场景杂糅实验相近。《欧洲》（2011 年捷克最佳戏剧作品）的成功演出，使他们的艺术表现手法更具说服力，该作品是米库拉谢克导演的独到风格之开端——混合了欧洲主义、捷克身份、儿童时代，爱与死亡的多种主题的场景。

在米库拉谢克导演《欧洲》时，这位 33 岁的导演已经享有建构捷克戏剧之杰出青年俊才之一的美誉。米库拉谢克没有在布尔诺（Brno）的雅纳切克音乐与表演艺术学院（JAMU）完成戏剧导演专业的学业。他离开学院后，就在布尔诺的一家小剧院——北极熊剧院（Polárka）做艺术总监。当他在俄斯特拉发（Ostrava）的彼得·贝斯鲁奇剧院（Petr Bezruč Theatre）（自 2005 年起）工作时，剧评家们就已经注意到他了。他对经典的文学和戏剧作品［如《三姐妹》（*Three Sisters*）、《叶甫盖尼·奥涅金》、《野鸭》（*Wild Duck*）等］做出的激进改编吸引了剧评家的注意力。《叶甫盖尼·奥涅金》（2008 年）更是受到了年轻观众的热烈追捧。戏剧演出的怪诞时刻制造出不同寻常的紧张氛围、模棱两可的暧昧情绪和强烈的情感共鸣，削弱了文本表达，使戏剧充满了不合时宜的姿势和言不由衷的动作——所有这一切，连同舞台布景设计和服装搭配①，对捷克戏剧来讲都是新鲜的。在之后的作品中，米库拉谢克对隐喻的

---

① 由马雷克·茨平（Marek Cpin）设计，米库拉谢克几乎全部的戏剧作品都与克平合作完成。

想象性表达、舞台的夸张化手段和布景的设计，都令人啧啧惊叹。在《野鸭》（2009 年）中，舞台设计师马雷克·茨平在狭小的舞台上放置了一个巨大的鸭子模型，这只鸭子压制着所有角色，阻止他们的发展与进步。米库拉谢克的《三姐妹》（2006 年），用其独特的表演风格和视觉表达，强调了该戏的风格化样貌和怪诞时刻。不同于契诃夫戏剧典型的缓慢的时间流淌，该戏充斥着歇斯底里和痉挛抽搐，每个人都渴望从这个被夸张放大和索然无味的内心世界中逃离，不论是逃往莫斯科还是去其他地方。

《海达·高布乐》（*Hedda Gabler*，俄斯特拉发的摩拉维亚-西里西亚剧院[①]，2008 年）是一出关于人类讯息沟通不畅和对完美满怀徒劳渴望的幽暗视觉戏剧。该戏场景布置引人入胜，艺术风格颇为新颖，包括剧中演员奇特的发型设计、海达的三个自我和雕塑般的姿势（都是米库拉谢克与茨平合作的结果）。

2007 年，米库拉谢克离开了彼得·贝斯鲁奇剧院并卸任艺术总监一职，虽然他继续在这里担任客座导演，但同时开始了与其他剧院的合作。他导演了《摩登时代聚光灯下的查理》（*Charlie in the Limelight of Modern Times*），这是一部关于查理·卓别林电影的戏剧，该戏在兹林城市剧院（The City Theatre in Zlín，2008 年）演出。他导演的《俄狄浦斯》在俄斯特拉发国家摩拉维亚-西里西亚剧院（2009 年）进行了演出，《哈姆雷特》则在布尔诺绳上鹅剧院（Goose on a String Theatre）（2009 年）演出。

2010 年，米库拉谢克导演了他在布拉格的第一部戏：在德劳哈剧院（Dlouhá Theatre）演出的《麦克白》。他强调了引导麦克白悲剧结局的突破性时刻和重要决定，并让这些场景令人难忘：演员手中握有数个响亮的闹钟、突然中断的舞台表演、演员做出偏离角色的古怪动作。权力的争夺和王权的斗争发生在一场永无休止的派对中，而皇家随从们都在喝茶。米库拉谢克的麦克白［扬·冯德拉切克（Jan Vondráček）饰］呈现为一个被主宰的角色。一开始，他被有利的命运所驱使，后来又被自己的个人习惯所主导。当他无法承受现实带给他的重压时，他个人的不确定性在庄严的表情和怪诞的鬼脸中起伏不

---

① Moravian-Silesian Theatre.

定。那个冷酷、理性的麦克白夫人［克拉拉·塞德拉奇科娃-奥尔托娃（Klára Sedláčková-Oltová）饰］有时惊讶于自己戏仿的语气，她的这种语气使其台词力量减弱了。剧中角色有意为之的风格化的、不完整的表演手段，使观众感觉到了戏剧的不确定性，这种不确定性随后被强化的、诗意的、古怪的时刻和音乐的选择所增强了。在麦克白故事的框架中，"麦克白之剧"将麦克白的戏剧主题与公开承认的戏剧性混合在一起，同时发生着。多亏了这种方法，麦克白可以在演出场景中让凶手去谋杀麦克达夫的妻子和孩子们，而麦克白可以反复反转情节。出于对自己指令的恐惧，麦克白将孩子藏在钢琴内，并且阻止凶手进入房间，而这些动作驱使他去观看那些不可避免的、可怖的行为。这些行为随后发生了，他既是行动的"导演"，也是"观众"。

文本与角色行动的动态对比在《麦克白》中戏份很重。每种风格化声音和动作都会谨慎地辅以最微小的细节。尽管剧团对莎士比亚的文本（正如之前普希金或易卜生的文本）进行了彻底改变，但米库拉谢克从不违背其原意。

2010年对米库拉谢克来说是一个转折点。他开启了与布尔诺国家剧院场馆之一——雷杜塔（Reduta）剧院的合作。艺术总监彼得·斯泰德龙（Petr Štědron）和剧作家多拉·维采尼科娃致力于将雷杜塔打造成一个发展的舞台，他们将演出剧目集中在原本非戏剧文本的戏剧化与改编的方面。米库拉谢克导演了《元素微粒》(*Elemental Particles*)，这出戏改编自法国作者米歇尔·维勒贝克（Michel Houellebecq）的著名小说。他与维采尼科娃合作将小说进行戏剧化改编，从而减缓了小说中的愤世嫉俗、讽刺和古怪情绪，而将重点放在无助和孤单的主题表达上。在当今支离破碎的世界中，剧中人无法分享真实的情感状况和人际关系，他们的心灵也无法联结。该作品强调了社会仪式的空洞形象，例如，超市里不断重复的广告标识，参加葬礼的客人的行为，甚至爱和精神疗法都变成了一种仪式。在该戏的舞台布景中，桌子随着演员精心编排的舞蹈动作和背景音乐的变化，以一定的节奏进行着有序移动。

米库拉谢克在雷杜塔剧院的第二部戏《书信往来 V+W》(*Correspondence V+W*, 2010年）在观众和批评家之间广受好评，该戏至今仍在演出且场场座无虚席。剧名中"V+W"是捷克最著名的艺术家组合——伊日·沃斯科韦茨（Jiří Voskovec）和扬·韦里希（Jan Werich）名字的缩写。此二人是两次世界大战期间广受欢迎的戏剧家、演员、歌手,他们的喜剧演出数量惊人,且创作的歌曲在当今的捷克共和国依然备受喜爱。1948年发生政变之后,沃斯科韦茨移民到了美国,韦里希留在捷克斯洛伐克,铁幕将二人阻隔。从他们随后的通信中,可见两人分离后的悲伤和不同的个人生活故事,还有阻隔他们共同演出的历史环境。挑选的书信(剧本由米库拉谢克和维采尼科娃共同创作)展现出沃斯科韦茨和韦里希既是两个年迈的老人,也是两个悲伤的小丑,他们为了保持自己的智慧和讽刺的幽默,都做出了巨大的努力。他们在面对生活伴侣、子女、疾病和老年时困难重重。沃斯科韦茨靠演出二流电影生存,而韦里希被迫与捷克斯洛伐克当局做了毫无尊严的妥协。

该剧只有三个演员,瓦茨拉夫·瓦沙克(Václav Vašák)饰演沃斯科韦茨,伊日·维奥莱克(Jiří Vyorálek)饰演韦里希,两人脸上覆有黑白二色的符号性妆容,代表了"V+W"。加布里埃拉·米库尔科娃(Gabriela Mikulková)饰演韦里希夫人。该剧的文本仅由他们信件的摘录组成,事实上,演员以一种毫无感情的方式进行朗读,同时伴以风格化表演——一种悲伤的小丑式演出,他们有时还会对信中的文字辅以表现式的、怪诞的戏剧性评论。斯瓦托普卢克·斯拉德切克(Svatopluk Sládeček)设计的舞台布景为风格化的表演动作制造出演出空间:两个发光的立方体连在一起——较大的一个位于舞台前端,较小的一个在后方,它们组成了一个升高的舞台。这是一种"解放的空间"(沃斯科韦茨和韦里希最初的戏剧就被称为解放的戏剧),重力定律已不具效力——椅子、桌子、灯泡都摆在地板上、墙上,甚至天花板上。演员遵守着90°旋转世界的演出规则,他们有时从附在墙壁的桌子上取餐,或躺在舞台上吃饭;而他们在其他场景中又回到了这个纵向的世界。这样的舞台布景是为强调沃斯科韦茨和韦里希最终所处的不同维度和两人所持的不同观点。沃斯科韦茨和韦里希在今天被富有感情地誉为"智慧的国家小丑",这也是米库拉谢克戏剧作品所要表达的。尽管剧中充满了超然的冷静、神化的解读和有意为之的怪诞,《书信往来V+W》依旧保持着极强的戏剧性,剧末结尾处对两位特殊人物的性格阐释和对生命的解读,也令人为之动容。

米库拉谢克在雷杜塔剧院的第三部作品是《资产阶级的谨慎魅力:向布努埃尔和卡里尔致敬》(*The Discreet Charm of the Bourgeoisie: Hommage à Buñuel et Carriere*，2012年）。他用相似的手段对舞台布景进行了杂糅和结合，并从布努埃尔的作品中发展和变化出多个主题。知名电影的核心隐喻——剧中的晚宴象征着存在处境的尴尬——也是作品的基础。原则上看，米库拉谢克乐于剖析生活的极端境况，以及剧中人的出生情境和时常荒诞的结局。本剧是一部风格化的独特的戏剧作品，剧末以戏剧性音乐混合超现实意象，对个人境况进行了展现。餐厅里摆放着巨大的桌子和空空的相框，在这里，时间停滞不前。这出戏就在这样的舞台上进行演出。最开始，优雅仪态之下暴露出幽默的荒诞和下流的恶作剧，渐渐地，一切都升级为了大屠杀。这部作品展现出一个怪诞的、无望的人类寓言。

米库拉谢克在布尔诺的雷杜塔剧院的最后一部作品是《辉煌的六十年代》（*The Golden Sixties*，2013年）。该戏至今仍在演出，该书以帕维尔·尤拉切克（Pavel Juráček）的日记为蓝本，尤拉切克是电影导演、荧幕编剧，是20世纪60年代捷克电影界的重要人物。弗拉迪米尔·米库尔卡（Vladimír Mikulka）在《世界与戏剧杂志》（*World and Theatre Magazine*）中写下了这样的评论："这部作品最重要的地方在于可以从中看到米库拉谢克及其团队的进步与发展。相较于之前的《书信往来V+W》，《辉煌的六十年代》这部作品在视觉设计和戏剧性的设计上更加精巧复杂。剧中的一切都以逻辑的形式连贯在一起，并共同创造出一个连续的整体。该戏说明性内容较少，剧中的隐喻尽管没有体现在台词中，但对戏剧内容进行了补充和衬托。"[①]《辉煌的六十年代》荣获2013年最佳戏剧作品奖。

在2007年至2013年间，布鲁诺的雷杜达剧院成为捷克共和国最受尊崇的剧院之一（很大程度上来说要感谢米库拉谢克的作品）。因此，雷杜达剧院团队成员（斯泰德龙、维采尼科娃、米库拉谢克）的作品《资产阶级的谨慎魅力：向布努埃尔和卡里尔致敬》在受邀参加萨尔茨堡音乐节时，其名声也达到了顶点。他们随后中标布拉格栏杆剧院（Theatre on the Balustrade），并在此剧院成为带头人。

---

① Vladimír Mikulka, "Naplivat době do ksichtu," In: *NaDivadlo* (https://nadivadlo.blogspot.com/2013/04/mikulka-zlata-sedesata-reduta.html).

栏杆剧院建于 1958 年。在其历史发展中，该剧院与诸多捷克现代戏剧引领人——瓦茨拉夫·哈韦尔（Václav Havel）、伊万·维斯科奇尔（Ivan Vyskočil）、伊日·苏希（Jiří Suchý）、扬·格罗斯曼（Jan Grossman）、奥托马尔·克赖恰（Otomar Krejča）、埃瓦尔德·朔尔姆（Evald Schorm）、彼得·莱布尔（Petr Lébl）等都有合作。它被誉为布拉格最负盛名的剧院之一。扬·米库拉谢克、彼得·什捷德龙（制作经理）和多拉·维采尼科娃（艺术总监），不仅把他们最成功的作品从雷杜塔带到了布拉格，也带来了完全基于他们自己原创剧本和戏剧手法的新的艺术节目和戏剧构作。

《捷克的七十年代或胡萨克的沉默》（Czech Seventies or Husák's Silence）是新建艺术团队的首部作品，尽管该作品并未获得评论界的全然认同。它包括了两个有意为之的混合部分。该戏第一部分发生在装有软垫门的候诊室里，门的背后是当权者，他们让那些等候的人永远无法抵达自己的驻身之处。等候者们彼此插队、打架；他们由最初的唯命是从变为了消极被动，又变得极具攻击性；情色关系也开始形成。后来，舞台上的每个人都开始吃面包卷，他们刷牙、梳理头发——面包卷象征着 20 世纪 70 年代那种廉价且容易获取的"食物"。演员在表演这些动作时毫不出声，这一切就像是闹剧的噱头。这一部分的最后时刻，门打开了，一只咆哮的狮子（捷克的国家象征）和另一堵墙出现了。等候的人群将狮子屠杀，又用绞肉机把它磨碎。尽管这一场景的设计与建构十分出色，但该场景对 1970 年捷克斯洛伐克的描绘与写照也似乎仅仅是时代最具鲜明特点的主题练习曲。《捷克的七十年代或胡萨克的沉默》并未展现出米库拉谢克在表现以往相似主题的戏剧，如《哥特兰》（Gottland）[①]中那种轻松和微妙的感觉。该戏的第二部分引起了强烈批评。戏剧的主人公是奥尔加·黑普纳罗娃（Olga Hepnarová），她在 20 世纪 70 年代开车横冲直撞，闯

[①] 《哥特兰》是波兰记者马里乌什·什奇盖乌（Mariusz Szczygiel）所作的小说。该小说被米库拉谢克搬到了戏剧的舞台上，并于 2011 年在俄斯特拉发的国家摩拉维亚-西里西亚剧院演出。什奇盖乌从外国人的视角创造出一种捷克式的幽默、民族性格、勇气、胆怯和嫉妒的马赛克般的样貌。米库拉谢克以捷克人的视角增加了小说的戏剧性，并上演了一批统一公民，他们身着棕色的丑陋的涤纶套装。该戏展现出这样一种"棕色地带"，一群顺从的民众，他们服从于所有命令，有着集体的内疚、集体的清白、集体良知……

入等待有轨电车的人群中并撞死了 8 个人。她被判处死刑。该戏将黑普纳罗娃演绎为标准化的抗议者，或其牺牲品，她的演绎使历史的结局看起来很不自然——这个患有精神疾病的女性在任何时代都可能犯下谋杀罪。尽管玛格达莱娜·西多诺娃（Magdaléna Sidonová）将谋杀犯演绎得十分出色，但并未凸显出个人命运与时代的关联，就像之前大获成功的《书信往来 V+W》或《辉煌的六十年代》所体现的关联那样。

米库拉谢克的下一部作品（2014 年）是对阿尔贝·加缪《异乡人》（*Stranger*）进行改编的戏剧演出。米库拉谢克和维采尼科娃将第一人称叙述改变为由五位演员演出的独白，他们轮流饰演默尔索（Mersault）。投影和一组组照片在几近空荡的舞台白墙上变换布景。米库拉谢克通过表现默尔索对风景图像、戏剧隐喻或五个演员的忙碌行为所展现出的兴趣索然，展现其冷漠与超然。

米库拉谢克在栏杆剧院的首部真正成功之作是《享乐主义者》（The Hedonists，2014 年）。该剧开场即宣布"死亡就是我的主题"。一群人在奇怪的酒店大厅相聚，这里是生存与死亡的交界地。人们会在酒店前厅消失得无影无踪且永远被遗忘了。角色与其复制品之间有着奇怪的联结，蹩脚的玩笑与沉重的话题一起讨论，角色同时还在讨论晚餐吃什么。该戏的剧本同样由米库拉谢克和维采尼科娃一起创作完成，他们从托马斯·伯恩哈德、维捷斯拉夫·奈兹瓦尔（Vítězslav Nezval）、里尔克（Rilke）等人的作品中寻找素材和灵感。该戏也由演员集体即兴创作而成。虽是集体创作，它的最终样貌依旧是连贯完整的。如评论家玛丽·雷斯洛娃（Marie Reslová）所评："观众可以轻松地看到米库拉谢克作品中的死亡主题。他们在戏中经历了审美的快感。这不仅要感谢精巧的服装设计，也要感谢细腻的舞台演出和令人惊叹的戏剧发展。插科打诨与混合着平庸与怪诞的高级艺术在剧中相互交错。血液从女孩的唇间流出——它在被针刺后喷出——这是女孩对（别人）借用口红所作的回应……在卫生间用医院模压后的绿色瓷砖实施离奇的谋杀或自杀。"① 马雷克·茨平设计的完美无瑕的红色布景，使剧院原本狭小的舞台展现出更深、更宽广的演出空间。克

---

① Marie Reslová, "Když na onen svět, tak stylově", *Hospodářské noviny*, November 4, 2014, p.17.

平用钢琴和巨大的扶手椅塞满房间,观众从舞台一楼的建筑结构上可以看到带着浴室和卫生间的走廊。克平还用一堵玻璃墙让演出空间看起来更大,数面镜子和带灯的天花板使舞台明亮得像白昼。克平也因此获得了最佳舞台设计奖。

2015年,米库拉谢克导演了两部戏《日瓦戈医生》(*Doctor Zhivago*,5月)和《哈姆雷特》(11月)。他在创作前者时,不仅借鉴了帕斯特纳克(Pasternak)的著名小说,也借鉴了美国同名改编电影。与电影相类似,尽管该剧戏剧情节平淡无奇,但对故事中的恋爱关系(这点与电影不同)进行了集中展现。主人公的形象被扁平化和变形,小说中的主角变得以自我为中心,同时也变成了堕落又软弱的人。导演用嘲弄的手段将爱的纠葛变成了奇异又客观的游戏。马雷克·茨平的舞台布景包括了数面旋转的镜子,这些镜子从不同的角度反射出了演员和观众,观众有时甚至可以看到后台和剧院提词器。这部作品令观众不再相信情感的深度和过往故事的宿命感,并且以显示当前时间为主:人际关系的解体、我们所玩乐的奇怪游戏、为个人利益而压碎的真挚感情、当今所嘲笑的抒情性灵魂和毫无成功机会的境遇。小说中的爱情故事只是戏剧表层的借口,这一借口用于表达整体的戏剧性幻灭。与原著相比,这样的戏剧演绎方式是相当值得怀疑的。

《哈姆雷特》是继《欧洲》《资产阶级的谨慎魅力:向布努埃尔和卡里尔致敬》《享乐主义者》系列之后制作的第四部——这四部作品表现出米库拉谢克相同的导演手法。这是一部将主题场景杂糅的作品,这里我要谈谈这部戏的表演。六名男演员和一名女演员全部身着哈姆雷特的服装,他们在更衣室打斗,要抢着上台。这个有意简化的舞台意象之后紧接着其他讽刺性场景,这些场景不仅探索了演艺界的种种过失,也处理着演员的失败和不确定性的归宿。演艺界中反复讲述的故事与精彩的场景交织在一起。一方面,"我并不相信"是一种不断重复且充满恐惧的说法,这种说法透露出真正的恐惧以及对表演可信度的拒绝;而另一方面,一个演员简直要剖出他对表演的热心展示给观众看。剧中既有一名衰老的歌剧女演员,也有一个憨傻无邪的少女(亚娜·普罗德科娃[①]一人分饰二角);既有表演的陈腔滥调,也有明星的亮眼时刻,还有演艺界

---

① Jana Plodková.

的尴尬境况与微不足道……该作品清楚地展现出米库拉谢克的导演手段——该手段由即兴创作的排练生发而成,包括用音乐和电影的引述、参考和相互联系对表演进行互补,并由此进行文本提炼。所有这些都由演员和作为主力的导演共同完成。该导表演方法由米库拉谢克和维采尼科娃共同开创发展,此法不仅推动了捷克戏剧的发展,也引起了国际舞台的关注。

米库拉谢克和维采尼科娃将此法用于随后的两部戏中。《迷情记》(*Obsession*,2016年)对爱进行了诸多形式的展现。该戏展现的是一所房子里的居民所发生的微不足道的故事,他们发生着激烈的冲突,又富含悲剧情绪地想念对方,这些动作都以无声的形式上演。米库拉谢克将暗含的背景故事压缩成仅几分钟的片段,并以此补充舞台事件。他对演出中的肢体噱头和演员表演进行了精彩整合,克平设计的两层舞台布景为此增添了节奏感,并实现了场景的平行演出。

米库拉谢克随后的作品《安徒生》(*Andersen*,2017年)主要展现了孩子的童年故事及其噩梦,以及他们对黑暗床底产生的害怕情绪和对汉斯·克里斯蒂安·安徒生童话故事或对父母高声争吵而产生的恐惧时刻。安徒生的日记摘录点缀在表演者的真实回忆之间,日记显露出他的焦虑和不安。剧中对童年常见的媚俗而感伤的看法与安徒生童话中危险的场景和黑暗、压抑的主题中和平衡了。尽管该戏在总体上反响积极,但人们开始质疑这种反复使用的戏剧表达手段是否可以为戏剧创新带来新的发展,或米库拉谢克戏剧的独创性是否会因后续的重复而黯然失色。

米库拉谢克随之用回归经典的方式——重绎姆尔什蒂克兄弟(The Brothers Mrštík)的《玛丽莎》(*Maryša*),对这一批评进行了回应(也许是潜意识的)。

《玛丽莎》(1894年)是一部久负盛名且常现于舞台的捷克戏剧。该戏的女主角是一个乡下姑娘,她为金钱而结婚,最后杀死了自己毫无感情又年迈的丈夫。米库拉谢克在布拉格国家剧院导演了这出戏(2017年)。他压缩了对戏剧发生地摩拉维亚乡村民间传说的描述,减少了角色数量。通过展现风格化的动作、进行富有表现力的演出、强调单个场景的视觉效果的方法,米库拉谢克用上述新的戏剧形式对这一声名狼藉的故事进行呈现,并对以个人自由为基础的人际关系进行了分析。如玛丽·雷斯洛娃在《戏剧报》(Theatre Newspaper)中所评,"我们都或多或少地知晓这出戏的文本,所以我们可以享受其中的细微差别及该戏的思想。我们也可以被演员的创造力所吸引。有时我们甚至自相矛盾地认为,我们是通过演员的物理表现力或他们声音的旋律和发音,而非他们的台词,来体验这出小说复制品的强烈含义的。"[1]

米库拉谢克以著名文本为基础导演了其最新的两部戏,并在栏杆剧院进行演出。第一部戏以托马斯·伯恩哈德的小说《伐木》(Woodcutters)为蓝本(2018年)。米库拉谢克与舞台设计师马雷克·克平为了增强剧中势力虚伪的沙龙晚宴中那种令人窒息的氛围,他们将客人置于相当局狭的空间内,并将这一空间塞满家具,还将画框钉在贴满恐怖绿色壁纸的墙壁上。米库拉谢克用戏剧手段将伯恩哈德的小说变得怪诞,剧中展现了幽默的超然及对捷克本地艺术家世界的微妙性参考,这些内容为该戏赋予了惊奇的生命力。轻幽默与个人境况所达到的荒诞性高潮的结合与萧伯纳小说的愤怒语气交织得天衣无缝。米库拉谢克和克平设法为戏剧的部分主题保持了幽暗的存在主义的维度——对艺术与死亡的切近,对艺术存在的真实性与虚假性的表达——与此同时,他们用讽刺的方式破坏了对伪哲学的沉思和对艺术所进行的势力的谈论。马雷克·克平借助这部戏又一次荣获最佳舞台设计奖(2018年)。

米库拉谢克在栏杆剧院导演的最新一部戏是《假面》(Personas,2018)。这是基于英格玛·伯格曼(Ingmar Bergman)的四个影视剧本[《婚姻生活》(Scenes from a Marriage)、《秋光奏鸣曲》(Autumn Sonata)、《假面》(Personas)、《豺狼时刻》(Hour of the Wolf)]的场景杂糅。米库拉谢克将四部电影的复制品混合,在非特定平面上创造出一种浓缩的戏剧。《假面》可以体现出他的导演价值——该戏对极端情景予以关注;戏剧将表现性的风格化表演和事实上的极简主义进行了有意为之的对比;情绪化场景立即被削弱、质疑并受到嘲笑(音乐表达出反讽的效果)。和一贯的手法类似,米库拉谢克与其舞台设计师进行了亲密的合作,其舞台设计师的设计理念影响了一整部作品。他们在《假面》中将米色用于简洁的斯堪的纳维亚式的舞台设计,以唤起观众

---

[1] Marie Reslová, "Maryša umazaná od mouky," *Divadelní noviny*, No. 21 (2017), p.4.

对于沙滩的想象,同时,该戏的舞台服装、化妆都颇为大胆。

米库拉谢克在其最新一部作品中回归至以文本为起点的演出方式,他在这部作品中不断地发问、调整,又为戏剧注入新的意义。最重要的是,他总会把文本的重要内涵成功地传递在舞台演出中:主人公内心的挣扎(《玛丽莎》和《假面》)或戏剧的情绪和信息的传递(《伐木》)。

在捷克戏剧的发展背景下,米库拉谢克是其中杰出的一员。他可以找到自己的个人风格,并不断变化。他导演的作品中舞台的幽暗视觉,不仅回应了当今社会的存在主义的焦虑,也展现出了反讽、超然与幽默——这些元素不仅使其戏剧对于捷克共和国的观众十分重要,也在萨拉热窝、萨尔茨堡、柏林、巴黎、布鲁塞尔、纽约和波哥大等世界各地都产生了深远的影响。

图1 《辉煌的六十年代》,帕维尔·尤拉切克、扬·米库拉谢克、多拉·维采尼科娃,导演:扬·米库拉谢克,栏杆剧院,2013年。
摄影:维克多·克龙鲍尔(Viktor Kronbauer)

参考文献

[1] Vladimir Mikulka, "Naplivat době do ksichtu." In: *NaDivadlo* (https://nadivadlo.blogspot.com/2013/04/mikulka-zlata-sedesata-reduta.html).

[2] Marie Reslová, "Když na onen svět, tak stylově," *Hospodářské noviny*, 4. 11. 2014.

[3] Marie Reslová, "Maryša umazaná od mouky," *Divadelní noviny*, 21/2017.

亚历山大·莫尔夫：变革的导演及其集体戏剧

［保加利亚］卡莉娜·斯蒂芬诺娃　著

梁婧　译

亚历山大·莫尔夫的作品常常成为传奇。在保加利亚，这些作品通常在国家剧院上演数十年，人们乐此不疲，蜂拥前往观看，尽管不是音乐剧，人们也会哼唱其中的旋律，欢度周年庆典。2017年在北马其顿，莫尔夫因其"在剧场取得的杰出美学成就"而获得荣誉奖。2018年在俄罗斯，正值《暴风雨》上演第二十年，圣彼得堡的科米萨泽夫斯卡娅学术剧院（The Komissarzhevskaya Academic Drama Theatre）为之举办了"一部传奇的周年庆典"。当其首次公演时，这部作品就为他赢得了俄罗斯最负盛名的戏剧奖——金面具奖的提名，后来他凭另一部作品《日食》（Éclipse）获得了该奖项。《日食》改编自肯·克西（Ken Kesey）的小说《飞越疯人院》（One Flew Over the Cuckoo's Nest），2007年于莫斯科列宁共青团剧院（Lenkom Theatre）公演。此外，他还获得四次金面具奖提名，以及俄罗斯的其他许多重要奖项，这些确保了他在高标准的俄罗斯戏剧文化中享有独特的地位，能与之齐名的外国导演，只有德克兰·唐纳伦（Declan Donnellan）。他的作品在欧洲各地巡演，去过罗马尼亚、以色列和拉脱维亚，也到过中国，广受评论界好评，在其家乡保加利亚更是包揽众多奖项。

鉴于莫尔夫的戏剧风格不是概念性的，没有颠覆经典（尽管也没有恪守经典），他的作品很少令人震惊，其语言甚至谈不上略带挑衅，总体来说，并不异乎寻常，却常会受到评论家的推崇，也会受到当今欧洲大多数戏剧节的青睐。那么，他何以获得如此声誉？

答案也许在于他的独特性，同样也在于他的作品超越了被反复讨论的政治正确主题，没有采取不同寻常的方式进行转瞬即逝的实验，也没有利用铺天盖地的多媒体埋葬戏剧。重要的是，这些作品的焦点从未局限于生活的碎片，而是以更大范围、更广视野延展生活。作品进入生活的双重性，乌托邦和实用主义比肩而立，堂·吉诃德（Don Quixote）和桑丘·潘沙（Sancho Panza）同时存在，唐璜（Don Juan）和斯加纳列尔（Sganarelle）亦是如此，即"为理想而死的人和因饥饿而死的人"。① 因为"最终，我们都两者兼有，至少我是这样"，莫尔夫这样说道。② 他的剧场气派又宏大，同时兼具尼基塔·米哈尔科夫（Nikita Michalkov）电影的幽默感。在其最好的状态下，不免让人联想到加夫列尔·加西亚·马尔克斯（Gabriel Garcia Marquez）散文中汪洋恣肆的能量和想象，仿佛目睹全人类的生命进程。与此同时，它又充满了对每个人、每一个体真切的爱。在快时代，我们常常会为错过而难过，那么谁又能抗拒在剧场短短几个小时就能体验如此丰富的经历呢？

莫尔夫是个具有革命倾向、追求超越生命的波希米亚人，他一直在领导各种抗议活动，批评每一任政府，在保加利亚这个欧盟中最贫困、退化最迅速的国家，他发出变革的呼声。然而在剧场中，他设法做出的质变并没有对场所、空间、结构和文本形态进行根本变革，而仅仅是从内部不断扩张领域。他没有颠覆传统，或对传统嗤之以鼻，而是怀着敬畏之心提升了传统。

莫尔夫毕业于一所数学高中，又在一所技术大学学习了两年。之后他在一家省级剧院短暂地担任过舞台置景工和灯光师。1984年，他就读于位于索菲亚的保加利亚索菲亚戏剧影视艺术学院（The National Academy for Theatre and Film Arts），并于1990年获得戏剧导演和木偶剧方向的硕士学位，四年后，他又获得电影导演方向的硕士学位。

20世纪90年代初，保加利亚的戏剧同东欧其他地区一样面临着相似的困境：观众大量流失，1989年以前的盛况不复存在，亟须革新。1994年，国家剧院采取了史无前例的举措：邀请莫尔夫和七名演员（也是木偶剧专业毕业生）加入剧院。他们共同创作了《堂·吉诃德》，于同年首演。

---

① Giuseppina Manin "My Dom Juan? A Thunderous and Merciless God," *Eventi*, 10 October 2011.

② 同上。

这幕戏剧横空出世，国家剧院和整个保加利亚的剧院都闻所未闻。它不仅不像几年后百老汇上演的朱丽·泰莫（Julie Taymor）导演的《狮子王》（*Lion King*）那样：巨型木偶和演员共同登上舞台；也不同于1992年威廉·肯特里奇（William Kentridge）和南非掌上乾坤木偶剧团（Handspring Puppet Company）合作出品的《高地上的沃伊采克》（*Woyzeck on the Highveld*）中那样：木偶交织在演出结构之中，这部戏20年后仍在全球巡演。《堂·吉诃德》远甚于此，采用了完全不同的表演和导演手法。文本没有被剥夺内涵，而是被处理成更为戏谑的狂欢风格，没有遵循心理戏剧的准则和方法派的表演。演员们使舞台上的布景像木偶剧中那样栩栩如生，人物有时也会反过来以木偶的方式表演。戏剧和木偶剧的美学相互融合，从而形成了新的风格。

尼娜·季米特洛娃（Nina Dimitrova）很好地解释了这种潜藏在新戏剧现实之下的创造性方法的本质，以及产生巨大差异的原因。她是演员，是导演，是信条剧院（The CREDO Theatre）的联合创始人，也是差不多同一时期参与戏剧舞台工作的另外几名木偶剧专业毕业生之一，他们使这种新现象得以进一步强化和完善。"木偶剧看待物质世界的态度截然不同，"她说，"而且，木偶不能说太多话。因此，我们处理文本更加自由。我们往往更加关注戏剧的游戏本质。木偶剧教育中强调几件事：想象力、表现力、幽默感、简洁性。"①

莫尔夫和季米特洛娃在校期间均师承两位著名导演——尤利娅·奥格尼亚诺娃（Julia Ognyanova）和阿塔纳斯·伊尔科夫（Atanas Ilkov）。两位老师传授给他们十分重要的道理，"要有立场，尽可能以最简单的方式叙述故事，用小丑的眼光看待世界。"② 伊尔科夫还强调"克服文本重压的重要性"③，即文本的限制和理性。事实上，当观看《堂·吉诃德》、信条剧院的演出④以及其他诸如此类戏剧与木偶剧结合的演出时，人们就可以非常清楚地理解，为什么中

---

① 作者私人采访，引自 *Introduction to Modern Chinese Drama*, editor Kalina Stefanova (Sofia: Bulgarian Bestseller, 2020), p.19。

② 同上。

③ Ekaterina Ilkova, *The Tandem* (Sofia: Seven Ways, 2019), p.55。

④ 《外套》（*Overcoat*，1992年）和《爸爸总是知道》（*Daddy Always Knows*，2009年）全球巡演，以九种语言演出，此外还有《疯人日记》（*The Diary of a Madman*，2015年）。

国人会把惯常的西方戏剧称作"话剧",主要因其受到文本限制。

《堂·吉诃德》一炮而红。这不仅是因为戏剧和木偶剧共存带来意外之喜,实际上还有一个原因内嵌于这种新型戏剧中。其舞台具备了魔幻的童话维度,同时在多个频率波上交流,吸引了物质世界和精神世界共同参与,从而吸引了全部感官。《堂·吉诃德》中,梦幻与现实相互交织,幻想成真的效果和海市蜃楼般的变形,这些造就了一种明显景观化的戏剧类型。事实上,保加利亚的戏剧舞台一贯不甚重视娱乐性。保加利亚戏剧作为19世纪民族复兴的一大载体,其基因中带有说教性,将近一百年的时间里,景观始终不受重视。那时一部娱乐性远大于哲学性的作品,也包括纯粹的景观,几乎被认为没有价值。而现在《堂·吉诃德》证明,戏剧可以在兼具趣味性和魔力的同时,谈论严肃的话题。

莫尔夫同其他木偶剧专业毕业生一起,不仅开创了一种新型戏剧的先河,他还帮助保加利亚剧场摆脱了对景观根深蒂固的偏见。观众又回到了国家剧院,脸上青春洋溢,因为年轻人开始涌向剧场。

《堂·吉诃德》将莫尔夫一举推上国家剧院总导演的位置(直至2000年),使他的命运与这一舞台紧密相连长达20年。21世纪初,他的作品中有三部脱颖而出:《仲夏夜之梦》(1995年)、《暴风雨》(1996年)和马克西姆·高尔基的《底层》(1997年)。2000年,他被任命为剧院的管理和艺术总监,但不久后,因其与文化部的重大冲突而遭到解雇。

莫尔夫在国家剧院工作的第一段任期中(2004年他又回到国家剧院),也开始在俄罗斯做导演。2003年,他受邀前往圣彼得堡担任科米萨泽夫斯卡娅学术剧院的舞台总导演,在此工作至2006年。他在俄罗斯一直很成功,这当然要归功于他非凡的才能。然而,也是因为他在保加利亚剧院的经历,那里向来最看重在舞台上实现有机真实(在保加利亚语和俄语中都写作 правда),他也深受此影响。"有机真实"这一术语由尼古拉·奥西波维奇·马萨利季诺夫(Nikolai Ossipovich Massalitinov)直接从俄罗斯引入保加利亚。

马萨利季诺夫是斯坦尼斯拉夫斯基与之合作发展其体验派表演方法的几名主演之一,连续数年任莫斯科艺术剧院第二工作室的导演。他于1920年首次前往保加利亚,担任莫斯科艺术剧院巡演剧团的领队,该剧团彼时正陷入内战混乱。他们在索菲亚的演出引发轰动。1923 年，他受邀成为国家剧院的总导演。1925 年，他接受邀请上任并在那儿工作 30 余年。任职期间，马萨利季诺夫首先丰富发展了已有的传统，弘扬了戏剧在社会生活中的崇高道德作用，保持经典剧目的主导地位，同时也特别关注发掘和支持保加利亚剧作家。与此同时，马萨利季诺夫成功克服了演员们单人表演的倾向，创造了演员班底的内在必要性——至此成为保加利亚剧场最鲜明的特征之一。此外，他不但在排练期间传授体验派表演法，还组织成立了一家隶属于国家剧院的剧院工作室。一些德高望重的中老年演员加入，使得工作室名声大噪。①

马萨利季诺夫成功向保加利亚演员传授了体验派表演法，这要归功于他能将这种方法当成生动、灵活的东西。他认为演员的才华应该得到提高，不应受到限制。他没有将体验派表演法视作一成不变的准则，而是将其与现有的表演风格融为一体。当被问及对表演流派的看法时，马萨利季诺夫的著名回答是："流派？好演员自成一派。"他指出，正是因为国家剧院中有许多才华横溢的演员，他才长期工作于此。

莫尔夫与一群志同道合的演员一起来到国家剧院，进一步发展丰富了演员班底的传统，并以十分现代的方式将其更新。他以从不墨守成规、理性处理工作而闻名。他总是试图与全体演员一起完善作品。正是在他们的交流中，作品逐渐成形。"我的工作方法是即兴创作，"他说，"我仿佛从一张白纸开始，旨在激发演员的想象力，这样我也可以把他们转变成作者。很长一段时间，我们似乎只在享受闲暇时光：我们待在一起，谈天说地，去看电影，看各种展览……而在某一刻，我们登上舞台，一切开始了。我的演员都是我的家人，我离不开他们。他们了解我的一切，我也知道他们每个人存在的问题和闪光点。他们是我的朋友，没有朋友我无法工作。"②

当然，这种工作方法有时会遭遇挫折：排练过程很难按预先计划在固定

---

① 该工作室多年来名称和地位不断变化，逐渐演变成今天的国家戏剧与电影艺术学院（The National Academy for Theatre and Film Arts）。

② aiuseppina Manin, "My Dom Juan? A Thunderous and Merciless God," Eventi, October 10, 2011.

时限内完成，有时甚至会面临永远停止。然而当它生效时，舞台上出现一种真实自然之感，仿佛我们得以目睹一棵树的生长那般自然。这也导致各个剧场的作品具有很强的团结性和完整性，像是有生命的个体。因此，莫尔夫作品带来的影响与那些所谓的导演戏剧截然不同。我们在舞台上最先看到的往往与他无关。并非偶然，他总是刻意强调，不会将他的戏剧称作"我的个人作品，它来自整个团队。我们是下一部作品的创作者，不断碰撞着彼此的思想和灵魂"[1]。

实际上，正是由于这种集体创作方法，即使莫尔夫频繁重温经典剧目，却不会产出流水线式的作品。它们乍一看很相似，都在重复炫目的视觉效果，但由于演员不同，给人的感觉也完全不同。这种本质区别在他的两部《唐璜》（*Don Juans*）中体现得淋漓尽致，一部在圣彼得堡的科米萨泽夫斯卡娅学术剧院（2004年）上演，另一部在索菲亚的保加利亚国家剧院（2006年）上演，两部作品如今都仍然在演出［还有一次是在2011年，他在特拉维夫的盖谢尔剧院（Gesher Theatre）执导《唐璜》，也使莫尔夫首次来到中国，2013年演出于北京人民艺术剧院，随后他多次受到邀约］。

两地的演出都精彩绝伦且幽默风趣。假面无处不在，它有时是增添美感的重要一环，哪怕实际上一切都是假面时，美也有能力将其完美无瑕呈现得极尽自然。它有时在刻意的舞台安排中，表现得十分生动。最重要的是，假面即在于唐璜的大戏之中。他不是著名的引诱者，他扮演着引诱者的角色。

唐璜第一次亮相是在电影片段的剧场戏仿中，即约翰·兰迪斯（John Landis）的《来到美国》（*Coming to America*）和尼基塔·米哈尔科夫（Nikita Mikhalkov）的《西伯利亚理发师》（*The Siberian Barber*）：他泡在浴缸里，仆人帮他刷牙、剪指甲，为他更衣，其他人弹奏吉他，然后给了他一杯解酒药。他终于站稳时，肩膀上闪现出一枚文身：D.J.。穿上类似斗牛士的服装后，唐璜坐在镜子前，戴上一顶丑陋的假发，上面连着滑稽的胡须，而他脸上还画着更为滑稽丑陋的胡须。也就是说，他使自己看起来像个陈腐俗套的引诱者，这个俗套被他发挥得可笑之极、可恶至极。

---

[1] https://www.morfov.com/（2020年3月7日访问）。

保加利亚版的唐璜更接近于平常冷酷无情的花花公子形象，他不惜以他人为代价，在骄奢淫逸的生活中寻求所谓的自由。该剧暗讽当今物欲横流、自私自利的时代。俄罗斯版本中，尽管演员类型不同——这一版本中的唐璜十分活泼、充满温情，该剧仍更加深入地探讨了当代的存在主义困境。其中的生活剧场并不是唐璜的一时兴起，那是他周围世界的本质：它甚至不是个剧场，也不是假面舞会，而是对真实世界还原度极高的替代品，包含了感觉、关系、理想，甚至信仰。

两个版本的第二幕中都有个令人惊叹的场景。身着黑衣的唐璜与七名身穿白衣、戴着面具的剑客对峙。他们呈现出四对垂直于观众的击剑对手。身穿黑衣的埃尔薇拉（Elvira）从后面冲进他们的队伍，在铿铿剑声中劝诫唐璜忏悔，并不断前进，试图穿过剑丛。当她终于穿过最后一对，我们和她才突然意识到，场上只余白衣剑客。也就是说，我们都没注意到唐璜何时消失，我们和埃尔薇拉一样沉浸在一个没有面孔、人人相同的世界里。几秒钟后，唐璜出现了，他是全场唯一没戴面具的人。这具有现实和象征双重意义。他的角色只剩惯性：他把埃尔薇拉拖到侧幕后面，毫无喜悦地奸污了她。过度放纵使他变成了一个残酷的恶霸。这一幕像是魔术师捕捉美的定格。然而，事实上，它是推动这个模仿世界转向噩梦的本质。在唐璜自己的戏剧中，他的存在核心已经被取代了，无法挽回。

最后，唐璜面对的与其说是可怕的宿主，不如说是他自己。他甚至无法寻死，仿佛注定要在那个世界永生不朽，但那个世界早已不是大冒险家们居住的宝地，而完全被一群冒牌货占据。保加利亚版本对人物本身先进行了判决；而在俄罗斯版本中，对这个世界以及所有安于现状甚至维护不良现状的人进行了判决。

2012年，莫尔夫创作出另一部惊艳世人的巡演作品，这次是基于现代经典——俄罗斯剧作家尼古拉·厄尔德曼（Nikolai Erdman）写于1918年的《自杀》（*Suicide*）。他把这出戏转变为对生命的全面致敬，并恰如其分地将其命名为《美丽人生》（*Life Is Beautiful*）。主演是另一位同样出众的艺术家——卡门·多内夫（Kamen Donev），一位具有卓别林般天赋的剧作家、导演和演员。他将抒情和喜剧相结合，首次与国家剧院的演员班底合作，他的个人表演就能使容纳 4000 个座位的表演大厅座无虚席。这幕剧至今仍然是剧院中的大热剧目，一票难求。对我而言，它是莫尔夫所有作品中两大巅峰之一。它所取得的成就也是最困难的，因为它敢于摆脱经典的戏剧性，踏入戏剧原则上难以进入的领域：我们与自己和平相处时，我们的灵魂栖息于福地。它就像一篇关于幸福的文章，既包括人类精神生活中的幸福，也包括平凡生活中琐碎小事的幸福。并且，正如拉脱维亚导演阿尔维斯·赫尔曼尼斯所说，"最艰巨的任务是表现出关于和谐而快乐的人的状态。从技术层面来说，这是最复杂的任务。"[1]

2015 年，莫尔夫在国家剧院创作了《在边缘》，这是迄今他在保加利亚执导的最后一部作品，与快乐的人完全无关，为保加利亚舞台再次带来原则上的质变。和大多数东欧剧院一样，1989 年后不久，保加利亚剧院拒绝谈论政治。然而，到了千年之交，政治戏剧几乎到处都重新受到追捧，但保加利亚仍然普遍对其回避，荒谬地将其视为传统旧物，甚至视其为极权时代的象征，这种态度承袭至今，仅有些小型的独立剧院会破例探讨环境和难民问题。

1990 年，莫尔夫的第一部作品《政治卡巴莱》(*Political Cabaret*) 在一家省级剧院上演，不过只演了一次。随后，他在国家剧院最受欢迎的作品《流亡者》(*Exiles*, 2004 年) 场场演出爆满，至今仍座无虚席。该剧改编自该国诗人及国家剧院赞助人伊万·瓦佐夫（Ivan Vazov）创作的小说，涉及整个国家在剧情发生时代（19 世纪解放前的时代）的状态和现在的状态，影射了较为悲观的现状。然而，尽管剧中最后一幕令人不寒而栗——所有备受喜爱的角色都变成了一座座无用的金属纪念碑——但与原著相关的爱国精神深入人心。

2014 年年底，莫尔夫正在排练一部并非改编自戏剧的作品，内容关于特洛伊木马，与此同时，剧组上下一致决定，要做一场演出，反映国内的严峻形势：高比例的隐性失业人口和贫穷劳动力，大批年轻人外流，多数领取养老金

---

[1] *Theatre and Humanism in a World of Violence* (The Book of the 24th Congress of the IATC), edited by Ian Herbert and Kalina Stefanova (Sofia: St. Kliment Ohridski University Press, 2009), p.35.

的人生活在贫困线以下。这就是《在边缘》诞生的背景，它成为迄今为止第一次也是唯一一次保加利亚剧院和保加利亚人民团结一致的有力行动，并使第一舞台真正成为人民的剧院，正如它的原名。

这是一部非同寻常的戏剧作品，有着长达90分钟的壮观场面，强大的演员阵容和庞大的舞台布景，具有诗歌般的直击心灵之感，又如音乐的和声般振奋人心。剧中没有主角，只有边缘人的原型（一些行业的从业者在世界其他地区被默认为中产阶级，而在保加利亚仍被视为边缘人群体）。文本十分松散——在熟悉的地点、熟悉的情境下，说着熟悉的话——而配乐很强，其中一部分是现场音乐。开场时，人们在垃圾桶中觅食；然后，仿佛是从他们翻找出的东西中逐渐形成了公寓的屋顶，屋顶上有天线和烟囱；略微上升后，我们看见了后面的云。我们听到附近阳台传来声音，却看不见人，他宣布拒绝继续过这种不像样的生活，他撞击地面的一声闷响，使观众陷入了死寂。这群人也决定跳楼，他们"飞"下来时，整栋建筑升起，我们看到了楼内的居民。然后这群人就像倚在阳台上一样，开始讲述他们儿时的梦想。

当对象/行为/意义看起来/听起来是自然主义的或可预测的时候，舞台行动立即切换了。小小的公寓盒子跳起舞来，有的角色背着垃圾桶跳舞，被人嘲笑的跛脚乞丐走着走着也跳起了舞，使他和我们的情绪都从羞辱和愤怒中调动起来。出人意料的是，舞台行动的速度提高到了惊人的节奏，伴随着拉威尔（Ravel）的《波莱罗舞曲》（*Bolero*），日常生活重复得越来越快。第N个人从阳台上跳下来，回到家，因为他就住在一楼……所有这些都是为了避免我们陷入绝望，避免使演出沦为悲惨的情节剧……

飞行的主题动机经历了不同的节奏变化。所有英雄从屋顶壮观起飞，被暴风雨卷走。飞机起飞，搭载着第N拨年轻的保加利亚人（后翼是一块巨大的屏幕）。苍白的话语飘扬成一首歌，哽咽的泪水化作一阵欢笑……到最后，从物质领域飞到了精神领域，保加利亚人最终变成星座，仅存的祖父为仅存的婴儿讲述从前的故事。

《在边缘》是一则关于人与天空的非凡寓言，它们仿佛只通过人、物体、对话片段、事件片段之类的图形轮廓相互关联，却奥妙无穷，极有深度。这绝非一般的政治剧场，它类似从阿尔维斯·赫尔曼尼斯的《长生》发端，可以说是灵魂政治的特殊政治剧场浪潮。这种戏剧充满温情,"给人温柔一击"。①

"《在边缘》是一部情感丰富的即兴之作,有关保加利亚正在发生的事,"莫尔夫说,"它是一个国家、一个濒临消失民族的安魂曲。我们的民族已经存在了1300多年,但现在它正在消融……通过《在边缘》,我们对那些失去的传统习俗、庆祝活动及可持续性,我们试图教给孩子们的一切,表示遗憾。那些宝贵的东西已然遗失,我们也即将被列入灭绝物种红色名录。"②

图1 《在边缘》,亚历山大·莫尔夫于2015年在国家剧院执导。
摄影:埃琳娜·尼古拉耶娃

不过,有趣的是,这场演出究其根本并不悲伤。它仿佛启示我们,压倒和粉碎是为了"照亮我们心中的眼睛"(《以弗所书》1:18)。这就是我将这场演出理解为希望的原因。希望它存在;希望我们,我们这群处于边缘的人,不再被忽视;希望无论是在剧中还是剧外,我们都能在一起,与它同在。最后一幕中,所有角色都在庆祝新年前夜,实际上,这是整场演出中最重要的飞行:人们"飞"向彼此。《在边缘》启示了人类团结的力量,而这是走出边缘世界的唯一途径。它有力地提醒我们布莱希特说过的话,这番话始终指引着莫尔夫:

---

① *Theatre and Humanism in a World of Violence* (The Book of the 24th Congress of the IATC), edited by Ian Herbert and Kalina Stefanova (Sofia: St. Kliment Ohridski University Press, 2009), p.36.

② https://www.morfov.com/(2020年3月7日访问)。

"黑暗时代里也会有歌声吗？是的，还有人唱歌。关于黑暗时代的歌。"《在边缘》既似胸中郁结，又好似一个拥抱，神奇地化去郁结——这正是莫尔夫戏剧的最大魅力。

参考文献

[1] Ilkova, Ekaterina, *The Tandem* (Sofia: Seven Ways, 2019).

[2] Manin, Giuseppina, "My Dom Juan? A Thunderous and Merciless God," *Eventi*, October 10, 2011.

[3] Herbert, Ian and Kalina Stefanova, eds., *Theatre and Humanism in a World of Violence* (The Book of the 24th Congress of the IATC) (Sofia: St. Kliment Ohridski University Press, 2009).

[4] Stefanova, Kalina, ed. *Introduction to Modern Chinese Drama* (Sofia: Bulgarian Bestseller, 2020).

https://www.morfov.com/ (accessed 7 March 2020).

埃蒙塔斯·涅克罗修斯：天堂与地狱的诗学

［立陶宛］拉莎·瓦西纳斯凯特　著

葛晶　马慧　译

立陶宛戏剧导演埃蒙塔斯·涅克罗修斯（1952—2018）的作品迄今已收获诸多评价，但鲜有人为其戏剧本身著书研究。为一位当代艺术家做著，这些著作对其本人来说可看作是一个里程碑——是对生命与创作的总结，也意味着终了。涅克罗修斯的成就确实使他值得被崇拜，然而其本人一直都在抗拒名气与声望，只沉醉于创作有价值的戏剧。20世纪80年代，涅克罗修斯30岁，他成了立陶宛最重要的戏剧导演，那时离他日后成为欧洲乃至世界最著名的立陶宛人已相距不远。创作是欢愉也是诅咒的主题成为其作品的焦点。涅克罗修斯的作品在全世界流传，导演本人也荣获若干国内外奖项，包括赫赫有名的欧洲戏剧新现实奖（1994年）。

涅克罗修斯的创作可分为三个阶段。第一阶段（1980—1995年）以安东·契诃夫式戏剧和对苏联现实的反思为标志；第二阶段（1997—2003年）大体上呈现出莎士比亚式悲剧特色以及对人类命运的反思；第三阶段（2004—2018年）转向基督教文本和"形而上的元戏剧"，并且反思创作自由以及创作者所受的囚禁。这三个阶段在风格上并无太大转变，但在导演方式的解放程度和激进程度上相当不同——逐渐超越经验世界，深入探讨了创作者的主题、对人类的谴责、存在的短暂，以及艺术作品的世俗化。

苏联人类学影响下的戏剧

立陶宛评论家埃格蒙特·扬松纳斯（Egmontas Jansonas）对涅克罗修斯20世纪80年代末的作品进行了精准的评价："他的表演不是对世界的模仿，

他的表演就是世界本身，有着世界所有的联系、色彩、声音、香气、戏剧性事件、悲剧性事件、过去和未来。永恒中的人类——这是涅克罗修斯作品的主体。"①多年以来，舞台上的世界在变化着，"联系、声音和香气"更为紧密或消散无踪，但孤独脆弱的人的形象仍是导演创作探索和戏剧生活最重要的动力。

在立陶宛，涅克罗修斯的戏剧——那些无视任何美学及意识形态规则的戏剧——被称为"隐喻"（Metaphorical）戏剧。外国评论家称其是"视觉的"和/或"创见性的"。立陶宛评论家拉穆内·马金克维奇（Ramunė Marcinkevičiūtė）称涅克罗修斯的导演风格是"舞台形象的戏剧艺术"。②许多评论家聚焦于涅克罗修斯戏剧的诗学特点和风格特征，导演独特的想象及其特殊的舞台隐喻体系。在这套体系中，古老与现代、幻想与现实、传统与后现代之间的界限变得模糊。

涅克罗修斯的戏剧不仅扎根于祖国和农民，保持着与土地、自然的特殊联系，还深受苏联影响。苏联时期"教"艺术家去创作，"教"观众去欣赏、感受和领悟那些潜台词以及联系，去开拓语言以外的空间，去启发对于所见而非所闻的更多理解。"为什么我们要说，'我看了这部剧'？涅克罗修斯问道。这便是戏剧的力量。如果导演没有把语言转化为动作，他就没有尽到导演的职责；如果在他的作品里语言也无效，他就是在独自游荡。"③

涅克罗修斯25岁进入戏剧界。1977年，他根据希拉·德莱尼（Shelagh Delaney）的《蜂蜜的滋味》（*A Taste of Honey*）改编的毕业作品在维尔纽斯国家青年剧院上演。他曾在莫斯科国立苏里科夫美术学院学习（导演），在苏联首都生活多年，也曾在苏联军队中服役。

1980年在国家青年剧院上演的《方格》（*The Square*），是涅克罗修斯戏

---

① E. Jansonas, *Etiudai apie teatra*, Vilnius: Vaga, 1988: pp.227–228.

② R. Marcinkevičiūtė, *Eimuntas Nekrošius: erdve už žodžiu* (Vilnius: Kultūros barai, 2002).

③ E. Nekrošius, "*Kokia erdvé už žodžiu?*" *Kultúros barai*, No.2 (1984), p.6.

剧的真正开端。①

福柯（Foucault）在《规训与惩罚：监狱的诞生》(*Discipline and Punish: The Birth of the Prison*，1975年）一书中描述了具有规束力的理想监狱——边沁（Bentham）的圆形监狱。在这样的监狱里，犯人"被监视，但他无法确定自己是否受到监视；他是信息的对象，但绝不是交流的主体"②。《方格》中的圆形监狱由涅克罗修斯和布景师阿多马斯·贾科夫斯基（Adomas Jacovskis）一同创造，该剧涉及涅克罗修斯后来的许多作品主题，也体现出导演在协调文学文本与演员表演方面的原则。

《方格》围绕两件事展开。第一件是用空罐子和电线制作无线电接收器，全程没有台词，时长超过10分钟。另一件时间更长，是一场糖块"雨"：教师与囚犯几近无言的会面在一场由1002个小糖块组成的"雨"中结束——这是期待、欢欣与爱意的表现。导演证明了演员在具体"规定情境"（Specific Circumstances）（斯坦尼斯拉夫斯基首创术语）下，有着明确表演目标时，肢体动作可以如此意蕴丰富，感染观众，引人入胜；也证明了当"视觉隐喻"（Visual Metaphor）生发于完美"配比"的感官感受和角色关系时，会多么饱含情感，震撼人心。③

苏联时期由涅克罗修斯执导，在维尔纽斯国家青年剧院上演的剧目有《方

---

① 该剧改编自苏联作家瓦伦蒂娜·叶利谢耶娃（Valentina Yeliseeva）的纪实性小说，讲的是一位教师与一名囚犯之间的通信；这些信件改变了囚犯，使他出狱后开始了新的生活。小说暗含的意识形态没有出现在剧作之中。该剧由剧作家绍柳斯·达尔特尼斯（Saulius Šaltenis）改编，并且根据排练、演员的即兴表演，以及涅克罗修斯的即兴创作加以修改。充斥着恐惧与胁迫的残酷监狱、温暖的感受，以及囚犯和教师之间给人以希望的关系，共同塑造了一个更具戏剧性、令人绝望的极权现实：贫穷、欺凌，存在成了虚无。

② M. Foucault, *Disciplinuoti ir bausti. Kalejimo gimimas* (Vilnius: Baltos lankos, 1998), pp.237–238.

③ 有趣的是，1980年至1996年间，《方格》在国家青年剧院的演出从未因审查被禁。莫斯科奥运会、苏联阿富汗战争、切尔诺贝利事故、波兰革命运动以及立陶宛"歌唱革命"期间，演出仍照常进行。时间并没有让《方格》失去其现实意义。它是证明，是警告，是在国家经历政治、经济乃至精神危机时对人类情感与爱的找寻。从《方格》中，人们还可以看到涅克罗修斯对政治的态度以及戏剧的社会意义——台下的现实并未直接出现在剧中，而是校正了台上的人物关系。

格》（1980 年），季马·科罗斯特利奥夫（Vadim Korostyliov）[①] 的《皮罗斯马尼，皮罗斯马尼》（*Pirosmani, Pirosmani*，1981 年），以莎翁《罗密欧与朱丽叶》为灵感的《维罗纳的爱与死》（*Love and Death in Verona*，1982 年），吉尔吉斯斯坦作家钦吉兹·艾特马托夫（Chingiz Aitmatov）的《持续了一百多年的一天》（*The Day Lasts More Than a Hundred Years*，1983 年），契诃夫的《万尼亚舅舅》（*Uncle Vanya*，1986 年），以及果戈理的《鼻子》（*Nose*，1991 年）。这些作品中的角色作为普通人，通过日常劳作和信仰赋予其存在以神性，因而成为精神与道德的启蒙者。他们看着"简单"，生活单调，大自然和恶劣的生活环境使他们变得温和。乍一看，这些人来自战后或是低迷时期立陶宛的某个县、某个村庄或某个小镇。其中一些身着白衬衫、白裙子。白色服饰是天真纯粹、精神纯洁的标志，体现中间阶段的状态，这在涅克罗修斯日后的许多作品中也曾出现过。

总的来说，涅克罗修斯戏剧里的中间状态是其角色、道具、舞台本身最为明显的特征之一，这样的状态存在于过去与当下之间、自然法则与形而上之间、现实与梦境想象之间。在这个意义上，涅克罗修斯通过视觉形象隐喻制造出了人与物、有灵与无灵的碰撞，这些碰撞标志着一种转变、一种形成，改变了人与物内在与外在的品质。但在涅克罗修斯的戏剧中，人的转变具有局限性：它无法超越人性，否则人的存在就失去了意义。人性、真诚、正派的一面在涅克罗修斯苏联时期的作品中十分令人振奋：人们去爱，去承受，去背叛，去牺牲，这些不再仅仅通过人的外在显现，还体现于他们怎样迎接生活中的挑战，他们怎样激烈地捍卫自己所相信的真理，他们怎样投身于自己的事业。

上述涅克罗修斯的作品以及后期所有的作品，都兼具"贫困"戏剧和"神圣"戏剧的特点。"贫困"是因为涅克罗修斯将真实又接地气的日常物品作为道具（如桌子、椅子、居家用品、锯子、原木、绳索等），让演员采取间接、非常规的手段使用这些物品，来改变物品的意义并赋予它们新的含义，这在立陶宛戏剧中史无前例。而"神圣"不光是因为人与人的关系，还因为人与物、与环境、与自然中神圣仪式的关系；也就是说，"它"是"化无形为有形"之

[①] 和改编叶利谢耶娃的作品类似，科罗斯特利奥夫的作品由达尔特尼斯改写，原作中仅占 4 页的文本被扩充成两小时的表演。

物①。这种反映非人造现实的戏剧似乎重现了失落的家园,家园里的子民,他们的故事与经历,也记录了集体创伤带来的沉重负担。面对看似"快乐"的生活,涅克罗修斯的戏剧世界似乎成了不虚假、有根据的现实。这个现实并非照搬而来,而是一个揭示了真实和深刻本质的现实。

涅克罗修斯的魔幻现实主义

涅克罗修斯的戏剧常被称作幻想,外国评论家尤其对他令人入迷、引人入胜的想象力赞叹不已。表面上看,他的舞台语言接近现实主义舞台美学,然而实际上只是看起来像现实主义。涅克罗修斯用不同寻常的方式描绘简单的事物,达到了"魔幻现实主义"的效果。这种方式透过想象的棱镜观察日常事物,再把不可见的内容形象化。涅克罗修斯的作品总是在舞台上呈现出令人不安、不同寻常、难以理解的画面,这并非偶然。可以认为这些画面出自诗意思考,但也可以将其看作两种现实、两种观点的即时并置。这解释了为什么涅克罗修斯聚焦于时空的连续统一,而非戏剧的时间"本质":作品中重复的动作、"模糊"的事件、"暂停"或延长的时间不受阴谋或冲突影响,而由创造出的新行动、新情境、新形势决定,它们"展示"主角的状态,揭示主角的内心活动。开创新台词、微场景、微情节、微故事线、子故事具有特殊意义,是舞台转变的一部分。这种转变通过身体动作实现——起初看似简单日常,最终却演变成了新故事的艺术性/诗意表达。

肢体动作是涅克罗修斯作品中演员最重要的准则之一。在涅克罗修斯所有的作品里,角色/演员们工作、建造、雕刻、推移、清洗、拉伸,或是做其他动作。这些动作符合当下情境,甚至近乎自然发生、回应环境,却逐渐获得了新的实质与意义。浮士德说:"始物于行。"涅克罗修斯在他的《浮士德》(2006年)中就是这样开场的:上帝用重木带动地轴旋转,恶魔射击四周移动的天体。《季节》(*The Seasons*,2003年)中的神父克里斯蒂约纳斯·多涅莱蒂斯(Kristijonas Donelaitis)用真的砖块建起了教堂。奥赛罗拉着真船(《奥赛罗》,

---

① 这是对彼得·布鲁克的一种解释。

2000 年）。遭受冰雹诅咒后，麦克白捡起石头放进口袋——石头的重量将他压倒在地，这就是他成为非人类/超人类的方式（《麦克白》，1999 年）。画家皮罗斯马尼背着一大堆椅子，追忆着最后的晚餐（《皮罗斯马尼，皮罗斯马尼》），这场表演"真正的"现实逐渐转变为皮罗斯马尼通往永恒道路上那狂热、梦幻的现实。在弗兰茨·卡夫卡的《饥饿艺术家》（*A Hunger Artist*，2015 年）中，涅克罗修斯和女演员维多利亚·谷迪特（Viktorija Kuodyte）[①] 将他们的奖品和证书放在舞台上充当床垫、枕头或玩具，展现角色那令人难以置信的自耗自毁的能力和天赋。果戈理的著作《鼻子》（1991 年）中的子故事成了戏中戏，艺术家与独立、"鲜活"作品之间的联系也具象化了，而亚当·密茨凯维奇（Adam Mickiewicz）所作的《先人祭》（*Dziady*）[②] 也与之有异曲同工之妙：在一个神奇的夜晚，诗人从他自己的杰作中走出来，回到了他的故乡。

在涅克罗修斯对莎士比亚悲剧的演绎中，神奇的、超自然的力量也有所显现。《哈姆雷特》（1997 年）、《麦克白》（1999 年）以及《奥赛罗》（2000 年）的重绎，使它们在立陶宛成为精品剧目。马金克维丘特（Marcinkeviciute）认为，《哈姆雷特》反映出了莎翁三部悲剧共同的一个重要层面："文明的野蛮所造成的影响，古老符号与现代欧洲文化的结合引人注目。"[③] 每部作品中，涅克罗修斯都创造了新的"故事"、新的人物关系：《哈姆雷特》——孩子无条件服从父母且因此而死的故事 [④]；《麦克白》——夫妻因为互补而在同一条船上求生

[①] 涅克罗修斯将饥饿艺术家一角给了女演员维多利亚·谷迪特，这位演员曾多次出演涅克罗修斯的戏剧。

[②] 出自《先人祭》（*Forefathers' Eve*），2016。

[③] R. Marcinkeviciute, "Eimuntas Nekrošius: Complex Simplicity," *Contemporary Lithuanian Theatre. Names and Performances* (Vilnius: TKIEC, Tyto Alba, 2019), p.50.

[④] 这一主题被认为是代表了新老两代观念的碰撞。流行摇滚歌手安德留斯·马蒙托瓦斯（Andrius Mamontovas）扮演哈姆雷特绝非偶然。涅克罗修斯表示，他选择演员不是根据他们的专业水准，而是他们的个人品质，但是表演者/非职业演员的年龄、身体心理状态以及他们的存在，在他的作品中非常重要。例如，在《奥赛罗》中，来自国家歌剧院和芭蕾舞剧院的首席芭蕾舞演员埃格勒·斯波凯特（Egle Špokaite）扮演了苔丝狄蒙娜的角色，她的体态与动作和扮演奥赛罗的年长演员弗拉达斯·巴格多纳斯（Vladas Bagdonas）形成了鲜明对比。

的故事；《奥赛罗》——年长可敬的将军与年轻妻子因无限的爱和盲目信任而死的故事。

上述所有作品中，涅克罗修斯皆使用了符合且象征其艺术理念的材料和自然元素：石头、土壤、火焰、木头、水、金属；沉重光滑的金属球、铁椅子、锃亮锋利的刀片或锯片、冰块、热气、跳跃的火焰、玻璃碎片，等等。汹涌的激情、情感和自然不仅由角色/演员以及舞台上的物品承载、显露，它们蔓延至作品的视听实体（即密集的视听符号①）中，进而感染观众。因此，从这时起，可以称涅克罗修斯是一位戏剧现象学家，他开创了一种独特的表演美学，将想象、生活、现实和具象/虚构戏剧融为一体。

2000年后，涅克罗修斯作品中演员激烈而富有表现力的动作几乎呈现出一种舞蹈形式。例如，一众角色像合唱团一样出现，填补叙事空白，连接场景，添置或移走道具，为下一个场景做准备。继而还可以将这些场景看作电影镜头：呈现角色和动作背景时使用的是全景长镜头；角色进行独白或经历某种状态时使用的是中景或特写镜头。导演将这些镜头结合起来，创造出连续的、万花筒般的动作效果，现象与想象、经验与反思在这里交叉重叠。这种重叠出现在了多涅莱蒂斯的《季节》（2003年）、《〈旧约〉后的〈雅歌〉》（*The Song of Songs after the Old Testament*，2004年）、但丁的《神曲》（*Divine Comedy*，2012年）和根据斯韦特兰娜·阿列克谢耶维奇（Svetlana Alexievich）作品改编的《锌（Zn）》[*Zinc (Zn)*，2017年]中。②

---

① 音乐（韵律）是涅克罗修斯作品的另一个重要元素。音乐不仅仅从演员发声、乐器演奏而得，也不仅仅从简单物件中提取而来。1997年起，即从《哈姆雷特》开始，音乐和声音与动作交织在一起成了独立的声学景观。雷曼（Lehman）将音乐在后戏剧表演中的这种使用方式称为音乐化（见：Lehmann, H.-T. Postdraminis teatras, Vilnius: Menu spaustuve, 2010, p.138）。涅克罗修斯最常合作的立陶宛作曲家是福斯塔斯·拉特纳斯（Faustas Latenas）、阿尔吉达斯·马尔蒂纳伊提斯（Algirdas Martinaitis）和明道加斯·乌尔拜蒂斯（Mindaugas Urbaitis）。

② 在涅克罗修斯的毕业作品于国家青年剧院上演24年后，在文学经典于此上演了30年后，涅克罗修斯回归到当代文本。《锌（Zn）》改编自2015年诺贝尔文学奖获得者阿列克谢耶维奇（Alexievich）的《锌皮娃娃兵》（*Boys in Zinc*，1991年）和《切尔诺贝利的悲鸣》（*Voices from Chernobyl*，1997年）。

涅克罗修斯一直偏爱那些"无法预见""深不可测"的文学作品，以及那些氛围强烈、引人遐想的作品。立陶宛诗歌、小说一直充满着各种超自然元素。绍柳斯·达尔特尼斯就是其中一位善用这类元素的作家，他是国家青年剧院的前剧作家，在 20 世纪 80 年代与涅克罗修斯有过合作。涅克罗修斯在立陶宛最后的作品之一《不是我生的》(*The Sons of a Bitch*，2018 年上演于克莱佩达剧院)，就是根据绍柳斯的戏剧改编的。该剧故事背景可追溯到 18 世纪立陶宛族分布地区的西南部，当时该范围还在普鲁士辖区内。在这里，国家的过去和神父克里斯蒂约纳斯·多涅莱蒂斯这位立陶宛文学先驱及第一首诗创作者的生命尾声与传说、咒语、异教神话交织在了一起。2003 年，涅克罗修斯导演了多涅莱蒂斯的作品《季节》——一部关于人类生活的坦诚之作，内容有趣，节奏轻快。故事建立在自然更替的基础之上。在《不是我生的》中，多涅莱蒂斯本人的临终状态有所呈现，有时舞台会陷入奇怪的迷雾之中，角色做出重复的动作，就好像有两股视线紧盯这一场面，焦点有所扭曲，时间仿佛不再流逝。

天堂与地狱之间：最后的现代主义世界

在涅克罗修斯的戏剧中，天堂和地狱的含义既直接明了，又深藏于隐喻中，似乎作品中的所有角色都在地狱里"走了一遭"——他们遭受了如此之多的烦恼、困顿和痛苦。2012 年选择改编但丁的《神曲》时，涅克罗修斯选择着手于《地狱》(*Inferno*) 和《炼狱》(*Purgatory*)，创造了一片"永恒"的空间，里面全都是被记忆折磨的奇怪角色。但涅克罗修斯并没有突出"暗黑性"。这部作品热切动人，甚至新鲜诙谐，讲述了诗人的想象在旅途中逐渐得到启发：这不光是但丁描述的那次旅途，还是诗人创作之时经历的旅程。涅克罗修斯给予这次旅途尘世的、人的形态，讽刺了罪恶和被这些罪恶奴役的灵魂。剧中一个最激动人心的"形象隐喻"是耳机突然从"天"而降，灵魂接过耳机却只能听到噪音不断从宇宙中传来。然后他们将自己的物件绑在耳机上，松开耳机，让耳机回到空中，就像在寄包裹或是打招呼。剧中弥漫着渴望、忧郁与丧亲之悲，但涅克罗修斯的"形而上"是合乎人性的，是具体的——它在复原着生者与死者间的纽带。

涅克罗修斯的剧目《天堂》（Paradise）在意大利维琴察的奥林匹克剧院上演，演出时舞台现实与剧院的古老雕塑融为一体，与剧院那古老的、博物馆式的氛围融为一体。这完全符合《天堂》的精髓——纯粹的诗歌。《神曲》中的地狱是孤独的，它充斥着未满足的欲望、徘徊的脚步和不断的找寻，它是行动和创造。《天堂》中的天堂是幸福的，充满了光与爱：每个人都进入天堂①，从日常物品（事情）、烦恼和过去中解脱出来。

舞台事物的物质性，人的肉体存在和感官享受，以及这些与人与物的关系，是涅克罗修斯戏剧世界中最突出的一些特征。涅克罗修斯将戏剧视为行动和感觉的"实体"艺术。剧中演员必须既有感受力，又有行动力。一个个角色触碰、爱抚、握手、遮掩彼此眼睛或轻捂嘴唇、搀扶、推挤、扭动、感知冷暖，做出各种举动。存在的本质通过接触变得具象。通过补充、扩大、强化舞台上的人与物品之间的关系，涅克罗修斯突出了物品的物质性，并且同时赋予人、物共存以新的、神奇的隐喻意义。

在涅克罗修斯的戏剧中，一切事物在人的触碰下都发生了变化，成为情感冲动与各种联想相互交融的图景。同时，通过选择舞台道具，将物件作为表演和表达的工具，创作过程袒露无遗，纯粹古典、"模仿式的"演出得以实现。这就是为什么，虽然文本启发并规定了一些意义和图像的使用，但这些意义和图像却最终挣脱了文本的束缚。依托于舞台物品进行"表演"，演员用肢体体会事件与情境，再通过手势与动作表达这些体验，表现出自然和生命的循环与脉动，世间独特的起起落落，健康与疾病，出生与死亡。并且，涅克罗修斯戏剧所要呈现的人、物关系与状态，在转化为视觉图像后可以称为"意象晶体（Crystals-images）"。

这一概念被吉勒斯·德勒兹（Gilles Deleuze）运用到了现代作家的电影艺术中，据他而言，"我们在晶体中看到的不再是传统经验中由一个个当下不断推进的时间，也不再是间接作为一个片段、一个整体出现的时间。时间是直观的，

---

① 涅克罗修斯导演了两部独立的作品——《神曲》和《天堂》（2012年），这两部作品成功超越了戏剧的物理本质，直接深入到观众的感受、意识，甚至潜意识。2018年，涅克罗修斯将两剧合二为一，将其命名为《地狱·天堂》（Inferno-Paradise）。

它由两部分组成——一个是正在流逝的现在，一个是保存下来的过去，现在与过去、过去与现在具有严格的同时性。直观的时间图景或时间的超验形式是我们在晶体中所能看到的东西。"① 重要的是，涅克罗修斯从未使用任何技术手段，只是依靠想象力和演员的创造力，但他的戏剧在视觉、美学以及构图上总是具有晶体结构。

2018年10月，由密茨凯维奇于波兰创作、涅克罗修斯导演的《先人祭》在维尔纽斯演出，当时没有人想到这会是涅克罗修斯在立陶宛的最后一部作品——一部公开探讨、沉痛思考创作者命运的作品。

图1 《哈姆雷特》，由埃蒙塔斯·涅克罗修斯执导，艺术堡垒剧院（Meno Fortas Theatre），1997年。
摄影：德米特里·马特维耶夫（Dmitrij Matvejev）

在华沙纳罗多维剧院演出的维托尔德·贡布罗维奇的《婚姻》（2018年6月15日首映）是涅克罗修斯的最后一部作品。几个月后他溘然长逝，同克里斯蒂约纳斯·多涅莱蒂斯（1714—1780）一样，享年66岁。就像多涅莱蒂斯教人们如何工作、生活一样，涅克罗修斯教会了他的时代如何创造、理解戏剧。他在世界各地都有很多追随者。涅克罗修斯曾在立陶宛音乐与戏剧学院任教，他教给学生们最主要的就是：释放自己的想象力，不要借鉴任何东西。在过去的二十年里，他的儿子马里乌斯·涅克罗修斯（Marius Nekrošius）和妻子娜杰日达·古尔蒂耶娃（Nadezda Gultiajeva）一直是他忠实的助手，他们分别是布景设计师和服装设计师。

---

① G. Deleuze, Cinema 2. *The Time-Image*, translated by Hugh Tomlinson and Robert Caleta (Minneapolis: University of Minnesota Press, 1989), p.274.

参考文献

[1] Deleuze, Gilles, *Cinema 2. The Time-Image*, translated by Hugh Tomlinson and Robert Caleta, Minneapolis: University of Minnesota Press, 1989.

[2] Foucault, Michel, *Disciplinuoti ir bausti. Kale jimo gimimas*, iš prancūzu kalbos verté Marius Daškus, Vilnius: Baltos lankos, 1998.

[3] Jansonas, Egmontas, *Etiudai apie teatra*, Vilnius: Vaga, 1988.

[4] Lehmann, Hans-Thies, *Postdraminis teatras*, iš vokiečių kalbos verté Jūraté Pieslyté, Vilnius: Menμ spaustuvé, 2010.

[5] Marcinkevičiūté, Ramuné, *Eimuntas Nekrošius: erdve už žodžių*, Vilnius: Kultuчros barai, 2002.

[6] ———, "Eimuntas Nekrošius: Complex Simplicity." *Contemporary Lithuanian Theatre. Names and Performances*, edited by Ramuné Marcinkevičiūté and Ramune Balevičiūté, Vilnius: TKIEC, Tyto Alba, 2019.

[7] Nekrošius, Eimuntas, "Kokia erdvé crdve už žodžių?" *Kultuчros barai*, 1984, No 2.

贝拉·平特和他的后现代民族戏剧

[匈牙利]诺埃米·赫尔佐格* 著

操昕萌 马慧 译

当我写下这些文字时,由贝拉·平特(Béla Pintér)(1970—)导演的21部在演剧目已经几乎买不到票了。这从某种程度上也证明了这位导演在2014年其剧团15周年纪念日时,对自己戏剧的定义是有据可依的:"我一直认为我的剧团就像一个'国家机构'。"贝拉·平特剧团(Béla Pintér and Company)一直致力于用戏剧语言创造真正的大众戏剧,吸引众多志趣相投的群众和戏剧行家。平特的戏剧拓展了民族的内涵,他的剧团也正因此才这般受欢迎。我甚至愿意说,贝拉·平特正在打造的是后现代民族戏剧,它重塑着"民族"一词旧时所包含的意义,以此来观察匈牙利的当代社会。

---

* [匈牙利]诺埃米·赫尔佐格(Noémi Herczog),评论家、编辑和学者,在布达佩斯(匈牙利)和克卢日(罗马尼亚)工作。她在克鲁日巴贝斯-博利亚大学(Babes–Bolyai University)戏剧和电影学院任教,同时担任匈牙利最古老的戏剧杂志《戏剧》(*SZÍNHÁZ/Theatre*)的编辑,并负责匈牙利文化政治周刊《生活与文学》(*Élet és Irodalom/Life and Literature*)中的一个戏剧专栏。她曾是匈牙利公民运动"一百万为了言论自由"(One Million for the Freedom of Speech)的积极分子。自2013年以来,她定期在布达佩斯戏剧和电影学院(The University of Theatre and Film, Budapest)为申请戏剧的学生授课。她是戏剧系列丛书《彩色文本》(*SzínText*)的联合编辑,也是匈牙利独立戏剧领域项目的联合策展人,如多瑙河岸(dunaPart)匈牙利平台和彼得·豪拉斯奖(Péter Halász Award)。2018年,她获得了国际戏剧发展中心(Center for International Theatre Development)资助,并在美国进行巡回演讲。她的第一本著作《律师、检察官和逃避现实者:匈牙利报道戏剧批评(检举)的历史(1956—1989)》[*The Lawyer, The Prosecutor and the Escapologist: The History of Reporting Theatre Criticism (Criticism of Denunciation) in Hungary* (1956—1989)]已于2021年出版。

工作方法

贝拉·平特是演员出身，这很大程度上影响了他的戏剧语言。他是一位全面的戏剧制作人：他不仅是贝拉·平特剧团的艺术总监，还导演自己的剧本，并参与表演。他的戏剧可谓名副其实的"导演者的戏剧"。

2019年，贝拉·平特剧团开创了一个独特的局面：自1998年以来，剧团共创作了25部剧目，而这一年就有20部在上演。这25部剧皆由贝拉·平特创作并导演，并且几乎都有他参与演出。在过去的21年间，平特仅有一次离开自己的剧团，与一个全新的团队共同创作了他的第26部作品《冠军》(*The Champion*，2016年)。这部剧成为知名的考托纳·约瑟夫公共剧院（Katona József）的保留剧目，由该剧院的内部剧团排演。《冠军》与他的最新作品《掌上明珠》(*The Apple of My Shining Eye*，2019年)，是他目前为止唯二没有参演的剧目。不过，2017年，平特再度收到考托纳·约瑟夫公共剧院的邀请，他带领自己的剧团和考托纳·约瑟夫公共剧院的团队合作，重新排演了《冠军》这部作品，而且按照惯例，参与了表演。

尽管贝拉·平特剧团已经和成立之初完全不同，但在如今剧团所有的平特剧目中，除了4部，其他或多或少都还能看到初版卡司的身影。截至2019年，只有三位成员来自最初的剧团：绍博尔奇·图罗兹（Szabolcs Thuróczy），他参演了所有的25部剧目；贝拉·平特自己，共参演24部；埃娃·埃涅迪（Éva Enyedi），共参演23部，自2007年起担任剧团的戏剧顾问，是平特最亲密的工作搭档。在配乐上，与平特密切合作的是安塔尔·凯门齐（Antal Kéménczy）。初演于1999年的剧目如今仍在盈利，这与剧团高涨的人气和固定的观众群体密不可分。在匈牙利，平特剧团的剧目具有非典型的可持续市场化的特殊地位，在每年长达十个月的演出季中，共演出约20部剧目，并且每月有5000名左右的观众。这也造成了一个看似自相矛盾的局面：剧迷们总在每月开售时便将演出票一抢而空，剧团就不得不继续想方设法满足剧迷的需求；他们开始在340座的场地演出，最近甚至演到了462座的场地里，但平特剧目的最佳表演场地其实是能容纳155—160人的小场子。

贝拉·平特对戏剧的兴趣萌芽于他在西蒙费伦茨职业教育和培训学校（Simon Ferenc Vocational Educational and Training School）上学的时候。1986年，他加入了伊什特万·绍莫吉室内剧团（Istvan Somogyi's Ensemble），也就是后来的阿维苏拉剧团（Arvisura，1980—1996），它延续了耶日·格洛托夫斯基、彼得·布鲁克和欧金尼奥·鲍尔鲍（Eugenio Barba）的先锋戏剧传统。剧团在布达佩斯科技与经济大学（Budapest University of Technology and Economics）的斯克奈剧院（Szkene Theatre）演出，这家剧院在1989年之前是私人剧团的重要演出场地。剧团重视演员空间感的培训，这也是阿维苏拉剧团的剧团概念和混合体裁表演方式十分看重的。

1998年，贝拉·平特在斯克奈剧院创作出第一部戏剧《共同纽带》（*Common Bondage*），并由此创立贝拉·平特剧团。这部剧更像是融合了匈牙利民间舞蹈、音乐主题和一本书（尚未印刷）的民俗表演，而剧团的文艺顾问埃娃·埃涅迪表示，所融合的这本书更像是没有对话的电影台本。平特从第二部剧开始，更加重视文字和情节，至今仍是如此。此外，他也抛弃了创作第一部剧时的集中式工作方法，改用另一种方式，直至今日：在第一次彩排时，他会带着前20页剧本亲临现场，与剧团共同实验每一个新场景，并在彩排过程中完成剧本剩下部分的创作。

多年来，剧团的表演模式也有所改变。起初，剧团仅由非专业的演员构成，舞台表现形式相当原始粗糙，正如贝蒂娜·布兰德尔-里西（Bettina Brandl-Risi）评价的，展现了一种"不完美的完美"[1]。2006—2007年，随着匈牙利戏剧电影学院（Hungarian Academy of Theatre and Film, Budapest）科班演员的加入，剧团开始采用不同的排演流程。如今，剧团中大部分演员都是科班出身，这减少了以往表演的粗糙感，也带来了受众群体的变化。从前的表演更吸引地下的亚文化群体，他们不大会追随匈牙利的戏剧热潮，而是只关注这一

---

[1] "The New Virtuosity—Outperforming and Imperfection on German Stages," Theater 37:1 (2007), 第8—37页，匈牙利语标题为 "Az új virtuozitás. Túljátszás és tökéletlenség a német színpadon," *Színház. Magyar Színházi Társaság Országos Színháztörténeti Múzeum és Intézet* 41:11 (2008), 第69—84页（Judit Szántó 译）。

个剧团；如今的表演则受众更广，并且多为中产阶级。不过，平特更为关键的一次走红还在后面，那离不开匈牙利戏剧的文学传统，以及匈牙利主流剧团对于导演、编剧和演员的刻板分工。

后现代主义的游戏

虽然平特的工作方法是他在批评界迟迟得不到认可的主要因素，但也塑造了其戏剧的一大特点。他集演员、导演和剧作者于一身，在舞台上一直践行着后现代主义，成为独树一帜的艺术家。

这种后现代的自我参照，在他以下四部作品里得到了最直接的体现：《辉煌的二流》（*Brilliant Second-Rate*，2010 年）一剧中，平特扮演的角色名叫盖佐·平采尔（Géza Pinczér），是一名独断又愚蠢的剧团经理；《哈罗姆塞克的陶马什·阿舍尔》（*Tamás Ascher in Háromszék*，2017 年）中，包含其同名角色贝拉·平特，由考托纳·约瑟夫公共剧院的演员伊什特万·丹科（Istvan Danko）出演；《共同纽带》中，该剧匈牙利语名（Népirablét）的字母构成与贝拉·平特相同；而在剧团最新剧目之一《喜宴会谈》（*Jubilee Talks*，2019 年）中，平特再度扮演一名专横的戏剧导演和剧团经理，角色与其本人同名，并且常被剧中的通讯员错叫成"维克托（Viktor）"，暗指匈牙利总理欧尔班·维克托（Viktor Orbán）。这种自嘲在典型的匈牙利戏剧中屈指可数。

平特哪怕是扮演高深莫测的匈牙利诗人裴多菲·山陀尔（Petöfi Sándor）（孩子们从小就在学校里学习他的诗作），匈牙利爱国主义的代表人物，也会制造出一种反英雄化的效果。平特身为戏剧界顶尖人物，来饰演匈牙利文坛泰斗的诗人，这种实践也可视为他对自己戏剧演员兼导演这一特别身份的自讽式参照。他在一长串的剧目中都出演了暴君式的角色，比如多次扮演专制的家长：《曲奇女王》（*The Queen of the Cookies*，2004 年）中独断的父亲，以及《魔鬼的孩子》（*Children of the Demon*，2008 年）里蛮横的母亲。同样地，剧中角色和参加演出的戏剧导演，这两者的暴君本质可被视为两条平行线。

导演在自己的作品中充当演员，这在匈牙利有过一段短暂的历史，主要是在先锋戏剧领域，代表艺术家有拉斯洛·瑙伊马尼（László Najmányi）、伊什特万·科瓦奇及其工作室（István Kovács Studio）和彼得·豪拉斯（Péter Halász，1943—2006）。以最后这位彼得·豪拉斯为例，他在自己的剧作《她曾是制盔者的娇妻》（*She Who Was Once the Helmet-Maker's Beautiful Wife*，1998年）中，扮演自己的祖母，还曾在另一部作品《杰克·史密斯死了》（*Jack Smith Is Dead*，1994年、2002年）中扮演一个死人。在21世纪10年代，艺术家广为效仿，席林·阿尔帕德的剧目《无拘无束》（*Looser*，2014年）就是一例。

平特的作品还吸收了一些新闻，以及文学和艺术作品中的后现代内容〔对他影响最大的是路易斯·布努埃尔（Luis Buñuel）的电影作品和布尔加科夫的作品《大师与玛格丽特》〕。他根据亚里士多德的原则，把借鉴的内容糅合进戏剧，并加入超现实和谐趣的元素。这种结合形成了平特别具一格的后现代戏剧语言，在匈牙利心理现实主义戏剧舞台上独一无二。

此外，平特的戏剧还大量借鉴了匈牙利当代和历史文化中的代表意象。这一特点与匈牙利-特兰西瓦尼亚（Hungaro-Transylvanian）民间文化有关，平特从中汲取了灵感。

后现代讽刺与匈牙利-特兰西瓦尼亚民间文化

平特首次接触民间舞蹈是在阿维苏拉剧团。他想在描绘自己的文化时尽可能多地使用幽默而非哀愁，而在类似的后现代创作中，只有另外一对匈牙利艺术搭档莫哈奇兄弟（Mohácsi brothers）的美学也围绕该主题。平特对于民间文化的处理非常率性，丝毫不将其视作什么神圣的主体。在超现实的后现代主义实验中，他将民间传说主题和当代城市素材结合起来。这种对民间文化的后现代讽刺混合了真实和媚俗，也具备保守的主题和自由主义的价值观，可统称为"特兰西瓦尼亚之旅"（Transylvanian journey）主题。例如，平特的第二部作品《医院-伯格尼》（*Hospital-Bakony*，1999年）中，有匈牙利人和南斯拉夫人，主人公们找到一处泉水，这泉水能让每个人的内心暴露无遗。在此设定下，男子气概十足的民间舞者最终暴露了同性恋的身份。

平特的第一部作品描绘的就是置酒高会的狂欢之景，借用赛克勒族摄影师彼得·科尔尼什（Péter Korniss）的照片，讲述了一场传统的匈牙利婚礼。觥筹交错之余，新娘没有说出那一声幸福的"我愿意"，而是挥刀砍下了新郎的脑袋。唯一的台词是绍博尔奇·图罗兹的，他是剧团中的喜剧演员兼丑角，常有口头即兴表演。平特对匈牙利民间文化的颠覆性处理方式易激起争端，这也使他饱受诟病，被指责亵渎了民族文化。

音乐是民间文化必不可少的一个主题。例如，《我母亲的鼻子》（*My Mother's Nose*，2005 年）中的摩尔多瓦（Moldovian）民间音乐、《迪福什卡》（*Dievoushka*，2003 年）中的赛克勒族（Szekler）组合等，不胜枚举。平特凭借 2002 年的作品《农民歌剧》（*Peasant Opera*），达到了民间音乐审美的巅峰。比起他的大部分作品带给人们的感受，这部作品采取了歌剧式的结构，更为紧凑，包含崇高和冒渎之间的冲突。剧中音乐由贝内德克·达尔瓦斯（Benedek Darvas）作曲，通过特兰西瓦尼亚歌曲和匈牙利歌曲的和声、巴洛克音乐和摇滚乐的混合，传递讽刺式幽默。

歌剧之于平特

在平特的美学中，民间音乐不仅是一个必要元素，他还用同样的方式，创作了三部将民间文化后现代化的歌剧范畴作品。其 2019 年以前的全部作品中，共有四部受到了歌剧传统的启发，分别是《农民歌剧》《迪福什卡》《冠军》及《掌上明珠》。这些歌剧实际上是一种音乐剧（Musikdramas，德语名），意味着整部作品都是用来歌唱和演奏的。2002 年的《农民歌剧》就象征着这种特殊的仿歌剧形式的诞生。

《农民歌剧》的故事发生在当代一个特兰西瓦尼亚村庄中。该剧采用了《俄狄浦斯王》中的回顾式戏剧结构。《俄狄浦斯王》是平特最喜欢的戏剧作品之一。悲剧恐怖民谣是很常见的配乐主题，如阿尔贝·加缪创作的话剧《误会》（*The Misunderstanding*）。这部剧讲述了一对父母没能认出自己的孩子，并因为贪婪杀死了他。该剧是悲剧和喜剧的结合，并用民间音乐、巴洛克音乐和当代流行文化（肥皂剧）的对比来体现幽默。在平特的戏剧原则中，民间元素并不限定在过去，而是所谓的当代民间文化（通俗文化）。因此，《农民歌剧》中,曾经天真无知的少年重返出生的村庄时,已经摇身一变成了牛仔,这代表特兰西瓦尼亚的村民想象中外国的样子。"匈牙利式英语"的发音使得"牛仔"(Cowboy)一词听起来滑稽怪诞,惹人发笑。用方言来标志东欧,这在平特的作品中也反复出现,既带来喜剧效果,也让主人公们不那么完美,从而更加讨喜。上述该剧中的牛仔归来时身戴假阳具,这一幕描绘了性感牛仔在狭小的特兰西瓦尼亚村庄生活的景象——欢好之事也标新立异:发光的假阳具大约有一米长。

平特另一个歌剧类型的巅峰之作是《迪福什卡》,剧中的一首歌唱道"统一的欧洲(Unified Europe)",这一名词连接起了当代欧盟和 1942 年的欧洲。《迪福什卡》讲述了当年在顿河罹难的人们的故事:1942—1943 年的冬天,匈牙利军队在顿河一败涂地。该剧展示了历史悲剧中的禁忌,描绘了充斥着反犹太主义的年代——在现如今的匈牙利,反犹太主义甚至仍未消失。剧中设定是超现实的:大胆的楼梯装置与《农民歌剧》中的相仿,出自彼得·霍尔加斯(Péter Horgas)之手;配乐同样由贝内德克·达尔瓦斯作曲,结合了普契尼(Puccini)风格、匈牙利民谣和行军歌曲。《迪福什卡》中不同音乐流派对比鲜明,成为讽刺的一部分,解构着"民族"的意象。

颠覆性的幽默:解构并重塑"民族"

在平特的美学里,幽默感贯穿始终。观众们深谙其道,剧一开场,第一句台词便赢得满堂欢喜,或者角色甫一登台,特别是由绍博尔奇·图罗兹扮演的角色登台时,无须开口,舞台底下就已乐成一片。其幽默同最初的卡巴莱式(Cabaret)元素相结合,展示了匈牙利文化中的一系列形象:公众名人、历史标志,以及反串表演等。

但有时这些幽默和卡巴莱元素(后现代)也会招致政治上的麻烦。例如,剧目《冠军》以普契尼的歌剧《外套》(*Il tabarro*)为蓝本,剧中主人公的家事与一位匈牙利保守派执政党,即青年民主主义者联盟(FIDESZ)的市长颇为相似。首演之后,不断有诋毁平特和该剧的新闻,人们也追忆起苏联时代①，尽管剧中的参照根本无关政治。

此外，2010年之前，平特的政治指涉总是以轻松的口吻，通过个人观点和家庭叙事来表达民族主义态度（如《曲奇女王》讲述了家暴问题）。直到2010年，才有激进分子的角色登上平特的舞台。这个角色来自所谓的匈牙利卫队，这是一场旨在施行种族主义的武力运动，由激进的匈牙利议会右翼政党约比克党（Jobbik）领导。而这部作品就是《烂泥》（*Muck*）。剧中的种族主义者由若菲娅·绍莫希（Zsófa Szamosi）②饰演，被刻画得极为黑暗阴沉。正是从这部剧起，平特开始谈及日益强劲的极右势力。另外值得注意的是，《烂泥》《曲奇女王》和《我们的秘密》（*Our Secrets*）是他最基于文本的三部作品。

《烂泥》是一则寓言，讲述了两名养女的故事。她们在十几岁时被一对夫妻收养，其中一位少女穆克（Muck），她的牙很难看，人们叫她丑八怪"烂泥"（Muck），她觉得自己不受养父母和村民的待见，这使她日后成为右翼激进分子。她毫无血缘关系的姐姐是个吉卜赛女孩（由埃娃·埃涅迪饰演），喜欢偷东西——这是对吉卜赛人的刻板印象。虽然村民也都是种族主义者，他们还是更喜欢她姐姐。

在塑造人物时，平特常常使用一些陈词滥调，但到了剧末，这些人物并不会落入俗套，结局也往往能摆脱偏见。不过，这些陈词滥调也使得平特完成了后现代主义的讽刺，比如将埃娃·埃涅迪饰演的吉卜赛人形象塑造得楚楚可人。

平特对于其他热门政治话题的反思，在别的剧目中也有所体现，如《野鸡舞》（*Pheasant Dance*，2015年），以及《直至心碎》（*Till Heartbreak*，2017年）——关于移民问题。《野鸡舞》的剧名打趣了匈牙利总理个人的政治策略，他曾用所谓的孔雀舞作暗示，意在嘲讽谈判对象。正如平特本人所总结的，这一新的创作阶段的到来，是因为前政府给了他们资金，而当局政府给的只有话柄。

他的另一部重要作品不仅重写了匈牙利的民间文化，而且重塑了匈牙利民族英雄，那就是《匈牙利皇帝电视台》（*Kaisers TV, Ungarn*，2011年）。这

---

① Andrea Tompa, "'You called me, dear Führer!' Béla Pintér: The Champion; Katona József Theater, Budapest," *Theater heute 7* (July 2016).

② 曾主演奥斯卡获奖短片《校合唱团的秘密》（*Sing*，2016年）。

个故事的前提是 1848—1849 年匈牙利反抗奥匈帝国的独立战争结局与历史不同。为了喜剧效果，匈牙利赢下了著名的施韦夏特之战（1848 年），从这个意义上来说，这是一部替代性的历史。有趣的是，平特不仅反思了民族主义的发展，还剖析了当代媒体的处境。在《匈牙利皇帝电视台》一剧中，19 世纪有个皇家电视频道，一直播放战争或自由的民族标志形象，这与 1989 年罗马尼亚革命时期的国家电视台一直播放相关内容如出一辙。匈牙利 19 世纪爱国主义英雄拉约什·科苏特（Lajos Kossuth）和裴多菲·山陀尔也被去神化：科苏特（由喜剧演员绍博尔奇·图罗兹扮演）的英雄气概有所减弱，裴多菲（如前文所述，由平特扮演）则非常专制易怒。剧中有一幕发生在厕所里：一位来自 21 世纪的时间旅行者站在两位英雄之间，而从这一角色的视角出发，两位英雄的古今身份、地位形成了颇有喜感的对比——如今两人已被当作偶像写进匈牙利的历史书里，时间旅行者却因尴尬而无法如厕。2010 年 10 月，匈牙利通过了一项新的媒体法令，许多人物由于政治原因被禁止在媒体上出现，而 2011 年上演的《匈牙利皇帝电视台》中，裴多菲上了皇家电视频道，这也是对热门政治话题的折射。

《匈牙利皇帝电视台》中的音乐由安塔尔·凯门齐创作，结合了国家集体潜意识中的不同音乐层级，将 1948 年的进行曲与李斯特狂想曲、舒伯特、贝多芬和肖邦混合在一起。剧中，在施韦夏特之战结束之际，当观众以为落败已成定局时，李斯特葬礼进行曲响起，但紧接而来的便是虚构的凯旋结局，李斯特狂想曲又再度响彻全场。

2013 年，平特创作了另一部抚今追昔的剧《我们的秘密》。这次的故事发生在 20 世纪 80 年代——一个布满秘警和特工的时代。由佐尔坦·弗里登塔尔（Zoltán Friedentha）饰演的主人公有一个除特工之外的秘密，那就是他对自己 10 岁的继女有着难以压抑的感情与性爱慕，并正与此作斗争。因此，他受到了国家情报机构的操控。该剧的戏剧性在于主人公的薄弱意志：他无论多努力，也无法抵御诱惑。剧中的幽默效果大部分也来自卡巴莱的传统元素。例如，该剧同平特其他许多作品一样，有反串角色：演技精湛的安盖拉·斯特凡诺维奇斯（Angéla Stefanovics）饰演一个早熟的男孩；另一个反串角色则

图 1 《匈牙利皇帝电视台》，贝拉·平特导演，贝拉·平特剧团，2011，剧中的贝拉·平特。
摄影：茹饶·康奇（Zsuzsa Koncz）

安排给了埃斯特·恰卡尼（Eszter Csákányi），她曾是科瑞科塔尔剧团[①]的演员，在剧中饰演一名警官。她的表演一方面展现了自我——她的父亲是著名演员拉斯洛·恰卡尼（László Csákányi），而她通过戴上其父标志性的眼镜，模仿起他来惟妙惟肖；另一方面，她刻画了20世纪80年代一位孤独的同性恋警官，试图勾引"他"手下恋童癖的特工。剧中虐待儿童的场景说明即使在悲剧的层面下，这部剧也能实现喜剧和病态之间的平衡。

在《我们的秘密》一剧中，平特扮演一名天赋异禀却不受欢迎的民间舞者，他渴望获得国家荣誉证书，却因为离经叛道的行为而未能成功。观众可从两个层面将他的奋斗历程与国家对立起来：20世纪80年代的他曾是一名反叛者，而21世纪的他是一位极具天赋的戏剧制作人。由此，平特通过角色解构了民间文化。他的戏剧也将民间舞蹈从守旧文化中解放出来，转化成了另外一股对立的力量。《我们的秘密》中的民间舞者年轻性感，完全不见保守的影子。

平特戏剧中这种后现代的曲折情节，让观众从不同于匈牙利当代戏剧的视角中看到了匈牙利-特兰西瓦尼亚民间文化。从最真实的、最具后现代性的意义上来说，贝拉·平特的戏剧是"民族"的。要是我这么说有什么不确切的，那就是"后现代"的概念太过迂腐，而这绝非贝拉·平特的品格。

---

① Krétakör (Chalk Circle).

参考文献

[1] Brandl-Risi, Bettina, "The New Virtuosity—Outperforming and Imperfection on German Stages," *Theater* 37:1 (2007), p.8-37.

[2] Enyedi, Éva, "Pintér, the Playwright," *in Béla Pintér—Plays* (Budapest: Saxum, 2013), p.359—363.

[3] Pintér, Béla, Round table talk-series held with members of the Hungarian Theatre Critcs' Association, in Szkéné Theatre, 2013.

[4] ——, Interview, Interviewer: Orsolya Kovári, *Átrium* (Budapest, 2019).

[5] Tompa, Andrea, "'You called me, dear Führer!' Béla Pintér: The Champion; Katona József Theater, Budapest," *Theater heute* 7 (July 2016).

西尔维乌·普尔卡雷特:"富裕戏剧"大师

[罗马尼亚]奥克塔维安·萨尤* 著

马慧 译

普遍的戏剧性

西尔维乌·普尔卡雷特可以说是罗马尼亚当下最著名的国际戏剧艺术家。他曾三次参加爱丁堡国际艺术节,其作品在阿维尼翁戏剧节引起过巨大的反响,目前他还在欧洲和亚洲多地开展工作。除了这些成就,多次出席锡比乌国际戏剧节的经历给他带来了无与伦比的声誉。自2008年以来,他的代表作《浮士德》一直是每届锡比乌国际戏剧节的主要看点。这是一部规模宏大的作品,光演员就超过百人。这部作品不仅抓住了普尔卡雷特美学的精髓,还以一种独特的角度展现了他深刻的戏剧哲学,因它不光表现出令人印象深刻的技巧,探索了广阔的表演空间,而且对人类在现代历史中尝到浮士德式挑衅滋味

---

* [罗马尼亚]奥克塔维安·萨尤(Octavian Saiu),学者、专业戏剧评论家,罗马尼亚国立戏剧电影大学(The National University of Theatre and Film in Romania)戏剧博士、新西兰奥塔戈大学(The University of Otago)比较文学博士,并在奥塔戈大学完成了现代文学的博士后研究。目前,他还在欧洲和亚洲的多所大学任教研究生课程。他曾担任锡比乌国际戏剧节学术会议(The Conferences of Sibiu International Theatre Festival)的主席,并在爱丁堡国际艺术节(Edinburgh International Festival)、戏剧奥林匹克(弗罗茨瓦夫和托卡)等活动中发表演讲并主持会议。他是国际戏剧评论家协会的副秘书长,并担任该协会罗马尼亚分会——戏剧研究的主席。他著有11本戏剧类书籍。2010年获得评论家奖,2013年获得戏剧艺术家协会(UNITER)奖,2020年获得罗马尼亚总统颁发的文化功勋勋章。

的那方世界的命运进行了悲悯的深思。①

理解了《浮士德》，就理解了普尔卡雷特。他的戏剧理念既具有世界性，又具有独特的东欧文化和精神气质。这部作品整体上融合了两个维度：一种特定城市的文化特色和一种超越地域特征的风格。该剧的表演场地就是二者的隐喻，而不光是一种适合后工业时代的后现代风格的表现。《浮士德》是在一座工厂里上演的，这座工厂现在已经改成了剧院。普尔卡雷特的《浮士德》气势磅礴、充满激情、情节复杂，将经典文本转化为关于当下危机的视觉叙事。通过它，导演似乎在说，人类如今正面临着与过去相同的挑战，这些挑战曾压垮了歌德笔下的主人公，其中最令人担忧的莫过于精神价值的丧失。观众观看到一场引人入胜、身临其境的表演，在这个过程中，他们被带入一个充斥着真实火焰、人满为患的五朔节之夜（Walpurgis Night）②的离心空间中，被一种类似耶罗尼米斯·博斯（Hieronymus Bosch）③画作的怪诞风格所征服，最后带着一种矛盾的满足和不安离开了这座昔日的工厂。在普尔卡雷特的世界里，观看戏剧的乐趣在于一种罪恶感的产生，因为它包含着对自我的怀疑，以及通过反向凝视对预先确立的价值观的质疑。这种凝视是观众的凝视，但同时观众也感受到他者的凝视。《浮士德》在展现一种感官上的震撼和罕见的吸引力的同时，也进行了深入的思考，即一个荒谬、暴力和无节制的世界意味着什么。它传达出的讯息是，我们都可能屈服于邪恶的诱惑，就像这部剧里年迈而无力的主人公一样。

---

① 可以说，普尔卡雷特的戏剧是一种"抵抗"（Resistance），尽管这个观念在表演艺术中造成了太多的文化近似性。从克里斯托弗·因内斯（Christopher Innes）和玛丽亚·舍夫佐娃（Maria Shevtsova）在《剑桥戏剧导演导论》（*Cambridge Introduction to Theatre Directing*, Cambridge and New York: Cambridge University Press, 2013）第 111 页对他的介绍中可以看出这个概念有多模糊。

② 欧洲传统民间节日，每年 5 月 1 日举行祭典，祭祀树神、谷神，庆祝丰收以及春天的来临。4 月 30 日被称为"五朔节"或者"五月节前夜"，原意是"明亮的圣洁的火"，是凯尔特语。五朔节的主要元素是火，人们先熄灭所有火，然后由当地领袖重新燃起圣火，再生起两堆篝火。牲畜被驱赶着跨过火堆或者从两堆之间走过。当地人认为，这样可以为牲畜洁身，让他们在来年受到庇护。——译者注

③ 15—16 世纪荷兰画家，画作多以恶魔、半人半兽甚至是机械的形象来表现人类的罪恶与道德沦丧，被认为是 20 世纪超现实主义的启发者之一。——译者注

《浮士德》不仅是普尔卡雷特最著名的作品，也是罗马尼亚最著名的戏剧作品，曾被很多学术刊物刊载，也被欧洲各大报纸报道。[①] 从这部剧的规模来看，它所取得的地位在一定程度上是合理的，它将经典的当代演绎变成了一种通过重读和改写进行改编的文化现象。歌德的洋洋万言被缩减为一个半小时的戏剧也好，剧中很多角色都被删除也好，这些似乎都不重要。真正重要的是，这场演出有了自己的生命，超越了人们对这部文学杰作的所有期待。普尔卡雷特与其说是这本书的一个精明的译者，不如说是一个新的作者。这种态度是一个艺术家的标志，他试图重新定义舞台，把焦点从诠释和解释一个文本变成将这个文本作为一个想象的借口。

如果从文本角度去分析他的创作，坚持原作者的意图和这部剧所揭示的内涵之间存在必要的关联，那就误解了普尔卡雷特创作理念的本质，而正是这种理念让他从一个不知名的罗马尼亚戏剧创作人一跃成为国际知名人物。1989年罗马尼亚革命之后，普尔卡雷特凭借一部改编剧《于布王》（*Ubu Rex with Scenes from Macbeth*）迅速开启了成名之路。这部剧刻画了一对残忍的独裁者夫妇，其统治时间长达25年。它是一部关于权力的寓言，这种巨大而丑陋的权力无疑背离了平等主义意识形态的理想。

1991年，普尔卡雷特带着这部作品首次受邀参加爱丁堡国际艺术节。比起当时世界上其他已经成名的导演，普尔卡雷特的名字更新鲜，也更具有异国情调，因而也被认为是一位能够揭示东欧戏剧隐秘创造力的艺术家。受雅里戏仿风格的启发，这部剧实际上是讲的是罗马尼亚前总统齐奥塞斯库夫妇（Elena and Nicolae Ceausescu）。一如他的其他作品，这部剧的暗示既明显又隐晦，既张扬又低调。在一个废弃工地的巨大脚手架上，这对20世纪后期的麦克白夫妇正享受着权力所带来的喜悦，这一超大比例的场景如同一幅漫画，显示出一种夸张的戏剧性。一夜之间，普尔卡雷特的名字变得家喻户晓，备受追捧。

---

① 这部剧已经成为一个经典，尤其是在爱丁堡巡演之后，一些英国出版物对该剧的表演给予了热烈的评价。BBC还在2009年爱丁堡国际艺术节期间报道了这一独特的大制作的影响，这是该艺术节多年来首次需要寻找一个足够宽敞的新场地来容纳演出。

他接下来的成功作品之一是根据欧里庇得斯和塞内加的作品改编的《费德拉》(Phaedra)，是另一个关于人类道德危机的戏剧故事，也是另一部暗示前罗马尼亚社会主义共和国的寓言。监视和操纵的主题是核心，歌队由一群不辨雌雄的演员组成，他们都穿着黑色长雨衣，手持长棍。这群人假装成睿智的老者，实际上是在背后偷听和密谋，为主人公的灾难埋下伏笔并推波助澜。最后，在费德拉自杀后，他们跳起了胜利而欢乐的圆舞曲，露出了真实的嘴脸。通过这幅后来在他的许多作品中反复出现的群体人像，普尔卡雷特谴责了罗马尼亚的政治警察，认为他们是监视和控制民众的机器，而在这个只有在恐惧和压抑中才能吐露真相的国家，这个机器已经运行了近半个世纪。

演员作为一个整体的实体

将个体的演员转变成一个完全同质而统一的整体，已经成为普尔卡雷特风格最显著的特征，而他的风格也是值得我们去探索的。普尔卡雷特在进入布加勒斯特国立戏剧与电影大学的戏剧系之前，曾学过视觉艺术。作为导演，他忧心的并不是与他一起工作的一个或多个演员个体，而是与演员合作这一想法本身。演员个体的自由和不确定性与他所追求的导演精神有悖，他想要的并不仅仅是以典型的导演方式执导。对他而言，导演的自由建立在抹去演员的个体特征上，即将演员们合成一个整体，从而获得控制他们的机会。虽然普尔卡雷特在与演员互动时表现得体，绝对不会虐待演员，但他总是努力控制自己作品的每一个环节——不是以独裁者的姿态，而是以独特的创作风格去实现。他的想法是由视觉化与戏剧化、独立工作与他人合作之间的差异性带来的。[①]

普尔卡雷特对演员作为一个整体的实体的审美理念在他其中一部作品中达到了顶峰，这部作品不仅使他获得大众认可，还使他在大型戏剧制作人的万神殿中占有一席之地，得以与彼得·布鲁克或阿里亚娜·姆努什金（Arianne

---

① 有关普尔卡雷特戏剧信仰的详细陈述，请参考《当代欧洲戏剧导演》一书中对他的访谈。*Contemporary European Theatre Directors*, edited by Maria M. Delgado and Dan Rebellato (London and New York: Routledge, 2010), p.87。

Mnouchkine）齐名。这部名为《达那伊得斯姐妹》（*The Danaids*）的作品是与阿维尼翁戏剧节以及其他几个文化机构联合制作，并在克拉约瓦国家剧院（National Theatre of Craiova）上演的。普尔卡雷特另外两部戏《费德拉》和《于布王 × 麦克白》也是在这个剧院创作的。《达那伊得斯姐妹》体现了普尔卡雷特导演理念的两个方面：庞大的演员团队和压倒性的舞台能量。埃斯库罗斯这个关于达那俄斯家族（Danaos）的女儿们被埃及男人追求的故事，在普尔卡雷特手中变成了一个关于流亡与庇护、男性意识形态与女性主义反抗的寓言，而不仅仅是一部戏剧。演员的阵容规模令人印象深刻：埃及人和达那伊得斯姐妹分别由 50 个男演员和 50 个女演员扮演，台口区域则被精挑细选出的少数几名演员占据，他们扮演这部希腊悲剧中的诸神。这些神被淹没在最大的两组演员群体当中，看起来很不起眼，但是他们其实是由罗马尼亚最有名的几位演员出演的。①

这些神优雅地谈论着他们自己犯下的暴行，惩罚着无辜的人类，以便能欣赏他们的惨状。他们的每句台词都慷慨激昂，措辞严谨，每个手势都经过严密的计算和控制。在他们身后，两组人在一个巨大而空旷的空间里激烈战斗，展示他们的存在所释放出的能量。饰演神的演员们穿着白色的衣服，显得优雅、超然而沉着，与陷入高压氛围的另外两组演员对比，完全传达出普尔卡雷特的戏剧理念。对他来说，演员对台词的诠释以及对角色的刻画，并没有他们在舞台上展现的能量重要。很多人认为这部戏是视觉戏剧的一个典范，继而认为普尔卡雷特与康铎（Tadeusz Kantor）和威尔逊（Robert Wilson）是同一类的导演。实际上，这部戏展现了一种新的风格，一种重新定义舞台语言的尝试。这种新的舞台语言不是通过个别演员的表演细节体现的，而是通过将演员合并成一个整体而产生的总体影响来定义的。② 没有一个观众能够忽视演员身体的力

---

① 关于这部戏更详细的描述，参见 Octavian Saiu, *In Search of Lost Space* (Bucharest: UNATC Press, 2010)。

② 在利摩日剧院（Theatre of Limoges）期间，他曾出版了一部名为《西尔维乌·普尔卡雷特：戏剧影像》的集子（*Silviu Purcărete: Images de théâtre*, Carnières Belgium: Lansman, 2002），带有他鲜明的个人特色。这些图像展现出的力量很好地体现了他的创作风格，他也因此被列入视觉戏剧的创作典范。

量，也没有人能否认他们声音的力量。每一组的 50 个演员像一个连贯的实体一样团结在一起，以一种自古希腊戏剧以来从未有过的方式，通过他们的存在本身传达了这一信息。

《达那伊得斯姐妹》的视觉呈现美得令人难以忘怀，它包含了一种政治和哲学的表述，其含义在今天甚至比当时更能引起共鸣。① 被赶出家门的女人们提着木制的手提箱，每个木箱都是她们身份错位、狼狈逃亡的缩影。她们把手提箱一个一个摞起来，试图形成一个保护性的路障，但很快就被闯入舞台的野蛮人破坏。流亡是这部剧的关键主题，是对一个世纪的痛苦总结。在这一个世纪里，整个国家的人都被迫离开故土。聚集在舞台上的众神说出的第一个字是 E-R-O-P-A，这是一个建立在暴力绑架神话之上的大陆的名字。普尔卡雷特似乎在暗示，这块大陆不仅拥有古希腊人建立的伟大文明，还拥有暴力、流离失所和不容异己的历史。这与德里达的观点是相呼应的。这种两极对立的共存难道不是对欧洲人（Homo Europaeus）的一种定义吗？在舞台上对二者进行解构，成了普尔卡雷特作为艺术家的使命。

善与恶之间

在他所有主要作品中，从 20 世纪 90 年代末的《俄瑞斯忒亚》到最近的《理查三世》(*Richard III*)，普尔卡雷特一直试图强调善与恶共存是人类与生俱来的悖论。这个结论稍显苦涩，这种苦涩有时会被他以黑色幽默所掩盖，有时被一种令人印象深刻的意象所渲染，但似乎从未在他的作品中缺席。比如，在他导演的莫里哀的《唐璜》中，这位著名的花花公子既是"刽子手"，又是受害者，因而在最后一幕中，他被一具毫无生气的骷髅代替出现在了舞台上。还有，他对拉伯雷（François Rabelais）的《巨人传》(*Gargantua and*

---

① 事实证明，这部剧太有挑战性，因此对一些评论家来说（尤其在美国）是不受欢迎的。这部剧在林肯中心演出后，约翰·西蒙（John Simon）在《纽约杂志》(*New York Magazine*，1997 年 7 月 28 日）上发表了一篇非常不友好的评论。然后，其他评论家，如本·布兰特里（Ben Brantley）因其夸张的戏剧性而对它赞叹有加。

Pantagruel)的不可思议的改编。这是一部关于饕餮与微妙人性的作品，普尔卡雷特设计的其中一幕堪称视觉盛宴，在这一幕中，一堆餐具如倾盆大雨般从舞台上空倾泻而下。总体而言，善与恶的悖论在他所有作品中都存在，这些作品将人类的状态描绘成兽性和灵性的融合，人们必须对其进行区分、理解和探索。

在另一部与《于布王》《费德拉》《达那伊得斯姐妹》同一时期创作的作品中，这一点表现得尤为突出，即同在克拉约瓦国家剧院上演的《泰特斯·安德洛尼克斯》。专家们认为，这是莎士比亚最残酷的一部作品。① 其中一个场景打破了戏剧正确性的所有界限，因为它包含了可以想象到的最残忍的复仇方式：为了惩罚塔摩拉皇后（Queen Tamora）的罪行，泰特斯邀她共进晚餐，让她吃下用她自己孩子的血肉做成的食物。撇开这个行为背后令人心碎的原因，撇开所有能在剧中读到和看到的东西，浮出水面的问题是关于个体道德的下限。这是人类无法逃避的道德审判，莎士比亚并没有对此发表武断的言论，但足以令读者和观众理解到：生而为人，就得承认回归野蛮和超越野蛮都真实存在于自身当中。于普尔卡雷特而言，莎翁提供的这条讯息是他创作的前提。当泰特斯②打扮得像无声电影里的大厨一样招待来客时，这幅怪诞漫画般的场景被佐以最崇高的音乐——莫扎特D小调第20钢琴协奏曲。在所听到的美和所看到的冷酷之间，观众可以窥见人性所能抵达的所有极限。③在善与恶之间，人性永远摇摆不定。这一结论既源自莎士比亚，又被他自己推翻。在莎翁的剧本中，我们似乎看不到任何救赎的空间。普尔卡雷特的创作流露出一种令人悲伤的讽刺，他并未试图平衡道德的两极，而是提醒观众，任何事物都是两面的，美德与邪恶永远无法完全调和。当代戏剧中很少能见到有比此更激烈和更

---

① 在今天，当莎士比亚的身份受到前所未有的审视时，泰特斯的行为加深了这种质疑，因为这部剧似乎与莎士比亚其他悲剧的风格太不一样。

② 由罗马尼亚当时最伟大的演员斯特凡·约尔达凯（Stefan Iordache）饰演。

③ 在讨论《泰特斯·安德洛尼克斯》这部剧时，彼得·霍兰德（Peter Holland）称赞了这种矛盾的混合。用普尔卡雷特自己的话说，这是"恐惧与壮丽"的不可思议的混合体（Peter Holland, *English Shakespeares*, Cambridge and New York: Cambridge University Press, 2000, p.231）。

深刻的方式粉碎列维纳斯关于他者的伦理观念的场景。

同样的结论适用于普尔卡雷特的所有作品，这些作品都是戏剧式的散文，是关于人类的兽性与灵性的融合，这灵性高于人性，当然更高于兽性。这个观点就是底线，将他所有的作品联系起来，虽然这种联系不是很突出，却在其哲学意义上微妙存在着。它总是以鲜明的场面或精致的象征出现，因为它代表了他最基本的信仰，他表达这种信仰的方式不是作为一个导演来编排戏剧，而是作为一个创造者，通过他编排的戏剧来表达世界。这也是为什么仅仅用"导演"来形容他是错误的，或者至少不足以体现他的身份，因为他并不专注于文本的台词，而是不断地关注那些他觉得真正与自己合拍的作家的精神。①

视觉适应

与言语文字相比，丰富的意象确实是普尔卡雷特美学信仰的一种表现，并不是为了逃避繁重的文本解读以及省去与演员沟通的麻烦而故作姿态。实际上，他运用的所有意象都源自文本，是他冥思苦想之后提炼出的实质。在处理台词和人物的时候，普尔卡雷特总是显示出过人的机敏和博学。我们可以看到他的改编是文本本身的延伸，所以对于他所有作品中的视觉呈现我们不会觉得是异想天开，即便它们看起来有些铺张且毫无道理。比如，他对《格列佛游记》(*Gulliver's Travels*)的大胆改编，呈现出的就是这种视觉质感。

这部18世纪的小说似乎不太可能成为戏剧素材，因为它包含了太多幻想的生物，对舞台再现的可能性提出了严峻的挑战。面对这个不可能实现的改编，普尔卡雷特另辟蹊径，将小说的某些部分与斯威夫特的其他作品结合起来，尽情地对其展开当代诠释。他的《格列佛》(*Gulliver*)描绘的是人类的贪婪、野心和欲望，与"慧骃国"的美好形成了鲜明对比。这个观点在小说的第四章有明确的表现，而这一章恰恰是小说中不太有名的部分。普尔卡雷特将一

---

① 导演的使命在普尔卡雷特执导的唯一一部电影中得到了充分体现，这是一部魔幻现实主义寓言，描绘了一个历史、神话与虚构交织的罗马尼亚小镇的图景，名为《帕利路拉某处》(*Somewhere in Palilula*, 2012)。

匹真正的马牵到舞台上，这舞台同时也充斥着丑陋的人类行为，如演员们践踏着看似非常优雅的大理石地板。

改编的过程对戏剧研究来说是一个永无止境的话题，尤其是在欧洲，随着彼得·布鲁克、弗兰克·卡斯托夫和克里斯蒂安·陆帕等艺术家的广泛涉足，戏剧改编的趋势变得越来越明显。在许多情况下，文字会被简化、转换，甚至被删除。然而，很少有艺术家能像普尔卡雷特那样，找到与文字相呼应的画面，从而达到语言和视觉的完美匹配。普尔卡雷特的《格列佛》是一部由两个关键角色主导的戏：其一是一匹黑色骏马，提醒着人们，与人类的不完美相对的是大自然的完美；另一个是老迈的乔纳森·斯威夫特，他从作家变身为角色，戴着长假发，坐在轮椅上，讲述自己的故事。在这两个极端的角色之间，一系列的群像在舞台上展现。在这群像中，人类被描绘成最冷漠的生物，这正源自作家本人犀利凌厉的观察。表演中语言这一维度被强烈的意象所淹没，以至于叙事完全通过画面展开。这种舞台呈现的方式被汉斯·蒂斯·雷曼归纳在"后戏剧剧场"（Postdramatic Theatre）这一广义范畴。[1] 或许，一个更合适的词汇应该是"富裕戏剧"（Rich Theatre），恰好与格洛托夫斯基的贫困戏剧与极简主义舞台追求相对。这位波兰戏剧大师把自己藏在幕后，倡导谦逊和朴素的舞台美学，除了表演，无须其他。在这个意义上，普尔卡雷特更接近康铎，他想把自己融入自己的戏剧结构中，《格列佛》就是最好的例子。[2] 在台下，他录下自己朗读的这部小说的片段，在舞台上播放时，打断了信息的连贯性。这仿佛在告诉我们，他与他自己富裕、丰满的戏剧创作之间的脐带不能也不应该被切断。

---

[1] 在他开创性的研究中，雷曼将普尔卡雷特列为"后戏剧"范式的拥护者之一，与扬·洛韦斯（Jan Lauwers）、罗伯特·勒帕吉（Robert Lepage）和海纳·戈培尔（Heiner Goebbels）齐名（Hans-Thies Lehmann, *Postdramatic Theatre*, London and New York: Routledge, 2006）。

[2] 与康铎很像，普尔卡雷特在他的戏剧中引入怪诞的元素。然而，它们不仅仅是审美元素，而是用来提醒观众人类存在的劣根性的符号。

莎士比亚的冥想

为了强化自己的创作风格，普尔卡雷特除了推出新戏之外，还有一个做法是反复排演同一部戏。不过，不是每部戏都重排，而是只有《暴风雨》这一部戏。莎士比亚这部关于宽恕与和解的"遗嘱"，在普尔卡雷特眼里是一个有关偏执与孤独的故事。从他在诺丁汉执导的第一个版本，到在克拉约瓦创作的最新版本，普尔卡雷特与文本的关系越来越个人化。这部英国戏剧原本带着喜剧的腔调，足够轻松，让人觉得充满希望，但在这位罗马尼亚导演改编后的最新版本中，表演在一个破旧的房间里展开，老态龙钟的普洛斯彼罗蜗居在此，早已失去了魔法。他的这部戏是对希望的极限的悲哀沉思。在所有版本中，普尔卡雷特都以莎士比亚为托词，对人类进行了非常主观的深思，把人类的矛盾本性与爱丽儿（Ariel）和卡利班（Caliban）联系在一起，分别作为精神期望和极端野蛮的表达。此外，他在所有三个版本中都试图向观众表明，虽然他几乎完全保留了原作情节，但所呈现的并不是对原作的忠实演绎，而是以一个艺术家的乖僻视角，出于一种令人不安的原因相信莎士比亚是"我们当代人"。①根据普尔卡雷特对《暴风雨》和《泰特斯·安德洛尼克斯》的解读，莎士比亚不是用温和的宽容，而是以强烈的犬儒主义描绘人性的作家。

普尔卡雷特与东京艺术剧场（Tokyo Metropolitan Theatre）特别合作的《理查三世》是他对莎士比亚的黑暗审视的另一个证据。在此之前，这家著名的日本机构还从未邀请过罗马尼亚艺术家来演出，而在罗马尼亚和日本进行了一系列以他的作品为中心的文化交流之后，普尔卡雷特得到了这个机会。2013年和2015年，《露露》（*Lulu*）和《俄狄浦斯王》分别在东京巡演之后，他的声誉因评论界和公众的一波又一波赞誉而得到巩固，尤其是一些日本的剧院常客，还能记起20世纪90年代观看他导演的《泰特斯·安德洛尼克斯》时的

---

① 值得强调的是，扬·科特的著作《莎士比亚：我们同时代的人》（*Shakespeare, Our Contemporary*）在罗马尼亚非常受欢迎，影响了许多代戏剧艺术家，包括普尔卡雷特。

情景。① 在日本，电影界的黑泽明和戏剧界的蜷川幸雄等大师，很大程度上影响了本国人对莎士比亚文化的广泛接受，因而普尔卡雷特这位东欧导演想在这里立足并不容易。舞美德拉戈什·布加希尔（Dragos Bugahiar）和作曲瓦西里·希尔利（Vasile Sirli）是普尔卡雷特的惯用团队，在他们的加持下，普尔卡雷特选择了一种非正统的方法来表现剧本和角色。就在德国导演托马斯·奥斯特迈耶的《理查三世》在整个戏剧界引起轰动之后，在东京艺术剧场首演的普尔卡雷特版是对该剧的另一种解读。

值得一提的是，这并不是普尔卡雷特第一次排演这部剧。20世纪80年代，他曾将这部剧搬上舞台。当时有一幕尤其令人难以忘怀，以至于在当时引起了轰动，几乎导致这部剧被禁。在这一幕中，理查与王座交媾。② 对权力的痴迷被认为是原作的中心主题，而这个主题在普尔卡雷特的制作中不再仅仅是扬·科特所谓的"宏大历史机制"的一部分，这是一个疯子无法控制的欲望的展现。在日本的制作延续了同样的荒诞和疯狂的主题，但却披上了不同的外衣，唯一相同的元素是理查试图让王座怀孕的场景。那么，二者之间最大的区别是什么呢？在东京的演出版本中，理查只是一个麻木不仁的小丑，最后孤独地在轮椅上死去。这是对权力的脆弱性的隐喻，是将死亡描述为一个玩火自焚的完美演员的终极玩笑。他的自我毁灭不是果，而是一切的因。

全球演出和跨国身份

在很多国家工作，同时涉足歌剧和戏剧③，以入籍公民的身份生活在法国，不断因新项目展开旅行，着迷于人类和历史的普遍主题，几乎从未涉猎罗马尼

---

① 在日本出版的唯一一本关于罗马尼亚戏剧的日文著作中，大部分都是关于普尔卡雷特作品的论述，书的封面很好地诠释了这一点。参见《罗马尼亚戏剧的诱惑》（*Rumania Engeki-ni Miserarete*, Tokyo: Serika Shobo, 2013）。

② 这位扮演理查的演员，后来在《泰特斯·安德洛尼克斯》一剧中扮演了泰特斯。

③ 他是少数受邀在苏格兰歌剧院和维也纳国家歌剧院工作的东欧导演之一。他的歌剧导演生涯始于1989年，并一直未中断过。

亚本国的作品，普尔卡雷特身上所体现的正是典型的当代导演的特点。这些导演往往没有固定的居所，因此也没有可辨的国家身份。如果要分类的话，他可以被视为跨国界的全球性艺术家这一类。

不过，他从来没有放弃他的罗马尼亚身份，没有任何地方比他的祖国更真实，更像他的家。即使在他担任利摩日国家戏剧中心（1996—2002 年）的负责人期间，普尔卡雷特也与罗马尼亚戏剧活动保持着密切的联系，因为这是他不能完全丢下的。在他的风格和方法中，在所有构成他艺术个性的东西中，都蕴含着罗马尼亚的气质，而罗马尼亚是东欧文化的一部分，这无疑是他戏剧中所坚持的东西。① 他的作品在罗马尼亚的戏剧传统中不太显眼，斯坦尼斯拉夫斯基的现实主义仍然主宰着这里所有表演学校的课程，自然主义舞台从未被抛弃。实际上，在很多方面，普尔卡雷特的一切都与这一传统相矛盾。

图 1 《浮士德》，西尔维乌·普尔卡雷特导演，锡比乌拉杜·斯坦卡国家剧院，2007。
摄影：来哈埃拉·马林（Mihaela Marin）

---

① 普尔卡雷特经常被这样评价，介于本土之根与极度国际化的、全球性的身份之间。参见 Jozefina Komporaly, *Radical Revival as Adaptation: Theatre, Politics, Society*, (London: Palgrave Macmillan, 2017), p.69。

然而，在一次新闻发布会上，当被问及《浮士德》中的"五朔节之夜"这一场景的创作时，普尔卡雷特的回答令人困惑。①"五朔节之夜"带来的一种真正沉浸式戏剧的多声部和多感官的体验，让人想起费里尼在《爱情神话》（*Satyricon*）这部电影中对特里马尔奇奥晚宴（Trimalchio Banquet）的描绘。普尔卡雷特没有卖弄学究气地详述其中高雅的文化渊源，而是坦言那个惊心动魄的场景②的来源很私人也很平凡。他的灵感来自罗马尼亚首都布加勒斯特附近一个小乡村博林廷（Bolintin）热闹非凡的牲口集市。在那个集市上，他目睹了粗俗世界的侵略性，听到了虚假的传统主义和真正的商业主义结合的刺耳杂音。也就在那个瞬间，他发现罗马尼亚农村的所有价值观都被抹掉了，这是一种试图通过破坏传统精神价值来改变其本质的意识形态的直接结果。在发布会上，普尔卡雷特并没有提及任何有关罗马尼亚近代历史的细节，也没有声称他排演的《浮士德》所带来的复杂文化参照是毫无根据的。他只是勉强承认，"五朔节之夜"黑暗的视觉交响乐源于那萦绕不去的记忆。他来自巴尔干半岛的某个角落，那里的一切都是混杂的，几乎没有什么是纯粹的。如果把歌德的原作和这样一段个人传记联系起来，那么就等于承认人的存在的人类学本体论悖论。正是这个原因，因为这种主体的不纯粹弥漫在他的戏剧作品中，普尔卡雷特在成为一位全球化的东欧导演之前，首先是一个罗马尼亚人。而事实上，出于同样的原因，可以说他不只是全球化的，而是真正具有普遍性的一位导演。

参考文献

［1］Delgado, Maria M. and Dan Rebellato, *Contemporary European Theatre Directors* (London and NewYork: Routledge, 2010).

［2］Fabre, Patrick and Sean Hudson, *Silviu Purcărete: Images de théâtre* (Carnières,

---

① 这是在锡比乌国际戏剧节的一个每日新闻发布会上。这个发布会由一系列的小组论坛组成，通常会邀请参加戏剧节的著名艺术家参与。

② 在这一幕中，观众被邀请跟随演员一起穿越那座空旷的旧时工厂。

Belgium: Lansman, 2002).

[3] Holland, Peter, *English Shakespeares* (Cambridge and New York: Cambridge University Press, New York, 2000).

[4] Innes, Christopher and Maria Shevtsova, *The Cambridge Introduction to Theatre Directing* (Cambridge and New York: Cambridge University Press, 2013).

[5] Komporaly, Jozefina, *Radical Revival as Adaptation: Theatre, Politics, Society* (London: Palgrave Macmillan, 2017).

[6] Lehmann, Hans-Thies, *Postdramatic Theatre* (London and New York: Routledge, 2006).

[7] Saiu, Octavian, *In Search of Lost Space* (Bucharest: UNATC Press, 2010).

[8] Shichiji, Eisuke, *Rumania Engeki-ni Miserarete* (Lured by Romanian Theatre) (Tokyo: Serika Shobo, 2013).

[9] *New York Magazine*, 28 July 1997.

[10] *The New York Times*, 2 July 1997.

从剧院到广场：席林·阿尔帕德作品中戏剧观念的转变

[匈牙利] 加布里埃拉·舒勒* 著

周雨星 马慧 译

颠覆性的戏剧导演（1995—2008）

1995年，席林·阿尔帕德成立了科瑞塔克尔剧团（Krétakör Színház）①，不久他便前往匈牙利戏剧电影学院学习。2008年，席林宣布重组科瑞塔克尔剧团。在此之前，除了在其他剧院担任特邀导演，席林在科瑞塔克尔剧团共导演了19场戏剧。这一时期，他的导演风格别树一帜，令人难以捉摸：每部戏剧舞台语言都很独特，其中几部还引领了匈牙利戏剧的改变，也奠定了他在国际上的声誉。

20世纪的最后十年对匈牙利戏剧颇为重要。90年代，许多导演致力于破除当时被奉为圭臬的剧本和表演传统，开启了后现代戏剧时代。2002年之后，剧院再次成为反映社会问题、公众生活的重要场所，但不是以20世纪80年代

---

* [匈牙利] 加布里埃拉·舒勒（Gabriella Schuller），戏剧学家，著有多篇关于匈牙利当代戏剧、社会主义时代戏剧史和视觉研究的文章。2000年至2016年，曾在潘诺尼亚大学（University of Pannonia）和卡罗利·加什帕尔改革教会大学（Karoli Gaspar University of the Reformed Church）任戏剧史讲师。自2016年起，在艺湖艺术研究中心——布达佩斯美术博物馆（Artpool Art Research Center-Museum of Fine Arts, Budapest, Hungary）任研究员和档案保管员，现为匈牙利科学院戏剧与电影研究委员会（Theatre and Film Studies Committee of the Hungarian Academy of Sciences）成员。

① 英文为Chalk Circle Theatre，意为"灰阑剧院"。

的现实主义和"言外之意"来反映的,而是通过所谓"导演剧场"的后现代舞台语言来反映的。这一过程中,席林发挥着重大作用。

席林最开始是作为演员进入戏剧行业的。他是圆桌戏剧协会(Kerekasztal Színházi Társulás)和阿维苏拉剧团的成员。前者是匈牙利最古老的戏剧教育组织之一,后者是一个业余戏剧组织,在20世纪80年代曾尝试仪式戏剧、非言语戏剧,但据席林在采访中所说,该组织的信用度在20世纪90年代几乎丧失殆尽。

匈牙利的业余戏剧和戏剧教育历史独特。在一般时期内,专业剧团(一些著名剧团除外)要按照规定保护匈牙利的文学传统和心理现实主义传统,但所谓的"业余剧团"则自由得多,它们能尝试不同的表演风格,也能演出专业剧团禁止表演的剧本。因此,业余剧团进行了很多创新,甚至在政治体制改变之后,依然为戏剧带来灵感。

席林成立了科瑞塔克尔剧团,但剧团的演员是不固定的。他在戏剧电影学院学习导演,并于2000年毕业,这期间一直维持着科瑞塔克尔剧团的运行。他本有机会加入公共剧团,和大多数青年导演一样,在体制内工作,但却决心另辟蹊径,创立自己的公司,有时还会对体制提出质疑。从那时起,剧团的成员基本固定下来,并在2002年首获成功,得到了更多的经济支持,也吸引了一些戏剧界已小有名气的演员加入剧团,比如埃斯特·恰卡尼、约瑟夫·加布隆卡(József Gyabronka)和佐尔坦·穆奇(Zoltán Mucsi)。此外,安娜玛丽亚·朗(Annamária Láng)、莉洛·沙罗什迪(Lilla Sárosdi)、博尔巴洛·彼得菲(Borbála Péterfy)、尚多尔·泰尔海什(Sándor Terhes)、若尔特·纳吉(Zsolt Nagy)、盖尔盖伊·班基(Gergely Bánki)、佐尔坦·考托瑙(Zoltán Katona)和罗兰德·拉鲍(Roland Rába)成为剧团的核心成员;维克托·博多(Viktor Bodó)和尚多尔·恰尼(Sándor Csányi)也在前几次的成功演出中担任了重要角色。

受伊什特万·绍莫吉(István Somogyi,阿维苏拉剧团的领导者)的启发,席林有一套独特的和演员合作的方法。剧团会来到乡村,与外界隔绝。席林则会通过即兴练习来训练演员,让演员更富创造力,挑战自己的身心极限,从而敲定最终的表演方式。他和演员合作取得了不少成就,也为观众带来了许多美妙的瞬间。

这里也要提到马泰·加什帕尔（Máté Gáspár），他在1998年加入剧团，为剧团的运营和取得的成就做出了重要贡献。马泰对戏剧的文化管理有着丰富的实践经验，他采用了全新的方式，与外国伙伴合作，也采用新的方式来制作戏剧，使其在艺术上和商业上都取得了成功。这样的概念和方式在当时的匈牙利是前所未有的，现在已经为剧团广泛采用。

1998年布莱希特的《巴尔》是剧团第一场大获成功的戏剧，源于其充满野性的创作：演员的身体力量和杂技能力，舞台上大胆而自然的裸露，以及对男女性欲的粗暴刻画。自20世纪70年代末多尼街公寓剧团（首个也是唯一一个在戏剧中尝试生理、心理的越轨亲密行为的剧团）的成员被迫离开匈牙利后，这样的戏剧对匈牙利的观众而言无疑非常新奇。除此之外，《巴尔》的海外反响也很热烈，这为席林和科瑞塔克尔剧团登上国际化舞台奠定了基础。

2001年的《W工人杂技团》（W—Workers' Circus），改编于毕希纳的《沃伊采克》，故事线相同，但更为成熟，基本上可以被视为匈牙利戏剧表演史上的一个转折点。这部作品采用了简单且简约的布景、道具。演员们就在金属栅栏后面的一小块空地里，地上铺满了沙子，演员都穿着一样的服装——黑色裤子或裙子搭配白色背心。席林是这样解读的：主人公（名字用一个字母表示）从"天堂般的家"被带到等级分明的军队里，在那里，他一步步失去个性，但最终通过杀死通奸的妻子找回了自由。故事情节以及人物间的关系是通过动作刻画出来的，而演员则需要突破自身极限演出这些动作。比如，莉洛·沙罗什迪所扮演的、演出中全程赤裸的傻瓜（Fool），要吃沙子，还要用嘴吐肥皂泡。对W（若尔特·纳吉饰）而言，最痛苦的片段是绕着圈跑，鞋底用胶带固定了沉重的石头，面部被一根绳子所扭曲。博士（Doctor，盖尔盖伊·班基饰）则出生在一个悬挂在天花板上、盛满液体的大袋子里。还有W和妻子以杂技的形式呈现的欢爱场景。演员突破身体极限做出的勇敢、危险动作与舞台上呈现的故事、人物同等重要。这样自然原始、充满活力的表演风格在匈牙利史无前例，也为科瑞塔克尔剧团赢得了国际声誉。这部作品也给匈牙利戏剧语言批评史带来转折：圆桌会议上，受邀的批评家提出，为了能清楚表达这一类戏剧，需要有新的词汇和方法。

2002年，《我的祖国，我的一切》（*Hazámhazám*①）代表着政治鼓动类戏剧的复兴。伊什特万·陶什纳迪（István Tasnádi）的戏剧（基于其剧团的即兴创作）展现了匈牙利从铁幕倒下（1989年）到21世纪初的历史概况。这之间的事件是通过一户温饱线上平凡人家的生活以及匈牙利政党的代表性人物来表现的。这部作品风格鲜明，采用了简单的音符与音乐，易于理解。该剧在布达佩斯首都马戏团（Capital Circus of Budapest）演出。剧中，一辆困在原地的车象征着匈牙利，车被困在原地，既因为场地为圆形，也因为司机无能，而司机则代表着当时的执政党。这部作品幽默而讽刺（批评了政治上的左翼、右翼，最终则表现的是对保守派执政党及其领导人的讽刺），引起了右翼支持者的注意，他们常常借着看演出的机会向演员扔烂番茄。因此，《我的祖国，我的一切》这部戏剧影响了普通人的生活，也影响了常去剧院的精英知识分子的生活，因而它本身就成了一部具有政治性的戏剧。

2003年，《西拉伊》②（*Siráj*）则继承了心理现实主义。这部作品曾在一个半波希米亚式俱乐部的小礼堂里演出，也使科什焦（Kostya，若尔特·纳吉饰）和母亲（埃斯特·恰卡尼饰）之间有关新旧形式的辩论在作品之外产生了共鸣。这场演出基本遵循传统，让演员在舞台上扮演虚构故事中的人物。但在很多场景中，演员打破了"第四堵墙"，直接与观众对话，在细节中聚焦"日常生活中的戏剧"。表演空间和房间差不多大小，演员穿着自己的衣服，言谈举止和现场观众们并无二致，因此，场景的夸张性显而易见。

这种类似契诃夫的解构主义和现实主义手法在匈牙利并非完全没有先例。1990年，安德拉什·耶莱什（András Jeles）曾导演过一部名为《在俄国某地》（*Somewhere in Russia*）的戏剧，改编自《三姐妹》，将心理现实主义语言与他自己粗暴、古老、仪式性的导演语言相结合。然而，席林的《西拉伊》则展示出他与演员们完美运用现实主义语言来表现一些重要的主题：探究生活、艺术

---

① *Hazámhazám*，英文为 *Fatherland, My All*，意为"祖国，我的一切"，匈牙利语名 *Hazámhazám* 出自19世纪爱国歌剧中的著名台词，是双关语。

② *Siráj*，英文为 *The Seagull*，意为"海鸥"，其匈牙利语名故意拼错，来表示对传统的背离。

的意义，展现艺术家之间紧张的代际关系。此外，文本中的一些小改动也让观众更接近故事和人物的内心世界。

如果说，《我的祖国，我的一切》呈现了匈牙利制度改革后一些重要的历史转折点，那么 2004 年的《黑色土地》则用政治性的戏剧反映了当代问题。《黑色土地》是一部讽刺时事的剧，演员们身着正式的晚礼服，根据席林收到的新闻来表演小品，而这些新闻是以短信的形式发到席林手机上的。排练时，剧团常常会根据短信内容进行即兴表演。每场戏的结尾都有许多幽默荒诞的情节，而每则被搬上舞台的新闻都保留了原汁原味，很多情况下甚至产生了惊人的效果。例如，用精心编排的二重唱来表演民歌，引得观众哄堂大笑；但观众后来才知道，原本的故事其实是关于自焚的。剧名出自一首匈牙利著名的象征主义诗歌，是米哈伊·巴比契（Mihály Babits）在 1909 年发表的。可以说，《黑色土地》这一剧名简直直接指向匈牙利：一片充斥着腐败的黑色土地，医疗系统遭到严重破坏，家庭暴力的受害者得不到司法系统的保护，等等。剧团每月都会邀请观众参加讨论会，讨论剧中的情节和事件，这是匈牙利戏剧再政治化的关键一步。科瑞塔克尔剧团的《黑色土地》在匈牙利只演出了两年（88 场），随着剧中情节与政治的相关度逐渐降低，该剧也渐渐丧失了活力与意义。尽管如此，它在海外又演出了两年，这证明它既有直接的政治意义，也是一部出色的戏剧。

2007 年，席林在维也纳（Vienna）的城堡剧院（Burgtheater）导演了《哈姆雷特.ws》（hamlet.ws[①]）。这部剧之后又在匈牙利演出，三位演员都来自科瑞塔克尔剧团：罗兰德·拉鲍、约瑟夫·加布隆卡和若尔特·纳吉。《哈姆雷特.ws》尝试了新的戏剧形式——教育戏剧。无论过去还是现在（直至 2019 年，该剧仍在演出），尽管这部作品也常面向成年观众，却主要在中学、大学内表演。席林采用的是亚当·纳道什迪（Ádám Nádasdy）的译本。亚当是翻译莎士比亚作品最杰出的译者之一，他运用当代语言，使观众成功感受到如同莎士比亚原汁原味的戏剧所能带来的效果。剧中，三位男演员饰演了所有角色，因此会时不时地进行角色切换；剧中没有道具和服装，也没有布景。整部

---

① *hamlet.ws*，"h"小写；"ws"是工作坊 workshop 和莎士比亚 Shakespeare 的缩写。

剧可以被视为一场探索戏剧本源的旅行。这部剧很愉快，只为剧本身而存在，不为知识分子或人文主义者的"负担"所累（而这种负担很多现代主义导演都有）。这是席林最后一次执导科瑞塔克尔剧团，也是他对戏剧本质的一次陈述。

在这第一个阶段，除了作为导演，通过讲话和采访（多数情况下都是和马泰一起），席林也积极参与匈牙利知识分子的活动和公共戏剧生活。2002年，《W工人杂技团》赢得了最佳另类表演奖，但席林不接受这一奖项。他批评了传统的分类评奖方式，即为"石头戏剧"（有固定建筑、固定演员和津贴的公共剧团）和独立戏剧分别颁发最佳表演奖。相反，他认为所有的戏剧都应在同一个类别中进行提名。席林的抗议，让人们注意到戏剧系统的异常之处："另类戏剧""独立戏剧""石头戏剧"等词含义不明，各个戏剧类别的美学背景和经济背景也不明晰。

2002年，席林和马泰向匈牙利国家大剧院（National Theatre）提出申请，后又撤回申请。他们在一封公开信中批评了国家剧院的现状和概念：国家剧院的政治功能太突出，艺术性却很匮乏，与此同时，许多创新型剧院处境非常艰难，很难长时间存在。

2001年起，席林一直试着为科瑞塔克尔剧团找到固定的场地，但没能如愿。虽然他们可以把这当作一种优势，去各种各样的地方演出，进一步丰富对戏剧作品的解读，但随着剧团越来越成功，却迟迟没有一个固定场地，这显然是不合理的。席林对戏剧系统的抨击进一步提高了他的可信度，在当时的系统里，剧院负责人的任命依据是其政治忠诚度，并且独立剧院所面临的财务困难也一年年加剧。

如上所述，从1998年到2008年，席林的事业蒸蒸日上，被认为是最富创新精神的导演之一。他和科瑞塔克尔剧团在匈牙利国内外都取得了巨大的成功。因此，他2008年所作的决定让人们大为震惊：他决定重新规划剧团的发展，删去"剧团"二字，邀请创作者参与到戏剧创作中来，不再和固定的演员班子合作。事后看来，这确是非常重要的一步，不仅拓宽了观众和社会的视野，也借助艺术找到了与现实接轨的新形式。

积极入世的艺术家(2008—2018)

自 2008 年到 2014 年年底,科瑞塔克尔一直支持戏剧事业的发展,很多戏剧都在它的大本营——布达佩斯市中心的一处空旷的平地演出。2015 年年初,科瑞塔克尔离开了其大本营,裁减了人员,并且宣布将更专注于国际作品。即便如此,从它的演出来看,这并不是分水岭,真正的分水岭应是 2018 年席林公开宣称自己将移民法国。

说到 2008 年到 2018 年这十年,就不得不提及匈牙利不断变化的政治、社会环境。显而易见,铁幕倒下之后,匈牙利的执政党都没对国家繁荣做出实质性的贡献,换言之,制度的变革根本不能满足公民的需求。然而,2010 年青年民主主义者联盟(FIDESZ)再次成为执政党,匈牙利的社会和经济形势变得更为严峻。医疗保健、公共教育部门本就举步维艰,又再受削减;资源再分配不公平的局面进一步恶化,进而导致社会结构的重组。其中,极其富有的社会阶层利用国家发财,而越来越多的知识阶层和无产阶层的生活状况却愈发糟糕。司法和媒体(由于高度的中央集权)不再独立运作,非政府组织日益受到威胁,而文化生活的资金来源完全取决于其政治忠诚度。

席林与科瑞塔克尔对此进行了分析和抗议,却也因此一直遭受迫害。他和另外两名活跃分子一度被匈牙利议会特别委员会列为"国家安全的威胁"。

这期间,席林的想法和创造力更具协作性。这一时间段的戏剧作品都是在"科瑞塔克尔"名下演出,但表现的并不是席林的个人舞台语言,而是"科瑞塔克尔"这一品牌。这在当代匈牙利戏剧中是非常不寻常的一步,因为大多数导演都想要成名,想要做出自己的风格。

这一时期,席林的戏剧作品主要可以分为四类(尽管这四类有时会有重合)。第一类从概念上讲并不算真正的戏剧,更像是当代观众的身边发生的事或仪式。很多时候,这类作品的表演者是普通人。这些作品虽然与政治有关(比如记忆、文化认同、某一特定群体内的关系),但通常不针对具体的政治问题。大多数作品的重心是要颠覆戏剧传统。这类作品大多出自这一时期初期。随着政治形式越发严峻,席林和科瑞塔克尔开始聚焦于更直接的政治问题。他们的作品把戏剧作为疗方，来治疗社会中的疏离感。例如，2009 年，在名为《隔阂》（Gap）的表演视频装置中，席林谈到自己与女演员莉洛·沙罗什迪的婚姻，以及他俩对第一个孩子的期盼和孩子的出生。同年的《创作》（Artproletarz）中，他邀请三位女性导演共同制作了关于人的出生、成年和老年的社区戏剧表演。而在同年的《五月》（Mayday）中，他们让当地居民来表演科幻故事，对佩奇（Pécs）的矿业文化进行传承。

科瑞塔克尔也制作了几部教育戏剧，面向的是青年人和弱势群体，属于第二类。席林与戏剧教育专家、社会学专家进行合作，其中最重要的合作伙伴是加瓦文化工作坊（Káva Cultural Workshop）及安布洛克文化与社会科学家协会（AnBlokk Cultural and Social Scientists' Association）。在教育类戏剧中，戏剧只是帮助人们理解阶级状况，培养批判性思维的工具，教参与者如何表达自己。此外，也强调了戏剧的教育功能，即让参加者有机会、有能力表达自己（大多数参与者都表示赞同）。投身于教育戏剧是需要勇气的，因为那时应用戏剧的地位并不高。然而，2012 年起，应用戏剧越发流行，得到了越来越多的财务支持，在独立戏剧项目补贴减少的大趋势下，这是个少有的例外，席林对此功不可没。2010 年的《新观众节目》（New Spectator Programme）中，加瓦文化工作坊和科瑞塔克尔的成员来到了位于匈牙利最贫穷的地区的两个村庄索莫亚（Szomolya）和阿罗克多（Árokto），这里的匈牙利人和吉卜赛人（Romani）[①]间的关系剑拔弩张。他们与当地居民互动，除了营造愉快的气氛，也表演了吉卜赛人平常受到羞辱的情景。

第三类作品最接近传统戏剧，因为席林仍在导演戏剧作品。不过，这类作品与正统戏剧相差甚远，特别关注社会事件，涉及种族歧视、贫困、剥削、移民、社会冲突和不公等各个方面。这类作品还有下列特点：融合现实与虚构，采用多种媒体（电影、戏剧、马戏），偶尔也与观众直接进行交流。相比其他作品，戏剧的美学功能对第三类作品来说至关重要。例如 2014 年的《失败者》（Loser），其实是在席林的自传的基础上加了一些虚构情节。故事中，他失去

---

① Romani 指罗姆人（Roma People），这是一个少数民族，通常被称为吉卜赛人，分布在欧洲、北美洲及其他地区。——译者注

了妻子，难以维持生计，最终决定与当权者搞好关系以脱离困境。

第四类作品与日常政治息息相关，也进一步强化了戏剧的概念。科瑞塔克尔在公共场合举行过许多政治干预性演出，或是以抗议演讲的形式，或是用采访或文章来表达观点（席林本人并不都亲自参与）。政府对市民发放问卷、假装收集市民对政治的意见时，席林在脸书（Facebook）上发布了一系列短视频，并在视频中分别扮演了工人、学者、青年知识分子。文化部最终削减了对科瑞塔克尔的财务支持，而席林就在大楼外撕毁合同，以演讲的形式表示他不会再申请国家资金，并在社交媒体上公布此事。从历史的角度来说，席林上传的视频证明了政治性表演的复兴，这种复兴是与社交媒体相结合的。既然不可能在"现实中"演出，那么象征性的演出就愈发重要。以上与戏剧相关的事件，使得戏剧和戏剧性的政治功能愈发突出。

图 1 《伊甸园公寓》（*Pansion Eden*），导演席林·阿尔帕德，萨格勒布青年剧团（Zagrebačko kazalište mladih），2018。
摄像：马尔科·埃尔切戈维奇（Marco Ercegovic）

2015 年的《愤怒日——愚者心脏之歌》（*The Day of Fury—the Song of a Foolish Heart*）是科瑞塔克尔在匈牙利的最后一场表演。该剧讲了一位护士的故事。这位护士因抗议低收入和恶劣的工作环境而被解雇,生活从此崩塌。在40岁生日那天,因为觉得自己无法保障母亲与女儿的物质生活,她自杀了。该剧还突出了女性无偿做家务(如打扫、护理、育儿等)的主题。

再后来(2018—)

2018年5月6日,由于一直受到迫害又缺乏支持,席林和家人离开了匈牙利。此后,席林在好几个国家导演了戏剧、歌剧,却不再在匈牙利导演了。这样的游荡生活与全球化的大环境将对他的导演语言造成怎样的影响,会有什么反响,还未可知。不过毋庸置疑,席林给匈牙利的戏剧与社会带来了巨大的变化。作为当代最具创新精神的导演之一,席林2009年获得了欧洲戏剧新现实奖。他为教育学、社会工作、政治激进主义所做的贡献得到了国际社会的认可。2016年,科瑞塔克尔基金会(Krétakör Foundation)因"关注当下匈牙利、欧洲变化迅速的政治环境与社会危机"而获得了欧洲文化基金会玛格丽特公主文化奖(ECF Princess Margriet Award for Culture)。[1]

参考文献

[1] Bérczes, László, "Critical Theatre in Hungary 1945-1989" in Dragan Klaic (ed), *The Dissident Muse. Critical Theatre in Eastern and Central Europe* 1945-1989 (Amsterdam: Theater Instituut Nederland, 1995).
[2] https://catalogue.boekman.nl/pub/96-112.pdf (accessed 6 August 2020).
[3] https://www.culturalfoundation.eu/pma-2016 (accessed 6 August 2020).
[4] https://kretakor.eu/en/home-en/ (accessed 6 August 2020).

---

① https://www.culturalfoundation.eu/pma-2016 (accessed 8 February 2020).

# 安德烈·谢尔班：寻找新形式

［罗马尼亚］扬·托穆什* 著
秦宏 译

安德烈·谢尔班（Andrei Şerban）无疑是20世纪下半叶最重要的戏剧导演之一。他的导演艺术及对文本诠释的持久关注，使得他在戏剧殿堂的永恒遗产中占据了一席之地。2006年在锡比乌的拉杜·斯坦卡国家剧院（罗马尼亚），我有幸目睹了他执导的《海鸥》的公开排演。这次演出和西尔维乌·普尔卡雷特导演的歌德的《浮士德》，都是2007年欧洲文化之都锡比乌国际戏剧节的活动的一部分，被视为当季的亮点。这次特别的公开彩排长期萦绕在我关于戏剧情感记忆中有两个原因。

首先是导演的视野和理念。事实证明，为了找到特定的主题，谢尔班在挖掘作品的潜文本方面非常彻底和细致。他的导演是建立在剧中剧及这一特定方法可能带来的影响的基础之上，比如解构了戏剧机制，使观众和演员理解了文本、语境、人物和场景中令人费解的地方。此外，通过这种方法，谢尔班打开了一扇敞开的窗，朝向与《海鸥》或多或少相关的领域：莎士比亚的《哈姆雷特》、俄狄浦斯情结、艺术家的社会地位等。

其次，由于这是谢尔班亲自指导的公开彩排，我有机会目睹了对戏剧机

---

* ［罗马尼亚］扬·托穆什（Ion M. Tomuş），在锡比乌的卢西恩·布拉加大学（Lucian Blaga University）戏剧与剧场研究系任教（讲授罗马尼亚戏剧史、世界戏剧史、文本与舞台形象和戏剧理论）。他是表演艺术领域高级研究中心成员。2013年他在罗马尼亚科学院完成了博士后研究，研究主题为现代国际戏剧节，对爱丁堡国际艺术节、阿维尼翁戏剧节和锡比乌国际戏剧节进行了个案研究。他在罗马尼亚和欧洲著名的文化杂志和学术期刊上发表过多篇研究论文、书评和戏剧评论。自2005年以来，他一直参与锡比乌国际戏剧节的工作。

制的另一种解构。当导演让演员停下来，给予现场临时萌发的指导意见，要求在表演和/或打磨特定的时刻与场景中有越来越精细的细微差别时，观众都在一旁观看。这些中断的地方（并不是很多）让人们看明白了，从艺术审美上说，谢尔班想从演员那里得到的只不过是精湛的传统式的表达，以及揭示文本中的细微差别、戏剧的潜台词。他导演《海鸥》时特定的艺术和社会环境，即1989年之前罗马尼亚严格的艺术审查制度及对艺术家应如何表达的规定，使得他坚持阅读和挖掘潜台词，坚持查阅资料和精心设计视觉隐喻，坚持放弃先入为主的理解，坚持找到与当代的相似处，并借助表演来准确地传达。

讨论和研究谢尔班的创作有两个完全不同的前提：一是他职业生涯开始时20世纪60年代罗马尼亚特殊的社会和政治环境；二是20世纪下半叶的罗马尼亚流亡文化。

20世纪50年代是一段特别艰难的岁月，但随着60年代的到来，这种状况稍微缓和减轻，罗马尼亚向欧洲其他国家有一定程度的开放。20世纪60年代末，罗马尼亚的艺术和文化迎来了一缕清新的气息，剧院和表演艺术有了更多的自由，官方的宣传和严格的现实主义原则似乎开始松动。感谢新一代的艺术家，罗马尼亚剧院开始变得更加开明，并以某种方式与社会和政治机构保持距离。他们开始为新的罗马尼亚表演艺术构建新的自由的艺术基础，一个崭新的、坚固的、可靠的基础，在20世纪60年代之前，他们已为此努力了10年之久。

罗马尼亚最重要的戏剧大学——布加勒斯特戏剧学院在当时应市场的特殊需求培训学生，它的毕业生迅速在全国走红，成为罗马尼亚戏剧界的重要人物。该校还以对学生的准确预判引导而闻名。谢尔班就是在这里开始学习表演，但是仅过了一年，就被建议转学导演。著名的戏剧批评家乔治·巴努（George Banu），20世纪最重要的戏剧评论家之一，也有类似的绕道经历：他以学习表演起步（与谢尔班是同班同学），但是后来被引导转向戏剧研究和戏剧评论。[①]

研究谢尔班的参考资料已经硕果累累，所以没有必要急着去回顾他的职业

---

① Andrei Șerban, *O biografie* (Iasi: Polirom, 2006) p.30.

生涯和最重要的作品。也许更有趣的是，证明谢尔班戏剧重点关注持续阐释文本，寻找新的细微差别，以及充分利用每一个可能的弦外之音。

鉴于谢尔班成为戏剧导演的背景是剧坛里充斥着现实主义的教条、源于战争期间的旧式资产阶级的刻板印象，以及新一代资产阶级专注于文化和艺术的形式方面的虚妄野心，他不得不离开，寻找安全的港湾以发现新的表达方式。

因此，必须重视谢尔班对旅行的异常热情和对不同文化的探寻。他早期的一部作品［《我不是埃菲尔铁塔》（*I Am Not the Eiffel Tower*）］在前南斯拉夫城市萨格勒布的艺术节上演。事实证明，这对一个年轻的导演来说，是一个绝佳的机会，因为拉妈妈剧院（La MaMa Theatre）的创始人埃伦·斯图尔特（Ellen Stewart）观看了这场演出。在20世纪60年代的政治文化背景下，一次外国旅行，哪怕只是到了铁幕的东边，也代表着一次不寻常的机会。1967年，谢尔班到弗罗茨瓦夫旅行，见到了耶日·格洛托夫斯基，也是一个难得的机遇。

那些年里，相当一部分罗马尼亚高级知识分子选择了一条艰辛的流亡之路，整个东欧都是这样。流亡除了起到类似救生衣那样的作用，还给了谢尔班许多机会，帮助他实现了创作的自由，去了解新的艺术环境，去拜访表演艺术界最知名的一批人物，去参加艺术讨论。简而言之，流亡赋予他机会，使他获得了知识和艺术上质的飞越，在敢于冒险的观众面前展示他的构想。20世纪的流行文化塑造了流亡艺术家的僵化形象：孤独，与新的文化环境联系甚少，痴迷于创造一种封闭的文学和艺术类型。多亏了导演这个职业的特点，他没有成为这种刻板印象和文化模式的一部分。他在流亡之路上有许多交流沟通，因为他非常关注自身存在的社会性。

他早期在美国的一系列制作（1972年的《美狄亚》、1973的《厄勒克特拉》、1974年的《特洛伊女人》和《希腊三部曲片段》）引发了许多关于20世纪70年代特殊的文化环境的问题。古希腊的世界对美国观众来说，还有新鲜感吗？演员和观众是否会把悲剧当成一次个人经历，而不仅仅是一种智力体验？显然，这些问题缺乏新意，但是事实证明它们具有挑战性。谢尔班在拉妈妈剧院制作作品的策略是：让演员把文本看作等待演绎的乐谱。他要求他们很认真地去了解和表达人物心里的神秘世界。舞台上使用的古老语言，使得他们的表演方式是简练的，并为表演创造了新的可能性。因此，对谢尔班而言，将剧本阐释作为一种绕过和摆脱20世纪60年代罗马尼亚现实主义宣传的借口，在20世纪70年代美国的自由艺术世界里，是一个非常有用的工具。另一方面，美国的多元文化主义为与演员合作、为发现希腊悲剧中隐藏的基本含义，开启了新的有用之门，并引起了成功。观众们热情高涨，似乎古代悲剧的基本真相正在被（重新）揭示。

我想再次强调谢尔班对旅行的热情。1973年年初，他在纽约执导的《美狄亚》获得巨大成功，之后他到遥远的、具有异域文化风情的地方旅行三个月。日本和巴厘岛吸引了他，就像他从前去过的地方那样，那里的特定文化蕴含着许多古老的意义。

20世纪70年代后的许多剧评都注意到《希腊三部曲》对谢尔班和古代戏剧的关系所产生的影响。阅读这些文章，读者能从中窥见评论家们的新奇和新鲜感。例如，埃德·门塔（Ed Menta）的《幕后的神奇世界：安德烈·谢尔班在美国剧院》（*The Magic World Behind the Curtain: Andrei Șerban in the American Theatre*）关注两个基本问题。首先是戏剧对美国先锋艺术家的影响：台词的作用至关重要。同时，人们认为《希腊三部曲》有助于提高演员的训练水平，因为尽管他们接受了良好的形体和声乐训练，但他们的表现超越了美国舞台上表演现实主义戏剧的惯例。其次，据埃德·门塔说，《希腊三部曲》——不论有意还是无意——达到了安东尼·阿尔托的多元理论中所能表现的最高点，把声音、音乐、手势、舞蹈和强烈的舞台形象完美结合在一起。因此，阿尔托的理论似乎被付诸实践：戏剧被仪式化，而不是心理化；借助抽象的生活，而不是模仿生活，来创造诗意。人们认为谢尔班探究已经死亡的古老语言的奇怪声音，是这种诗性变异的绝佳证据，也是他始终专注于阐释的最好证明。

20世纪80年代，戏剧批评家和评论家梅尔·古索（Mel Gussow）谈到新幻想主义，称之为把古代神话转变为智慧故事的当代尝试。[①] 埃德·门塔在评

---

① Mel Gussow, Fabulist "Serpent Woman," *The New York Times*, 30 December 1988, https://www.nytimes.com/1988/12/30/theater/review-theater-fabulist-serpent-woman.html (accessed on 8 August 2020).

论谢尔班时，也提到了新幻想主义。早在20世纪80年代，新幻想主义就意味着把古代的神话和故事，配上面具、舞蹈和马戏元素，包装成一种明亮多彩的风格。[①] 这是不相容的戏剧传统的混杂，它们来自不同文化和地理区域（歌舞伎、文乐木偶戏、即兴戏剧等）。30年后的今天，人们有必要重新评估这一概念，因为谢尔班的戏剧变得更复杂多样，也因为艺术和社会经历了许多转变和变形。我们非常清楚2020年世界是一个地球村，物理距离不会对艺术产生多大的影响。我在新冠疫情蔓延的当下写作，我们生活在一个奇怪的真相里：人们被隔离在自己家里，但是从未有过像今天这样的紧密联系，尽管他们来自不同的世界（或是街区）。（线上）交流打破了所有文化的界限。新幻想主义的特殊的混合，已被人们熟视无睹，习以为常。20世纪80年代，后现代主义提出真相并非真正可知，与戏剧中各种复杂的趋势结合在一起，携手并进。观众和艺术家一样，都在寻找自己的个人真相。

对谢尔班来说，寻找他自己个人真相的过程是一场旅行，这场旅行过去不是（现在也不是）由所有作品的整体构成，而是体现在每一天的排练中，体现在为寻找和保留生活的神圣真相的不停探索中。他详细剖析具体文本的每一层含义的可能性，似乎都可以放在后现代主义语境下审视。这种阐释本身是一个过程，其中包含了即兴表演，再现一些特定时刻，凸显细节和细微差异，叠加演员们各自不同的复杂心理。在这种背景下，每一件事都是关于重叠的艺术真理，为了表达不同层面的意思，演员们要承担不同的艺术形式，如歌舞伎和即兴喜剧。安德烈·谢尔班非常擅长处理这些不同的层面，最重要的是，他知道如何让演员深入探寻内心的意义层。他的戏剧甚至更为丰富，因为有时这些层面包含了不再使用的语言，它需要借助演员的表演才能在观众中产生强烈情感。

如果要找到安德烈·谢尔班戏剧成就的一个共同点（或不止一个），就必须特别关注他自1990年返回罗马尼亚以来的创作。因为20世纪90年代初，在东欧其他地方，出乎意料的是剧院空无一人，人们原以为随着新获得的自由

---

① Ed Menta, Andrei Şerban. *Lumea magică din spatele cortinei* (Bucharest: Unitext Publishing House, 1999), p.100.

和最终取消的审查制度，剧院会人满为患。与之相反，罗马尼亚人把社会交流搬到了街道上，放到了媒体上。直到20世纪90年代末，社会才开始理解和接受艺术的自由、社会的自由，以及其中蕴含的责任。

1990年，安德烈·谢尔班成为位于布加勒斯特的罗马尼亚国家剧院的总经理。对当时的罗马尼亚社会而言，他是一位新人（像我们当时一样），但是他充满热情，有全球知名度，总是被世界上最著名的艺术家围绕着。他的计划雄心勃勃、大胆无畏，尤其是在当时的艺术机构的背景下。长远来看，他希望举办工作坊，在那里年轻的演员、导演和舞台设计师可以一起合作共事。他想为年轻大胆的艺术家开放一个小型的初级场所，还计划创办一个附属于剧院的戏剧学校。短期来看，他使《希腊三部曲》再次焕发青春。它在布加勒斯特获得空前的成功，对罗马尼亚和欧洲的剧院都是一个参照。这是当时罗马尼亚社会的第一个大型戏剧项目，富有创新精神。演员们走下舞台，在布加勒斯特的国家剧院巨大建筑物的昏暗、奇怪、被遗忘的走廊里演出。普丽西拉·史密斯（Priscilla Smith）和瓦卢瓦·米肯斯（Valois Mickens）来到布加勒斯特，与罗马尼亚演员一起工作，他们传授了在演出中必不可少的声乐技巧。

在布加勒斯特上演《希腊三部曲》并非出于个人原因。当然，这个演出是谢尔班的毕生之作。但是30年后，现在看来，《希腊三部曲》标志着罗马尼亚当代戏剧真正重新开始。该项目回到了特殊的起点。这是对他职业生涯开始时个人参照点的重新诠释，只是这次他回到了一个相当熟悉的文化环境中。然后，在更广泛和更深刻的意义上，由于他们是通过古人连接在一起，因此，这是一次回溯戏剧源头的旅行，去寻找根本的、隐秘的真相。罗马尼亚的观众欢迎这个演出，至今它仍被视为1990年以来最好的制作。尽管同一时期，人们对罗马尼亚的新的自由知之甚少，没有真正理解。谢尔班意识到自己作为罗马尼亚国家剧院的总经理，无法改变现状，因此决定去进一步追求国际事业。后来他在罗马尼亚导演的作品有他们自己的故事，代表着一个里程碑。

1990年，谢尔班在罗马尼亚执导的作品可能有一个共同点，那就是他在当地艺术体制下必须面对的特殊环境。通常，当地剧院的预算无疑比西方的要少，因此，他很清楚如何去处理这一明显的劣势：始终对阐释文本和寻找"新形式"充满兴趣。由于产生了新的、更宽泛的意义，他超越了契诃夫笔下著名的人物形象特列普列夫。

谢尔班对文本解读的专注伴随着一种特殊的精细和离散的戏剧性。这就解释了为什么 2016 年我在锡比乌观看《海鸥》时，对剧中剧的特殊技巧的兴趣胜过尼娜表演特列普列夫的古怪的戏剧。根据它不同寻常的副标题，人们推断可能不仅是因为谢尔班明显不愿将《海鸥》视为一部"喜剧"，所以才多次改编此剧（他曾执导过五次：1980 年在日本东京的四季剧团，1981 年在纽约公共剧院，2007 年在罗马尼亚锡比乌的拉杜·斯坦卡国家剧院，2017 年在哥伦比亚大学的伦费斯特艺术中心，2018 年在布加勒斯特的剧院）。剧中剧是一种引发观众最大注意力的机制，观众需要把注意力集中在舞台上的观演者身上，而不是剧中剧的表演者身上。正是因为如此，特列普列夫对他母亲的反应更感兴趣，原因就在于他希望自己作为一个人（儿子）和艺术家的身份得到某种确认。

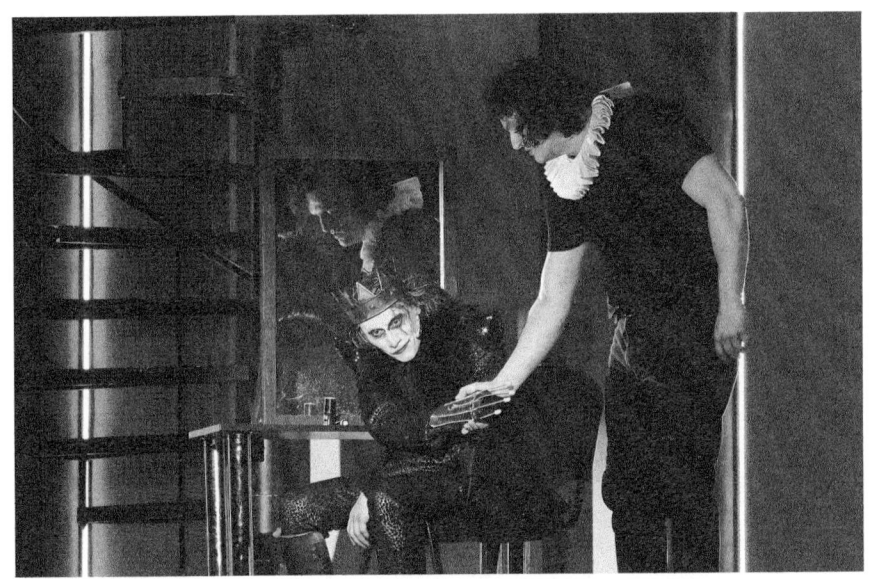

图 1 《理查三世》，导演：安德烈·谢尔班和布兰德拉，2019 年。
摄影：米哈埃拉·马林

事实上，在谢尔班的作品里，有一种对某种艺术"超越"的不断探索，虽然难以达到，但意义深远。他的长期流亡和生活故事，也许是理解他惊世之作的另一把钥匙。最近，他把自己的所有资料都捐给了位于罗马尼亚克拉约瓦市的罗马尼亚书籍与流亡博物馆。这并不意味着他的工作到了尽头。绝对不是！它更多是一种承认，承认他在精神上属于东欧，尽管那里有各种独特的具体问题。安德烈·谢尔班对文本解读的持久寻找和关注，与他作品中所有伟大人物寻找内心真相的方式如出一辙。

参考文献

［1］Gussow, Mel (1988). *Fabulist "Serpent Woman," The New York Times* (Dec.30, 1988).

［2］Menta, Ed (1995). *The Magic World Behind the Curtain: Andrei Serban in the American Theatre* (Artists and Issues in the Theatre) (New York: Peter Lang, 1955).

［3］Șerban, Andrei (2006). *O biografie* (Iași: Polirom, 2006).

本能地追求美：丹尼尔·什皮纳尔的戏剧风格

[捷克]米哈尔·扎哈尔卡* 著

郑莉 连幼平 译

在布拉格的众多建筑中，国家剧院的新舞台绝对能够脱颖而出。这座气势恢宏的建筑全部由钢和玻璃搭建而成，展示着20世纪80年代纯粗野主义建筑风格。国家剧院坐落于布拉格迷人的历史中心，紧挨着该国新文艺复兴时期的主会场。剧院内部随处可见绿色古巴大理石，据说是古巴为了偿还债务赔给捷克斯洛伐克的。可以说，这座剧院代表了剧院建筑的成功。舞台设备相当精良，可以很容易地把镜框式舞台转变为圆形剧场的舞台或者调换舞台与观众的位置。可自1983年开放以来，由于众多技术问题，该剧院成了所有戏剧人的"战场"，比如音响效果糟糕、椅子过于柔软舒适而导致观众容易睡着等。这些椅子包裹在深绿色的人造革里，和剧院里的大理石形成呼应。再加上这一空间的整体感觉，都非常适合作为《为了美》(For Beauty)一剧的演出场景。该剧是国家剧院所属戏剧公司的艺术总监丹尼尔·什皮纳尔（1979年出生）于2019年创作的最新作品。

---

* [捷克]米哈尔·扎哈尔卡（Michal Zahálka），毕业于查理大学艺术学院戏剧研究系，戏剧学者、翻译家、图书编辑及戏剧编剧。其原是一名戏剧评论家，报道过丹尼尔·什皮纳尔在一些地方剧院演出的多部作品。2013年起，他担任《捷克戏剧》（Czech Theatre）杂志编辑，一直到2019年该杂志出版了最后一期为止。在此期间，他用英文发表了一篇不算太长的文章，探讨了多部什皮纳尔在地方剧院演出的剧目。在2018—2019和2019—2020演出季期间，他在布拉格城市剧院担任戏剧编剧。此外，他还担任艺术与戏剧学院出版部编辑一职，也是皮尔森戏剧节（The International Festival THEATRE/ DIVADLO in Pilsen）的策划人之一。他不仅经常翻译英法戏剧，同时也从事戏剧翻译方面的研究。目前，他正在翻译约翰·德莱顿（John Dryden）的《一切为了爱》（All for Love），这是一个大型出版项目的一部分，是为复辟时期的英国戏剧献礼。

和之前提到的建筑一样，观众对什皮纳尔的看法也不尽相同。在保守的观众看来，什皮纳尔的美学在庄严的国家剧院面前过于激进。与其他戏剧主题相比，《为了美》确实表现得有些激进。该剧本身就是一封关于戏剧之爱或恨的信。它取材于传奇导演卡雷尔·胡戈·希拉尔（Karel Hugo Hilar）的随笔和评论。在20世纪20年代和30年代，希拉尔是国家剧院戏剧公司的负责人，也是捷克戏剧表现主义和现代主义的先驱。观众坐在舞台上，面前是一片乌泱泱的椅子。这些椅子多年来用各种其他绿色系的皮革修补过，上方是一个国家历史礼堂的巨大枝形吊灯的复制品，即使半破碎，呈倾斜状，但它仍然能够发光。从椅子下面的方向渐渐出现了一群女演员，穿得很像希拉尔，都身穿西装，戴着他那标志性的帽子。"希拉尔"越来越多，跟不同的对象斗争，包括合作者、剧院、社会，尤其是他自己。不难看出，什皮纳尔认为自己是希拉尔的精神继承者。在外界看来，两人都脾气暴躁、痴迷细节、全身心投入戏剧创作。虽然很难将两个相隔近一个世纪的导演进行直接比较，但什皮纳尔确实在希拉尔的文字里找到了与自己的作品非常契合的地方。剧本中有相当一部分内容是由希拉尔的宣言所组成的。例如：

> 戏剧不应是人类的"老师"，不是它的保姆，亦不是它愚蠢的见证人，
> 而是它的火花、它的冲动和它的火焰！
> ············
> 观众不需要字典，不需要条条框框，
> 只是本能地追求美。①

这些话特别适合描述什皮纳尔的美学根源。他与在12年任期内导演了露西·普雷布尔（Lucy Prebble）的《安然》（ENRON）等剧目的前辈米哈乌·多塞卡尔（Michal Dočekal）不同，与几个同辈扬·弗里克（Jan Frič）、伊里·哈韦尔卡（Jiří Havelka）、伊里·阿达梅克（Jiří Adámek）、佩特拉·泰

---

① Karel Hugo Hilar and Daniel Špinar, *Za krásu* (Prague: Národní divadlo, 2019), p.83.（剧本发表在一个项目书上，由M.Z.翻译）。

诺罗娃（Petra Tejnorová）也不同，他显然对政治性明显的戏剧不感兴趣。事实上，什皮纳尔也导演过政治性明显的剧本，即莫伊拉·布菲尼（Moira Buffini）的《欢迎来到忒拜城》（Welcome to Thebes，2018），但这比较罕见；也导演过政治性不太明显的迈克·巴特利特（Mike Bartlett）的《伦敦大地震》（Earthquakes in London，2015）。这些政治性戏剧远算不上什皮纳尔最好的作品，毕竟他首先是一个注重风格和情感的导演。

为演员工作的导演？ ①

什皮纳尔在《为了美》中是这么描述希拉尔的："他对演员很挑剔，总是让他们做不可能办到的事，演员们表示希拉尔只把他们当作素材。他对女性拥有最敏锐的直觉，能赋予女演员灵感，帮助她们完成精彩绝伦的表演。"在谈到希拉尔时，什皮纳尔也谈到了自己。他认为虽然不是所有的演员都乐意出演他的戏剧作品，但即使在风格突出的戏剧作品中，他也有能力让演员成为焦点。事实也的确如此，因为许多演员（特别是女演员）都因参演了什皮纳尔的作品而获奖或被提名。而什皮纳尔的艺术鉴赏力如此之强是有原因的。在布拉格戏剧学院（表演艺术学院戏剧系）学习导演专业之前，他已经以一名演员的身份毕业，还因为在马克·拉文希尔的《一些清晰的照片》（Some Explicit Polaroids，2002年）中饰演角色而获奖。然而，在导演了自己的第一部作品［改编自《危险关系》（Dangerous Liaisons），剧中有三个角色］之后，什皮纳尔决定不再从事演艺事业，而是与后来的一些合作者一起学习，如导演扬·弗里克（目前是国家剧院的常驻导演）、剧作家佩特尔·科莱奇科（Petr Kolecko）、戏剧家亚娜·斯劳科娃（Jana Slouková）。他们的首席教师是导演扬·内贝斯基（Jan Nebeský）。作为20世纪80年代和90年代捷克后现代主义戏剧的关键人物，这位导演持续创作狂野、大胆、怪异的精神作品。学习之余，什皮纳尔还经营着一家独立的剧团，名为维美德（Valmet）。由此，他可以和同学们以及其他前辈后辈艺术家合作，并于毕业设计之前就取得了导

---

① Karel Hugo Hilar and Daniel Špinar, *Za krásu* (Prague: Národní divadlo, 2019), p.82.

演生涯的第一项重大突破。什皮纳尔在自己的剧团上演了索福克勒斯的《厄勒克特拉》（2006 年），剧本由他和古典语言学家阿莱纳·扎尔基西安（Alena Sarkissian）、戏剧家伦卡·赫瓦洛娃（Lenka Chválová）翻译并写作完成。这部作品广受好评，暗含了什皮纳尔的古典戏剧作品的主要特点：一是只需一个独特的单一布景，就可以创造出强有力的隐喻背景（在《厄勒克特拉》中，这个背景是精神病院里一个装上白色软垫的小房间）；二是关注戏剧情境的情感；三是一部大胆的作品虽然有剧本，却保留了这部剧的精神。

上演了《厄勒克特拉》之后，什皮纳尔开始在全国各地的剧院担任客座导演。还是学生的时候，他就受邀在东部工业城市俄斯特拉发的彼得·贝斯鲁奇剧院上演佩特尔·科莱奇科的原创戏剧《布兰妮去天堂》（Britney Goes to Heaven，2006）。在奥斯特拉发，他可以尽情表达自己对流行文化的偏爱，这一点恰巧与科莱奇科相同。总的来说，什皮纳尔的作品无论是基于一部新剧还是一部文学经典，都要么以流行音乐为特点，要么引用标志性电影。例如，他在布拉格表演艺术学院的 DISK 剧院上演的毕业剧目《卡拉马佐夫兄弟》（2007 年），这部作品由他改编自陀思妥耶夫斯基的小说，因全剧出色的表演而广受赞誉（剧本省略掉了卡拉马佐夫的父亲这一角色，以达到所有角色都是一代人的效果），并因什皮纳尔想法丰富而闻名。此外，这部作品还吸引了评论家的注意，这在学生作品中是非常罕见的。什皮纳尔的下一部作品大概是最不具他风格的一部。

2007 年，他在国家剧院的小舞台上上演了玛格丽特·杜拉斯（Marguerite Duras）的《阿曼提·安莱塞》（L'Amante Anglaise）。这部戏剧好评如潮，全剧只有两位演员长达两小时的对话，且道具只有一张桌子。在这部戏剧中，什皮纳尔没有使用任何明确的视觉隐喻手法，也没有注入任何疯狂的想法，而是只专注于演员、语言和情感。这是什皮纳尔第一次表现出自己是一个名副其实为演员而工作的导演，这通常是比较难以理解的。

上演令人心碎的戏剧

2014 年加入国家剧院担任常驻导演之前，什皮纳尔曾在布拉格的维诺拉第剧院短暂工作了一段时间，而且还很有名气，除此之外，他主要还是一位自由职业者。维诺拉第剧院是一座以自己的观众和保守的舞台传统而闻名的大剧院，大多数观众习惯于室内情景喜剧。什皮纳尔与维诺拉第剧院签的工作合约是两年，但他在导演了两部作品后，就因一些不愉快而离开了。尽管如此，他导演的第一部作品就是总给人不和谐声音的毕希纳悲剧《沃伊采克》（2009年），该剧获得的好评如潮，什皮纳尔也因此坐实了顶级导演的位置。在这出戏中，舞台十分空旷，只有一个巨大而明亮的广告牌，上面有一个金发美女的面庞，红唇如烈焰，看上去毫无顾虑，开心不已，还有一部电话以及三个醒目的大字"大家好"。这出戏通过矛盾隐喻的手法，带观众漫步在一个永恒的，却有当代气息的世界。在这个世界中，人类遗留的痕迹四处都是，也没有明确的目的性；主角想要找到愿意听他话的人，结果却徒劳无功。沃伊采克这个角色看上去接近一个哲学家，一个在丑陋与残酷支配的世界里寻求某种意义的哲学家。尽管什皮纳尔的这部戏剧收获了轰动而热烈的评论（有人甚至称这部戏剧为"维诺拉第剧院的复兴"）[1]，但他在领取 2009 年阿尔弗雷德拉多克最佳制作奖（Alfréd Radok Award for Best Production）时宣布这部戏剧会在几周内停演。也就是说，当时距离首演仅过去一年，这部戏剧只上演了 14 场。

什皮纳尔在维诺拉第剧院导演的第二部作品是席勒的《玛丽·斯图亚特》（Mary Stuart），也取得了一定的商业成功（主要归功于受欢迎的女主角）。虽然他一再表示喜爱大剧院、镀金拱门等，但他无法在维诺拉第剧院找到自己的观众，于是他恢复了自由职业，理由是剧院让他上演一部激进的作品，但观众的反应如预期的那样冷淡，剧院也撤回了这个决定，这让他很失望。

按照捷克剧院的惯例，许多自由职业者的大部分工作都是在布拉格之外的地方完成的。其实，许多地方剧院的重要性在全国范围内都不言而喻，这些剧院往往甚至比大剧院还有雄心壮志，像赫拉德茨克拉洛韦的克利佩拉剧院（Klicpera Theatre），就是这样一座地方剧院。在离开维诺拉第剧院之前，什皮纳尔就于 2008 年在克利佩拉剧院上演了自己在该剧院的第一部作品，即莎士比亚的《冬天的故事》（The Winter's Tale）。这部戏剧十分华丽，演员们身穿

---

[1] Marie Reslová, "Vojcek je zmrtvýchvstání Vinohrad," *Hospodárské noviny*, 14: 4 (2009), p.9.

皮草，脚踩滑雪板，带着狂野的想法，耳边伴随着大声的迪斯科音乐。从那时起，什皮纳尔就频繁与克利佩拉剧院合作，与他合作的亚娜·斯劳科娃先是这家剧院的戏剧编剧，后又成为这家剧院的艺术总监。两人共合作了三部戏剧：第一部是莱蒙托夫（Mikhail Lermontov）的《假面舞会》（*Masquerade*，2009年），一部被评论家称为"有野心、有观点、有风格"①的戏剧；第二部是《莫吉安娜》[*Morgiana*，2012年根据亚历山大·格林同名小说以及由尤拉伊·赫日（Juraj Herz）改编的电影制作而成]，是一出令人难忘的、超越现实的心理恐怖戏剧；第三部是瓦茨拉夫·哈韦尔的《乞丐歌剧》（*The Beggar's Opera*，2013年），是其中最重要的一部。

即使在自己的祖国捷克，哈韦尔的戏剧也很少由什皮纳尔那一代的导演来导。这是因为哈韦尔的戏剧非常冗长，且他希望以一种简单的、基于文本的方式来表演，这就不能为注重视觉和隐喻的表现手法提供什么素材。然而，什皮纳尔研究了18世纪到20世纪70年代（哈韦尔开始创造戏剧的时间）的戏剧故事，随即找到了一种适合《乞丐歌剧》的表演形式，既符合20世纪70年代的资本主义美国（具有半特拉沃尔塔、半埃尔维斯风格的麦克希思；一个黑手党风格的小康之家皮丘姆一家；爵士乐配乐），也符合共产主义的捷克斯洛伐克（警察局局长洛基特穿着统一的制服，玩着遥控的人民警察玩具车）。在这部戏中，（舞台的）背景是混凝土式样，上面有明显的弹孔，中间是一个霓虹灯广告牌，当中写着"LOVE"（爱），在捷克俚语（起源于罗马尼语）中表示"钱"的意思。什皮纳尔成功地将剧本中所描绘的各种超越道德原则的冲突转化为一幅画面，这体现了他在不完全按照作者的方向和意愿的情况下保留戏剧精神和内容的能力。对于像瓦茨拉夫·哈韦尔这样具有代表性的作家来说，什皮纳尔的这种做法是非常罕见的。

什皮纳尔经常去的另一个地方剧院是克拉德诺的城市剧院。在导演了佐尔坦·埃格赖希（Zoltán Egressy）的当代戏剧《葡萄牙》（*Portugal*，2009年）之后，什皮纳尔又导演了契诃夫的《海鸥》（2010年）这一经典剧目。在这部话剧中，什皮纳尔将剧本压缩到最低限度，着眼于非心理学的表达手段。玛

---

① Petr Marecek, "Panoptikum lacných hyen," *MF Dnes*, 31: 10(2009), p.35.

丽·雷斯洛娃曾说："只需一个语调、一个手势、一个姿势、一个眼神，我们就能够看透一个角色，去除角色给人的错觉，不被社交面具所欺骗。"[1]《海鸥》极富戏剧性，它一直在强调一个事实，那就是戏剧本身是该剧的关键主题之一。正如单相思有许多形式一样，胶合板背景幕布（一组闪闪发光的字母组成俄语的"海鸥"二字）上一度都是特里果林（Trigorin）那句知名的台词，"要是有一天你需要我的生命，那你来，把它拿去就是。"这部话剧取得了巨大的成功，并在一些重要的节日得到报道。然而，当地观众对这部剧的热情并不高，它也很快就结束上演。什皮纳尔在克拉德诺城市剧院导演的下一部作品《漂亮朋友》（*Bel-Ami*，2013 年），是他自己根据莫泊桑的著名小说改编而成的。这部作品再次引起轰动，它以简单却引人入胜的方式，讲述了一个愤世嫉俗的下层人士向社会上层靠近的故事。故事设定在现代，因此也充分说明了我们当今如何愤世嫉俗，追逐名利。这部剧主要的背景隐喻是一个摄影师工作室，整个故事由一个相机镜头展示出来，说明了媒体和自我展示在当代世界的重要性。什皮纳尔以典型的讽刺手法，给内心缺爱的男主角一个巨大的心形毛绒垫子。此外，他挑选的 20 世纪 70 年代和 80 年代晦涩的流行歌曲也同样适合这部剧。在这之后，他又在该剧院导演了大卫·阿杰米（David Adjmi）的《玛丽·安托瓦内特》（*Marie Antoinette*，2014 年）和根据 1941 年捷克同名电影改编的《夜蝶》（*The Night Butterfly*，2015 年）。前者是一部很有风格的作品，后者是一部仿拟表演，既轻快有趣，又保留了一些真实情感。

布尔诺的雷杜塔剧院（当时是布尔诺国家剧院的一个独立单位，独立于其戏剧公司）曾因常驻导演扬·米库拉谢克的作品而名声大噪。当时，什皮纳尔也应邀担任该剧院的导演。在重温了拉克洛（Laclos）的小说《法尔曼》（*Valmont*，2011 年）之后，什皮纳尔又导演了由阿明·彼得拉斯（Armin Petras）进行当代改编的作品《安娜·卡列尼娜》（*Anna Karenina*，2012 年）。这部作品以半歌舞剧的风格，对当今人际关系进行了残酷、讽刺的审视，将爱情描绘成一连串自私的行为、最终致命的执念。

在这部话剧中，所有人物的极端情绪都以同样极端的表现展示出来。安

---

[1] Marie Reslová, "Racek," *Hospodárské noviny*, 9: 6 (2010), p.1.

娜或在巨大的枝形吊灯上荡秋千,或将全身的衣物脱到只剩长袜,或挖一堆泥巴。在迪斯科酒吧的一次酗酒聚会中,她和沃伦斯基擦出了火花,双方都被彼此迷住。当时,现场的音乐声(由一名 DJ 在台上演奏)很大,人们几乎没法开口说话。在最后一段独白中,安娜被台上的麦克风围住,给人的感觉就像是她在表演单口喜剧,但这个喜剧看上去有点可怜。最终,安娜狠狠撞上舞台背景的一堵白墙,那墙似乎十分坚硬(墙上写着字,看起来就像是廉价酒吧洗手间的墙壁),然后安娜就消失不见了。

令人感到可惜的是,这部大胆的作品虽然令人难忘,感人至深(无疑是什皮纳尔最好的作品之一),但在某种程度上却被扬·米库拉谢克在雷杜塔剧院的成功所掩去光芒。不久之后,什皮纳尔又回到该剧院,导演了他在这里的第三部也是最后一部作品,名为《卡巴莱·卡夫卡》(*Cabaret Kafka*)。该剧根据卡夫卡《致父亲的信》(*Letter to My Father*)制作而成,异常抽象难懂。因这部作品,什皮纳尔获得了约瑟夫·巴尔文奖(Josef Balvín Award),理由是这部作品是最好的德语剧本。然而,在雷杜塔剧院的工作团队搬到布拉格的栏杆剧院后,什皮纳尔的后两部作品也转移到了那里,他本人就再也没有在雷杜塔剧院导演过任何作品。

离开维诺拉第剧院后,什皮纳尔开始与布拉格另一个剧院合作,那就是拥有 300 个座位的斯瓦达剧院(Švanda Theatre)。彼时的他已成为一个智慧而大胆的古典戏剧导演,并酷爱刚强的女性角色。2010 年,他导演了在斯瓦达剧院的首部作品《海达·高布乐》。这部作品极具讽刺意味,将场景设置在一个房间,房间的墙壁上贴满了以峡湾为主题的壁纸,看上去十分俗气。这部作品的制作同样很轻松,没有沉浸在易卜生的唯心论中(这一点与其老师扬·内贝斯基的作品不同),反被视为"真正的迷人"。[①]2011 年,什皮纳尔重返国家剧院,导演了根据恩斯特·刘别谦(Ernst Lubitsch)的战时喜剧改编的戏剧《生存还是毁灭》(*To Be or Not to Be*)。这部作品缺少了一些说服力,在评论家看来,它的本质与什皮纳尔更加前卫的戏剧风格格格不入。[②]

[①] James Waling, "Riveting realism," *The Prague Post*, 10: 3 (2010), p.B5.

[②] Jana Machalická, "Špinarovo nedorozumení v Národním," *Lidové noviny*, 1: 3 (2011), p.10.

什皮纳尔在斯瓦达剧院导演的第二部（也是至今为止在该剧院导演的最后一部）作品是《哈姆雷特》（2013 年）。这部作品可以算是什皮纳尔最成功的一部，至今仍在上演，且场场座无虚席。戏的背景设定在一个由城堡改建的博物馆里，丹麦就像是一个没有新意的展览。

主角哈姆雷特（由演员也是青春剧偶像的帕特里克·德奇尔扮演）是一个彻头彻尾的现代年轻人，他不是不懂哲学，只是沉浸在了他那个年纪的情感问题和性问题上。对于年轻观众来说，整部作品其实十分容易理解，但原作品的精神主旨并没有丢失。什皮纳尔的玩笑乍看起来可能令人头晕目眩，但这些玩笑背后往往蕴含着一种策略。拿《哈姆雷特》中知名的一幕来举例，在哈姆雷特和霍拉旭讨论"这是一个颠倒混乱的时代"时，两人分享了一根大麻，随后的画面是哈姆雷特父亲的鬼魂幻影。另一幕巧妙扭曲的场景是哈姆雷特将戏中戏的剧本分发给法庭成员，格特鲁德和克劳迪亚斯被迫在舞台上朗读虚构人物的台词。在皮尔森戏剧节观看了《哈姆雷特》后，卡莉娜·斯蒂芬诺娃写到，什皮纳尔的作品掌握了一种她称之为"建构性解构"[①]的东西。虽然什皮纳尔有时会比较激进地改动剧本，但他总会认真地讲述故事、传达情感，这可能也是《哈姆雷特》十分出彩、热度居高不下的原因之一。

娱乐和游戏

什皮纳尔也会与一些独立剧院合作，导演当代戏剧作品，甚至是一些原创戏剧。在从布拉格表演艺术学院毕业前，什皮纳尔就和亚娜·斯劳科娃在 2006 年共同制作了一个名为 HOMO 06 的原创剧本（该剧 2008 年在鲁宾工作室重新上演，这是一个小巧时尚的独立场所，位于布拉格的历史中心位置）。其作品的主要特点是常常极端地讨论当前大不同于从前的生活方式、社会话题和审美方式。什皮纳尔早年也频繁与莱特剧团合作，这是一家为促进戏剧发展而成立于 2005 年的独立剧团，他在这家剧院导演的最轰动的作品

[①] Kalina Stefanova, "To Be or Not to Be... . At Once," MASKA 175-176 (winter-spring 2015/2016).

是马克·拉文希尔臭名昭著的《母亲克拉普的毛丽屋》（*Mother Clap's Molly House*）。

什皮纳尔与鲁宾工作室的合作尤其引人注目。佩特尔·科莱奇科于2008年至2015年担任鲁宾工作室的艺术总监，在此期间，什皮纳尔在该工作室多次担任导演。他与科莱奇科合著了《考萨·萨洛米》（*Causa Salome*，取自《圣经》，2009年）、《考萨·美狄亚》（*Causa Medea*，2010年）、《考萨·玛丽莎》（*Causa Maryša*，取自姆尔什蒂克兄弟同名的捷克古典戏剧，2011年）这三部曲，主角都是经典戏剧和神话中的女性角色。《考萨·美狄亚》这部剧设计得十分巧妙，将美狄亚复仇的故事搬到捷克当代的公寓中，并将当代语言与高尚的欧里庇得斯的诗歌相结合。这部十分幽默又令人心碎的独幕剧体现了什皮纳尔和科莱奇科的共同倾向：两人都酷爱刚强的女性角色，酷爱将严肃与幽默相结合。即使在涉及黑暗题材时，两人的倾向也一致。

接班掌舵

2014年，国家剧院所属戏剧公司的艺术总监一职空缺，丹尼尔·什皮纳尔凭借"新鲜血液"这个提法申请该职位，这一举动被人们视为三位候选人中最大胆的选择。获聘后，什皮纳尔与首席编剧玛尔塔·柳布科娃（Marta Ljubková）等人密切合作，迅速改变了原有的戏剧创作方法，并对公司进行了大幅调整。最重要的是，他们还改变了客座导演的选择。自2015—2016年度创作季开始，客座导演的名单只有什皮纳尔这一代导演的名字，但这并不一定意味着国家剧院缺乏多样性。

在其前辈任期的最后几个演出季里，什皮纳尔在国家剧院导演了三部作品。第一部是恰佩克兄弟（Čapek Brothers）于1921年创作的表现主义寓言《我们生活的世界》（*The World We Live In*，2014年）。[①] 在这部作品中，什皮纳尔十分忠实于原作，只稍加改动，用各种昆虫来描绘当代世界。第二部

[①] 顺便说一句（可能不是真的。——作者注），首次在国家剧院制作这部戏剧的人是什皮纳尔当今的榜样卡雷尔·胡戈·希拉尔。

是《奥赛罗》（2014年），一部以现代室内为演出背景，却以20世纪20年代的服饰为特点的作品。这部作品体现了什皮纳尔是一位擅长突出演员强大表演力的导演（特别是刚强女性题材的作品）。玛格达莱娜·博罗娃（Magdaléna Borová）饰演的苔丝狄蒙娜（Desdemona）自信、活跃，深知自己的女性魅力，这明显与原角色胆怯的性格不相符，也与博罗娃一贯饰演的老掉牙的乖乖女角色不同。令人不那么信服的是，什皮纳尔在这部剧中增加了小丑一角，试图对日常的种族歧视进行评论。小丑在舞台上跌跌撞撞，半醉半醒地喊着种族主义的玩笑和言论。鉴于奥赛罗（由卡雷尔·多布里饰演）是个白人，什皮纳尔增加这一角色背后的想法似乎不太明晰。玛丽·雷斯洛娃仍然认为这部作品具有"欧洲参数"，称这部作品"展示了国家剧院所属戏剧公司可以而且应该走的道路"。[1] 第三部是迈克·巴特利特的《伦敦大地震》（2015年）。这部作品不太成功，在拉德米拉·赫尔迪诺娃（Radmila Hrdinová）看来，什皮纳尔没有抓住剧本的要点。他将剧本大幅缩减，导致观众难以理解人物之间的基本关系。此外，剧中角色缺乏主动性，也让什皮纳尔的戏在政治上比巴特利的剧本更加直接。[2]

成为公司的负责人后，什皮纳尔导演的第一部作品是安雅·希林（Anja Hilling）的《保护》（Protection），捷克语的作品名译为《影双成单》（Together/Alone）。这部当代题材的作品没有政治性，倒是非常生活化。什皮纳尔与舞美设计师露西娅·斯坎达尔斯基（Lucia Škandíková）一道，将三对情侣之间三个既奇特又浪漫的邂逅故事放在一个有机玻璃箱子里表演，这不仅让观众获得了奇特的偷窥体验，也与亲密的对话内容形成对比。尽管这部作品十分简明，题材也很适合什皮纳尔，但评论却不温不火。事实上，这是一种传统：一旦一位备受尊敬的艺术家成为国家剧院的负责人后，该艺术家很快就会失去支持和信任，需要再次证明自己的价值。什皮纳尔的前辈多塞卡尔以及卡雷尔·胡戈·希拉尔[3]等很多前任艺术总监都有此经历。我不得不承认，在我

---

[1] Marie Reslová, "Anatomie zlocinu," *Hospodárské noviny*, 7: 1 (2014), p.18.

[2] Radmila Hrdinová, "Ekologické tři sestry na Nové scéne," *Právo*, 4: 4 (2015).

[3] 这也是《为了美》的一个话题。

看来，什皮纳尔在国家剧院并未取得先前像《哈姆雷特》《安娜·卡列尼娜》那样显著的成就。

话虽如此，什皮纳尔在国家剧院也有过十分出彩的作品，如2016年导演的《曼侬·莱斯戈》（*Manon Lescaut*）。这部作品上演的是诗人维捷斯拉夫·奈兹瓦尔根据阿贝·普雷沃（Abbé Prévost）同名小说改编的1940年的诗剧。在导演了恰佩克的作品后，什皮纳尔再次在国家剧院的神圣历史建筑中上演了一部民族经典作品。这部作品甚至更具代表性，《曼侬·莱斯戈》在捷克共和国的受欢迎程度和《罗密欧与朱丽叶》相当，几乎每个人都能背诵其中的一些诗句。奈兹瓦尔的这部作品讲述了一位年轻的贵族疯狂爱上了一个美丽的姑娘，但这姑娘最终却背信弃义的故事。这本质上是一部精心制作的媚俗之作，为一个处于纳粹压迫的艰难时期的民族设计了一部取悦大众的作品。在我看来，什皮纳尔也希望通过奢华的舞台、受欢迎的年轻演员，创造一部观众喜爱的作品。从许多方面来说，这部作品都很成功。它仍然销售一空，虽然这部作品明显不想引起争端，但有些选择确实非常聪明，找到了恰到好处的新奇（包括奇怪的话题和视觉效果）。这样做既不会流失太多观众，又忠于导演的整体美学设计。

什皮纳尔本人于2016年改编的奥斯汀（Austen）的《傲慢与偏见》（*Pride and Prejudice*）也引起了公众的注意（更多的是褒奖），这在某种程度上与他同年导演的《仲夏夜之梦》相同。在《傲慢与偏见》这部改编作品中，舞台上安置了一个巨大的蹦床，玩家被换成了当今婚庆公司里那些容易出事故的员工。

契诃夫的《三姐妹》（2016年）原由斯捷潘·帕茨尔（Štepán Pácl）导演①，但他工作几周之后生病了，什皮纳尔随后接手了这部作品。这部作品与契诃夫的舞台传统不同，是一部高度表现主义风格的作品。演员阵容中有一些

---

① 自相矛盾的是，帕茨尔计划的作品本身就是备选。原定的作品是基里尔·谢列布连尼科夫（Kirill Serebrennikov）的《卡夫卡》，但作者未给出任何解释就取消了合作。有人指控有争议的预算问题，但这也说明什皮纳尔与多西卡尔（他经常邀请外国导演，谢列布连尼科夫也是他一手策划邀请的）不同，他并不看重国际合作。

国内最优秀的演员，他们面临新风格的挑战，但这本身也是一种享受。此外，这次制作的《三姐妹》还包含了很多以前他人制作演出版本中的一些内容。最后一幕是所有角色听奥尔加（Olga）最后独白的录音，这段录音出自伊万·雷蒙特（Ivan Rajmont）1982年的著名版本。伊万是一位深受喜爱的导演，也是什皮纳尔的前辈之一，但不久前去世了（还有扮演奥尔加的玛丽·斯普尔娜也是）。

2017年，什皮纳尔回归当代英国戏剧，导演了丽贝卡·伦凯维奇（Rebecca Lenkiewicz）的《夜季》（*The Night Season*），这是一部新契诃夫主义的关系戏剧，也让剧团的资深演员之一亚娜·普赖索娃（Jana Preissová）获得了多年来应得的主演一角。① 什皮纳尔的下一部作品是莫伊拉·布菲尼的《欢迎来到忒拜城》（2018年）。因呈现了多个政治主题，这部作品好评如潮。但我个人更加赞同拉德米拉·赫尔迪诺娃较为冷静的观点，即它到头来只是重复表面上勾画的主题。这两部作品清楚地表明，比起政治性题材，什皮纳尔更加适合日常题材。

幸运的是，什皮纳尔接下来导演的是一部高度情绪化的作品，改编自斯蒂芬·茨威格（Stephan Zweig）的小说《心灵的焦灼》（*Beware of Pity*，2018年）。② 故事情节主要由同情之心和对上流社会的渴望这两点推动，讲述了一个年轻士兵与一个残疾女孩的爱情悲剧，基于此，演绎了一部情感强烈、风格突出，偶尔还有点恐怖的戏。特别是由帕夫林娜·施托尔科娃（Pavlína Štorková）饰演的女主角，几乎被塑造成一个阴晴不定的美人，但又不乏感情深度。舞台设计充分利用了剧院的旋转舞台，而服装则暗示着第一次世界大战前维也纳的氛围（正如《夜蝶》），营造出令人惊艳的视觉体验。这的确是一部具有风格和美感的戏剧，是什皮纳尔最新的一部作品，因而也成了这一阶段

---

① 2017年，什皮纳尔还导演了《女人，你的名字叫弱者》（*Frailty, Thy Name Is Woman*）这部不同寻常的作品。什皮纳尔用他们自己的公众形象写了该剧本，由剧院5位上了年纪的女演员主演。

② 然而，原德语作品名和捷克译版的作品名英语译为 *The Heart's Impatience*。

的开始。①

图 1 《哈姆雷特》，丹尼尔·什皮纳尔导演，斯瓦达剧院，帕特里克·德奇尔饰演哈姆雷特，马雷克·波斯皮哈尔（Marek Pospíchal）饰演霍拉旭。
摄影：阿莱纳·赫尔布科娃（Alena Hrbková）

对丹尼尔·什皮纳尔在国家剧院期间的表现作出评价还为时过早（最近，他的合约又延长了三个演出季），但可以肯定地说，40 岁的什皮纳尔是当代捷克戏剧最杰出的创作者之一，这也是作者写这篇文章的原因。②

参考文献

[1] Hrdinová, Radmila, "Ekologické tři sestry na Nové scéně," *Právo*, 4. 4. 2015.

---

① 值得一提的是，在国家剧院任职期间，什皮纳尔还曾两次与国家剧院所属歌剧公司合作，导演了雅纳切克的《死屋手记》（2015 年）和布里顿的《比利·巴德》（2018 年）。两部作品都相当成功。

② 对丹尼尔·什皮纳尔感兴趣的人可以访问他在 www.danielspinar.cz 的个人介绍，介绍涵盖什皮纳尔的所有作品（包括照片）。网页也有英文版本。

［2］——，"Vítejte ve zpustošeném sveťe," *Právo*, 1. 6. 2018.

［3］Hilar, Karel Hugo and Daniel Špinar, *Za krásu*（Prague: Národní divadlo, 2019）.

［4］Machalická, Jana, "Špinarovo nedorozumenív Národním," *Lidové noviny*, 1. 3. 2011.

［5］Mareček, Petr, "Panoptikum lačných hyen," *MF Dnes*, 31. 10. 2009.

［6］Reslová, Marie, "Anatomie zločinu," *Hospodářskě noviny*, 7. 1. 2014.

［7］——，"Racek," *Hospodářské noviny*, 9. 6. 2010.

［8］——，"Vojcek je zmrtvýchvstání Vinohrad," *Hospodářské noviny*, 14. 4. 2009.

［9］Stefanova, Kalina, "To Be or Not to Be... At Once," *Maska*, winter/spring 2015/16.

［10］Waling, James, "Riveting realism," *The Prague Post*, 10. 3. 2010.

沃基米耶兹·斯坦尼耶夫斯基：
（重新）构建传统与典型

[波兰] 托马斯·维斯涅夫斯基 著

郑莉 连幼平 译

斯坦尼耶夫斯基的特殊地位

与本书讨论的其他多位导演不同，1989年"铁幕"落下之时，沃基米耶兹·斯坦尼耶夫斯基（Włodzimierz Staniewski）已是为世界戏剧界所认可的人物了。在他的"迦奇尼策剧团"（"Gardzienice" Theatre）①，他开发了一种新颖的演员训练法，提出了乡村"远行"（Expeditions）的独创概念，并在"集会"（Gatherings）中论证了戏剧实践的起源。迦奇尼策剧团成立于波兰东部同名的迦奇尼策村（Village of Gardzienice），对于语言、发声和民间音乐传统有着类似民族志研究一样的痴迷，同时伴随着追求独特表演方式的强烈愿望。从1977年剧团成立到1989年间，斯坦尼耶夫斯基虽然仅执导了三部作品，但这些作品均因富有创造性的眼界而广受赞誉。迦奇尼策剧团在成立之后的十二年间，不仅访问了波兰、意大利和乌克兰，去了那里一些文化价值未受重视的村庄，还在纽约、巴尔的摩、斯德哥尔摩、阿姆斯特丹、多伦多等主要城市中心

---

① 根据波兰学术界的一般观点，为区分 Gardzienice 村和"Gardzienice"剧团的名称，前者应不加引号，后者应加引号。

进行了巡演。① 在此期间，斯坦尼耶夫斯基也阐述了他的主要艺术主张，包括《迈向戏剧的新自然环境》（*Towards the New Natural Environment for Theatre*，1979 年）。②

并不意外的是，1989 年之后的社会现实和政治现实对斯坦尼耶夫斯基早期戏剧实践的另类方法构成了某种挑战。保罗·艾兰（Paul Allain）在其《迦奇尼策剧团：转型中的波兰剧团》（*Gardzienice: Polish Theatre in Transition*）的结语中简明地阐述了这一问题：

> 斯坦尼耶夫斯基现在面临着另一种挑战。他的责任和压力很大：剧团规模较大，富有一定的历史，且运转僵化；还需要进行巡回演出，在国际音乐节的市场上要保持成功，否则得自行弥补损失。……从目前的过渡性混乱中，或许逐渐生发出一种明朗、一种力量……如今，迦奇尼策剧团的艺术实践和理论研究缺乏曾有的连贯性和目的性，因为它正朝向更开放的方向发展。……之所以会有戏剧，就是为了对当时的社会和政治环境做出回应。到目前为止，迦奇尼策剧团尚未完全确定他们在当代波兰的地位，但这个探索过程已经开始了，种子也已然种下了。③

艾兰这本书于 1997 年出版，其手稿于 1995 年 11 月完成，因此它的论点抓住了变革头几年中一些最为紧迫的问题。不过，应当强调的是，当时似乎尚未解决的问题目前已得到阐明。现在我们知道，尽管斯坦尼耶夫斯基早期提出的理论到 2019 年已经出现了巨大的变化，但他自己还是适应了新的经济、社

---

① 1976 年至 1996 年期间，斯坦尼耶夫斯基的详细活动年表见兹比格涅夫·塔拉尼耶科（Zbigniew Taranienko）的《迦奇尼策剧团：沃基米耶兹·斯坦尼耶夫斯基的戏剧实践》（*"Gardzienice: Praktyki teatralne Włodzimierza Staniewskiego"*）（卢布林：Test 出版社，1997），409—424 页。另见网址：gardzienice.org/en/Calendar.html（2019 年 8 月 30 日访问）。

② 斯坦尼耶夫斯基的《迈向戏剧的新自然环境》（*Towards the New Natural Environment for Theatre*）于 1979 年在索菲亚（保加利亚）举行的国际戏剧协会（ITI）大会上进行了呈现。

③ Paul Allain, *Gardzienice: Polish Theatre in Transition* (London: Routledge, 1997), p.136.

会与政治形势。斯坦尼耶夫斯基推出了新作品，与国内外机构合作，最重要的是，他创建了欧洲戏剧实践中心"迦奇尼策剧团"，自称是自己一生的成就。他对欧盟资金的成功运用佐证了1989年以来欧洲这一区域的戏剧正处于转型之中。①

从一个不复存在的世界里发展而来的艺术思想——我指的是20世纪70年代末和80年代的波兰乡村以及彼时的共产主义政权——在一座完全重建的戏剧殿堂里找到了它们的终极表达，这个殿堂如今已是这所宏大的欧洲戏剧中心的一部分。一部名为《从废墟中重建迦奇尼策剧团》(Carrying GARDZIENICE from the Ruins)②的电影，记录了斯坦尼耶夫斯基重建这座戏剧殿堂的艰难历程。最初激发其创作的艰苦条件同如今剧团提供的舒适环境形成了鲜明对比，斯坦尼耶夫斯基了解对比引起的争论，并且似乎讨厌美化过去的怀旧情怀。于他而言，改善了物质条件，并不一定使精神创造力下降。③

人物生平 ④

斯坦尼耶夫斯基于1950年出生在弗罗茨瓦夫市以南约80公里的巴尔多的斯拉斯奇小镇（Bardo Ślaskie）。1969年至1971年间，他是克拉科夫市雅盖隆大学的学生，加入了STU剧团的另类学生戏剧圈。斯坦尼耶夫斯基在克日什托夫·亚辛斯基（Krzysztof Jasiński）执导的著名剧作《坠落》(Spadanie/Falling)中出演了主角，吸引了耶日·格洛托夫斯基的注意。后来，斯坦尼耶

---

① 见网址：pois.gardzienice.org/en/ 和 http://gardzienice.org/en/Carrying-GARDZIENICE-from-the-ruins.html（均于2019年9月30日访问）。

② http://gardzienice.org/en/Carrying-GARDZIENICE-from-the-ruins.html (accessed on 20 November 2019).

③ 见托马什·维希涅夫斯基和多米尼克·盖茨（Dominik Gac），"与沃基米耶兹·斯坦尼耶夫斯基的三次交谈"（"Three conversations with Włodzimierz Staniewski"），《背景资料》(Konteksty)，1—2（2018），330—333页。

④ 资料来源：culture.pl（2019年8月30日访问），Taranienko, Gardzienice and Allain, Gardzienice。

夫斯基受邀加入实验剧团（Teatr Laboratorium），这成为其职业生涯的一个重要转折点，因为他从一个颇具野心的学生剧团转入一家另类的全球性剧团，而且由戏剧领军人物所领导。1971 年至 1975 年间，斯坦尼耶夫斯基参与了格洛托夫斯基在弗罗茨瓦夫市实验剧团的工作，在那里他为"类戏剧研究"（Para-theatrical Research）做出了贡献，包括在复杂研究项目（Complex Research Program）[如《假日》（Święto /Holiday）]框架内指导的戏剧作品。1975 年，斯坦尼耶夫斯基已是"蜂巢"（Ule/Beehives）的一名领导，"蜂巢"会向公众提供一天的类戏剧活动①。他成为格洛托夫斯基最亲密的合作者之一，并被认为能够继承他的衣钵。然而，由于不喜欢格洛托夫斯基作品与外界隔绝的状况，斯坦尼耶夫斯基决定退出公司，追求独特的艺术创作。这一选择在当时引起了不小争议。

几个月后，1977 年 8 月，斯坦尼耶夫斯基在迦奇尼策村当地交付了他戏剧工作坊的成果，并于 1978 年 1 月 18 日正式注册了"迦奇尼策戏剧协会"②。因该剧团具有地方特色，进行的戏剧实验很快便获得了创新性方面的认可，因为这些实验将高强度的体能和声乐训练与乡村"远行"（Expeditions）融合在一起，并迅速发展成为公司的一个标志。1989 年，理查德·高（Richard Gough）和朱迪·克里斯蒂（Judy Christie）对斯坦尼耶夫斯基的称赞充分说明了他的成功：

> 我们相信迦奇尼策戏剧协会是当今世界上最非凡的戏剧公司之一，他们与当前的任何潮流——后现代、自传、客观——都格格不入，而是追求一种与"生命工程"相结合的艺术实践。他们寻求自然的创造，并自然地做出回应，在这种行为下，人类会动用所有的资源，散发出炽热的能量。③

---

① http://www.grotowski.net/en/encyclopedia/ule-beehives (accessed on 30 August 2019).

② Taranienko, *Gardzienice*, pp.409–410.

③ Richard Gough and Judie Christie, "Gardzienice," a brochure issued by the Centre for Performance Research, Cardiff in 1989, p.3.

事实上，斯坦尼耶夫斯基曾提供条件支持启发性创作、集体创作和自主创造。他不仅动摇了当时整体停滞的状态，还在国际上获得了声誉，这既不依赖于僵化的既定模式，也不依赖于满足西方观众的期望。然而，正如上述引文所示，他的艺术声音一般被认为是真实的，也是自主的。

远离主要文化中心对于发展迦奇尼策剧团的特殊性至关重要①。一方面，由于地理位置偏远，政治当局可以更自由地对待艺术实验；另一方面，它有助于剧团的形成，而不暴露在文化或经济诱惑这些城市环境的常态之中。与此同时，地理位置遥远也从来不是与国际机构开展合作的障碍，包括皇家莎士比亚剧团、莫斯科的迈耶霍尔德中心、耶鲁大学、斯坦福大学、洛杉矶的盖蒂中心（Getty Center）、伦敦的巴比肯中心（Barbican Centre）和罗斯布鲁弗学院（Rose Bruford College）。②对于一位远离都市生活的东欧戏剧制作人来说，这无疑是一项罕见的成就。然而，在这个等级森严的戏剧公司里，远离城市也为公司内部的道德管理带来了一些危险。

"远行"与"集会"③

学界普遍认为，迦奇尼策剧团推出的"远行"和"集会"作为戏剧实践的独创概念，不仅对其后来所有活动的形成产生了影响，也对打造其国际地位起着决定性作用。④"远行"的理念十分简单，它植根于从本土文化中寻找真实的浪漫主义传统⑤，此外也受到了米哈伊尔·巴赫京（Mikhail Bakhtin）狂欢节

---

① 保罗·艾兰指出，1991年电话才安装在迦奇尼策剧团内（《迦奇尼策剧团》，23页）。

② 见网址：gardzienice.org/en/Completed-projects.html（2019年8月30日访问）。

③ 这部分内容基于塔拉尼耶科的《迦奇尼策剧团》（第52—199页）和艾兰的《迦奇尼策剧团》（第21—44页）。

④ Taranienko, *Gardzienice*, p.52.

⑤ 欲进一步探讨波兰浪漫主义传统对斯坦尼耶夫斯基的影响，请见艾兰的《迦奇尼策剧团》，第9—20页。

概念的启发。① 如果对团队有益的话，徒步旅行要在乡村地区步行数个小时，这对体力的要求很高。旅行一般每月组织一次，每次持续几天。原则上，探索地区的选择受目的地文化的偏远程度影响，因为剧团希望保护濒临灭绝的本土歌曲、故事和表演形式。尽管有精心的策划，但"远行"大体上对可能发生在旅途中的各种事件持开放的姿态。正如许多例证所示，准备食物、接触当地人、组织"集会"，以及最重要的越野行走等实践，都伴随着唱歌、训练和其他有助于在团队中建立专业关系的活动。

塔拉尼耶科表示，即使参与"远行"的人未曾意识到，但严格来说他们的动机也是戏剧性的。② 斯坦尼耶夫斯基探究了保留在封闭社会中的真正交流潜能，在这些社会中，传统的戏剧形式根本不为人所知。因此，"远行"在"集会"中达到了高潮。这些会面旨在让剧团和村民进行文化交流。一方面，迦奇尼策剧团献上了一些即兴表演，混合了歌声、舞蹈、粗俗的笑话；另一方面，村民，尤其是年长的村民，则受邀分享他们过去听闻的歌曲。不用说，这些对当地人而言都是前所未有的事情，所以人们反应不一，有人热情洋溢，有人无动于衷，有人抱有敌意。

要把1977年至1979年期间在波兰东部进行的"远行"和"集会"活动与迦奇尼策剧团后来类似的活动区分开来，这十分重要。后者将曾经的传统建构方法适应于当时的国际环境和城市环境。③ 最初，迦奇尼策剧团旨在"探索一种古老的姿态，一种真情实感的表达，一种声音的源头，还有罕见的歌声"④，以便将收集到的素材用于剧团和演员个人的表演。值得注意的是，早期的"远行"和"集会"使用的是波兰语，这大大增加了相关各方之间的直接接触，减轻了文化剥削感。原因很明显，在世界各地，他们的"远行"需要请一名翻

---

① "公司因此组织了乡村'远行'活动，旅行变成了一次狂欢，一次从日常生活中分离出来的短暂体验，它有自己的规则、重点和形式。旅行从现实的角度使用了狂欢的图像、目标和反结构，认识其哲学框架是如何包容他们的边缘对立立场的"（艾兰《迦奇尼策剧团》，第35页）。

② Taranienko, *Gardzienice*, p.52.

③ 艾兰探讨了"集会"在乡村地区和城市之间的区别（《迦奇尼策剧团》，第40页）。

④ Taranienko, *Gardzienice*, p.55.

译;而在城市环境下,则希望"远行"带有一种特点,就是进行更为传统的阐释。

"晚场"①

斯坦尼耶夫斯基召集的剧团表演是每次"集会"的高潮,将身体和声乐方面的精湛技艺都表现得淋漓尽致,这就是氛围活泼、变幻无常、结构松散的"晚场"表演(Spektakl Wieczorny/Evening Performance)。"晚场"表演构思于1977年,并一直延续到1986年,灵感源自弗朗索瓦·拉伯雷的《巨人传》,这为一些短练习曲表演打下了基础,这种练习曲混杂着民谣、宗教歌曲、圣歌,以及波兰浪漫主义戏剧中的语录。"晚场"有很多形体表演,活力四射,光彩夺目,部分情节还需要马戏团的杂技表演。其主要目的是激起村民的积极反馈,所以它探索的是情感互动而非理性交流。这些变化不定的表演有意在不同的晚上有不同的展示,这不仅培养了演员的机敏能力,也是对当天表演的主导条件做出反应。

"晚场"表演在黄昏时分开始,地点通常位于户外精心布置的场地,如草地、宅地或山丘上。作为"集会"的一部分,表演者构建了一幅奇特的场景,抬着一辆小车来来往往,这是在"远行"中"用于运输物品"的工具。②表演场地以火光为界,观众处在黑暗中。还有一些标准的场景设计元素,如一块大帆布和木质平台,但总的来说,演出是露天的,就在村民熟知的自然风光之中。这样的时空安排彰显了"迦奇尼策剧团"的偏好,那就是交流的即时性、结构的灵活性和氛围的狂欢性。事实上,评论家一致强调,"晚场"的主题、表演风格和结构都深深得益于米哈伊尔·巴赫京所理解的"笑"的概念。斯坦尼耶夫斯基则强调了他的发现,在阴暗而僵化的时代,笑的强大力量尤其具有吸引力。

---

① "晚场"详细内容见塔拉尼耶科《迦奇尼策剧团》,第190—205页;艾兰《迦奇尼策剧团》,第80—82页。

② Allain, *Gardzienice*, p.80.

《巫术》①

《巫术》(Gusła/Sorcery)是一场20到40分钟的短表演，于1981年5月在意大利一个并不引人注意的地方首映。它以亚当·密茨凯维奇的波兰浪漫主义杰作《先人祭》为基础，将迦奇尼策剧团表演风格的主要特征规范化。在探索各种不同节奏的同时，《巫术》将零星的戏剧片段与民歌、舞蹈和其他在"远行"中收集到或改编自各种传统的声音与动作交织在一起。这样的组合取自该地区的多文化遗产，并与会见死者的仪式相对应。哈西德式旋转被赋予了一个特殊的功能，它集中体现了整个团体所形成的强大搏动力和狂热生命力。斯坦尼耶夫斯基努力尝试反映出一种文化情景，就是曾启发米茨凯维奇的那种。

为室内表演策划的《巫术》同时面向农村和城市观众。在前一种情况下，它会伴随着"晚场"演出作为"集会"的高潮节目，而在后一种情况下，它会在国际艺术节上呈现给资深观众，作为公司剧作总体呈现的一部分。评论家重点强调了斯坦尼耶夫斯基的作用，作为导演的他促成了表演的实际效果，并在舞台表演和现场观众的实际情况之间进行调整。情节的组成允许体裁和语义上的变动，形体上的狂喜逐渐表现为更加黑暗的意象与黑色幽默。正如塔拉尼耶科所总结的那样，《巫术》是一种"极大地调动观众情感、想象力和智慧"的表演，并且"在很长一段时间后仍使观众回味无穷"。② 当然，剧团的其他作品也是如此。

---

① 《巫术》的详细内容见塔拉尼耶科《迦奇尼策剧团》，第205—225页；艾兰《迦奇尼策剧团》，第82—84页。

② Taranienko, *Gardzienice*, p.225.

《阿瓦库姆》①

1983年，迦奇尼策剧团演出了《修士大司祭阿瓦库姆的生活》（Żywot protopopa Awwakuma/The Life of Archpriest Avvakum），这场表演在阴郁恐怖中夹杂着狂欢，灵感源自阿瓦库姆·彼得罗维奇（Avvakum Petrovich）的自传，他是17世纪来自俄罗斯的东正教大司祭，为保存曾经的宗教仪式而进行斗争，因此遭到监禁，并被流放，最终被烧死在火刑柱上。这部充斥着"混乱、模糊和暴力"②的剧作是在波兰实行"戒严令"（Martial Law）时策划的，但首演是在意大利一处偏远的教堂里。《修士大司祭阿瓦库姆的生活》时长35到45分钟，演出一直持续到20世纪90年代中期，其时它的基调更加轻松，更为欢快。③ 这部戏分为"十三个动作片段"④，比前几部更加严谨，但也留有改动的余地，这在当时是一种创新的改编方式。原剧中蕴含的痛苦和不幸让它特点鲜明，比起要表现这种特点的形体动作，语言和叙事的准确性就不那么重要了。

表演区虽然幽闭恐怖，但它象征一处东正教教堂的神圣空间，在那里，"临近效应"达到了顶峰。虽然视觉效果强烈，但俄罗斯东正教的意象用得却很少，包括圣障、十字架、车轮、阶梯、大门、面包和蜡烛。在这场极度黑暗的表演中，后者（蜡烛）提供了唯一的光亮。"对比式节奏"经过加强后逐渐成为创作的主导，统一了表演的各个方面。

就这点而言，显然，斯坦尼耶夫斯基的艺术语言得到了充分的发展。这种艺术语言气质独特，有交际性，关乎身体，也谈情感，直截了当，但植根于对知识的探索，并利用所有可用的表现手段，无论其来源是声音、视觉还是语言。

---

① 详细内容见塔拉尼耶科《迦奇尼策剧团》，第225—266页；艾兰《迦奇尼策剧团》，第85—92页。

② Allain, *Gardzienice*, p.88.

③ 麦克·波尼（Michał Boni）引自塔拉尼耶科《迦奇尼策剧团》，第257页。

④ Allain, *Gardzienice*, p.86.

《布兰诗歌》①

1990年,"铁幕"落下后,《布兰诗歌》(*Carmina Burana*)首次在迦奇尼策村一个新翻建的"外屋"(Szopa)呈现,当时只有60名观众可以参加。在这次演出中,斯坦尼耶夫斯基将兴趣转移到了西方中世纪文化上,并在《布兰诗歌》中寻找灵感。《布兰诗歌》诗集中含有13世纪用拉丁语和德语书写的世俗和宗教诗歌,特里斯坦和伊索尔德的凯尔特故事,以及亚瑟王传奇中梅林和薇薇安的故事。演出以一种相当常见的方式探讨了激情、肉体和精神之爱的各个方面,另外还包含《麦克白》和《圣经》中的典故。空间意象以一个十字架标志为基础,暗指教堂内部,并探索垂直和水平并置;在视觉上占主导地位的是一个决定人物命运的木制车轮,也是命运/痛苦之轮。

这一隐喻现实世界的模型承载着巨大的符号意味,通过一个搭建的框架对应迦奇尼策村周围的现实。在开场时,一匹活马被默林从正门带到舞台上,而剧终的时候,观众被安排从同一个入口离开,走入了周围的草场中。强大的团体表演包括肢体杂技表演,进一步彰显了演员个人和集体表演技巧之高超。艾兰简明扼要地描述了它的主要特点:"《布兰诗歌》抒情而动人,激昂而滑稽,节奏多变,进展迅速,结尾令人激动。它有一种动态的实体乐谱和杂技逻辑"。② 正如迦奇尼策剧团的其他演出一样,声音的处理是决定性的,它决定各种要素——有时甚至是千变万化的要素——是否和谐统一。为了在艺术上重现"中世纪音乐精神",斯坦尼耶夫斯基与托马什·罗多维奇(Tomasz Rodowicz)领导的同伴们长期合作,此外还安排与多乐器音乐家马切伊·瑞克利进行合作。

---

① 详细内容见塔拉尼耶科《迦奇尼策剧团》,第266—292页;艾兰《迦奇尼策剧团》,第92—100页。

② Allain, *Gardzienice*, p.98.

古代灵感

《布兰诗歌》的巨大成功成为迦奇尼策剧团发展的另一个重要转折点。在接下来的五部作品中，斯坦尼耶夫斯基对古希腊和古罗马文化的文艺作品进行了创造性的探索。尽管素材的选择是在过去既定的工作方法下推进的，并且明显倾向于将戏谑和严肃的元素进行混合，但对欧洲文化源头的关注，对迦奇尼策剧团的艺术技巧和审美取向产生了深远的影响。

1994年冬，一些来自不同国家的演员们集合在一起[在迦奇尼策的内部称作"星座"组（Constellation）]开始排练《变形记》，或称《金驴记》（*Metamorfozy albo złoty osioł/Metamorphosis or the Golden Ass*），这是生于马多罗斯（Madarus）的阿普莱乌斯（Apuleius）撰写的作品，彼时基督教即将征服古代文化。[1] 该剧于1997年首次公演。它被看作是一部"戏剧散文"（一种源自过去常用的"试演作品"的体裁），采用了一种章节式结构，带有强烈音乐剧特点的练习曲，以声乐和舞蹈元素为特征，处在元戏剧评论的框架之下。乐谱是马切伊·瑞克利对古代音阶和节奏进行创造性"重构"的成果，这标志着该剧团脱离了早期的实践。尽管引发了学术界和评论界关于研究是否准确的激烈争论，但该剧因"有机的表演"（Wyka）、"疯狂的欢乐"（Benedykowicz）和对古代音乐和文化精神的创造性捕捉（Lengauer）而广受赞誉。[2]

2004年1月在柏林首演的《厄勒克特拉》中，斯坦尼耶夫斯基进一步探索了"戏剧散文"[3]这一体裁带来的可能性。受欧里庇得斯悲剧的启发，该剧

---

[1] 更多关于《变形记》的详细讨论，见《背景资料》全卷（1—4），2001。另见迦奇尼策剧团2001年发行的光盘资料"《变形记》：古希腊的音乐"。

[2] 引自"关于迦奇尼策剧团与《变形记》的谈话"，《背景资料》（1—4），2001，第194—239页。

[3] 更多关于《厄勒克特拉》的详细讨论，见：gardzienice.org/en/ELEKTRA.html（2019年8月30日访问），以及克日什托夫·别林斯基（Krzysztof Bieliński）的《斯坦尼耶夫斯基—迦奇尼策剧团—古代》（*Staniewski—Gardzienice—Antyk*）（Wołowiec: Czarne出版社，2015），第64—101页。

开发了一种称作"手姿艺术"的手势语言，这种手势语根据古希腊花瓶和其他艺术品上的人物形象重新构建而来。然而，音乐又一次为制作提供了动力。音乐创作由马切伊·瑞克利完成，其创作前提是找回从前的活力，主要是从巴尔干半岛、喀尔巴阡山脉和乌克兰的当代音乐中发现其中所留存的、与古代音乐的共鸣之处。而艾利森·霍奇（Alison Hodge）发现，《厄勒克特拉》的主人公是"欧里庇得斯本人，他痴迷于女人天性的秘密，以及犯罪率曲折上升的奥秘"。米歇尔·比林顿（Michael Billington）总结说道，"迦奇尼策剧团提醒我们，希腊悲剧的本意是形成一种全面、完整的戏剧体验，而非某种受到约束的诗歌活动。"①

《伊菲革涅亚在奥利斯》（*Iphigenia in A[ulis]*）是另一部受欧里庇得斯启发而创作的作品，于 2007 年 10 月在纽约著名的拉妈妈剧院首演，这次演出进一步证明了迦奇尼策剧团的国际声誉②。乐曲由波兰著名作曲家齐格蒙特·科涅奇内（Zygmunt Konieczny）创作，古代歌曲由马切伊·瑞克利改编。演员阵容包括著名的波兰演员，如安德烈·瑟韦林（Andrzej Seweryn）和克日什托夫·格洛比什（Krzysztof Globisz）。这部波兰语、英语和古希腊语交织的多语种作品，其主题是牺牲，是维护人类价值的一种方式。在导演语录中，斯坦尼耶夫斯基强调了古代悲剧的当代意义，这是该作最重要的线索之一：

> 撇开古代作品的历史真实性不谈，我们会看到那些似乎是从如今生活中走出来的角色。最后的献祭仪式是一种盲目的暴力行为，一种强迫的信仰，在这背后是教条的灌输和恶意的挑拨，是对那些言辞强硬、姿态强盛却精神脆弱之人的一次打击。③

迦奇尼策剧团的下一部作品是《伊菲革涅亚在陶里斯》（*Iphigenia in*

---

① 均引自：gardzienice.org/en/ELEKTRA.html（2019 年 8 月 30 日访问）。

② 更多关于《伊菲革涅亚在奥利斯》的探讨，见 http://gardzienice.org/en/IPHIGENIA-AT-A....html（2019 年 8 月 30 日访问），以及别林斯基《迦奇尼策剧团》，第 14—63 页。

③ In: Bieliński, *Gardzienice*, p.63.

T[auris]），其中进一步探讨了神话的当代意义，作品于 2010 年在华沙首演。①斯坦尼耶夫斯基提到了克里米亚（即陶里斯）的历史地位，就此表明他对欧亚紧张关系的看法，2014 年克里米亚共和国正式加入俄罗斯联邦后，这一看法变得极为重要。当今另一个具有重要参考意义的事件是 2010 年 4 月 10 日的坠机事件，当时包括波兰总统在内，96 名前往卡廷（Katyń）的波兰官员代表全部遇难。该剧直面社会和政治问题，在斯坦尼耶夫斯基的戏剧语言中实为罕见，也正如他极少大量使用视听投影设备。然而，正如伊迪斯·霍尔（Edith Hall）所认为的那样，该剧也表达出一个更为广泛的论题：

> 仪式感的旅程……对《伊菲革涅亚在陶里斯》而言是不可或缺的概念。……这部剧的旅程不仅仅在物理空间中。观众应邀去思索，是在心理折磨中幸存下来，还是在危险旅程中幸存下来，这二者之间有什么联系；就仪式而言，旅程也代表了男女两性从童年到成年的转变，在伊菲革涅亚和俄瑞斯忒斯的故事中，这段旅程尽管之前遭遇严重阻挠，但如今终于可以实现了。②

2013 年，斯坦尼耶夫斯基搬演了《德尔斐清唱剧》（*Oratorium pytyjskie*/*Pythian Oratorio*）③，这是探索古代文化系列的最后一部剧。它的灵感来自皮提亚、西比尔、卡桑德拉（Pythia/Sibyl/Cassandra）的神话，引用了《七诫》（*The Commandments of the Seven*）中的话。《七诫》是"已知最早的希腊智慧教育合集……服务希腊教育整整 20 多个世纪"④。合唱中典型的男女声部并存，在以"翁法洛斯"（圆锥形石）为中心的祭典舞蹈中达到高潮。翁法洛斯即标

---

① 关于《伊菲革涅亚在陶里斯》的详情，见 gardzienice.org/en/IPHIGENIA-IN-T....html（2019 年 8 月 30 日访问），以及别林斯基《迦奇尼策剧团》，第 170—221 页。

② In: Bieliński, *Gardzienice*, p.12.

③ 更多关于《德尔斐清唱剧》的讨论，见 gardzienice.org/en/PYTHIAN-ORATORIO.html（2019 年 8 月 30 日访问），以及别林斯基《迦奇尼策剧团》，第 126—169 页。

④ http://gardzienice.org/en/PYTHIAN-ORATORIO.html (accessed on 30 August 2019).

志着德尔斐①已知世界的中心。②以公元前6世纪古希腊文化根源为背景的《德尔斐清唱剧》，说明斯坦尼耶夫斯基着迷于神谕和其他形式的巫术。③

《婚礼》与今天的迦奇尼策剧团

2014年9月，迦奇尼策剧团组织了庆祝印度和波兰联谊的节日④，期间演出了《泰戈尔，泰戈尔》（*Tagore, Tagore*），但只演了一场。这是一部按时间顺序进行的"场景写生"，刻画了拉宾德拉纳特·泰戈尔（Rabindranath Tagore）的生活和工作。后来，斯坦尼耶夫斯基又执导了《婚礼：韦斯皮亚斯基—马尔塞夫斯基—科涅奇内》（*The Wedding: Wyspiański—Malczewski—Konieczny*）。2017年9月29日，作为公司成立40周年纪念活动的一部分，该剧首演。⑤斯坦尼耶夫斯基整合了以往的诸多成功方法，将文本、视觉和声音元素融合到一部充满活力、结构紧凑的戏剧作品中，将植根于古希腊的神话色彩，赋予这部斯坦尼斯瓦夫·韦斯皮亚斯基创作的波兰现代主义文学杰作。韦斯皮亚斯基的《婚礼》有如梦一般的情节主线，对农民文化艺术痴求的中心主题。斯坦尼耶夫斯基赋予了这部作品自我参照的元素，这是对他本人艺术经历和最初假设的有趣回顾。努力在波兰乡村和世界其他地方保存的本土文化中为当代戏剧寻找自然环境，这正是其目的。

《婚礼》的演员阵容说明"戏剧实践学院"（Academy for Theatre

---

① 希腊古都。——译者注

② 伊迪斯·霍尔（Edith Hall），"'只有失去的才能永远拥有'：卓越的迦奇尼策剧团"（"'Only what is lost can be possessed for ever': The Transcendent Theatre of Gardzienice"），别林斯基《迦奇尼策剧团》，第13页。

③ 见 http://gardzienice.org/en/Mantic-Perspectives.html（2019年8月30日访问）。

④ 见 gardzienice.org/en/2014-IV-F.W.T..html（2019年8月30日访问）。

⑤ 见 gardzienice.org/en/40th-Anniversary-Festival.html 以及 thetheatretimes.com/celebrating-40th-anniversary-gardzienice/（2019年8月30日访问）。

Practices）①的毕业生做出了越来越多的贡献。该学院由迦奇尼策剧团于1997年9月创办，由马里乌什·戈瓦伊（Mariusz Gołaj）协办，面向波兰国内外另类戏剧的年轻爱好者，提供斯坦尼耶夫斯基及其公司多年来开发的训练方法和戏剧技巧。正如迦奇尼策剧团的"星座"组那样，有的毕业生受邀成为该组成员，其他毕业生则参与公司组织的众多戏剧节、研讨会和其他活动的相关工作。

回顾迦奇尼策40多年的历史，可以看出"集体创作"是斯坦尼耶夫斯基的剧团的特点。这样的氛围之下，在剧团发展的每一个阶段，出现强烈的个性对抗，尽管有时颇具争议，但

图1 《婚礼》，导演：沃基米耶兹·斯坦尼耶夫斯基，迦奇尼策剧团，2017年。摄影：巴托洛米耶·古尔尼亚克（Bartłomiej Górniak）

也实属必然。马里乌什·戈瓦伊、托马什·罗多维奇、雅德维加·罗多维奇（Jadwiga Rodowicz）、多萝塔·波罗夫斯卡（Dorota Porowska）、埃尔扎别塔·罗杰克（Elżbieta Rojek）、安娜·祖布日基、格热戈日·布拉尔、克日什托夫·奇热夫斯基（Krzysztof Czyżewski）、彼得·博罗夫斯基（Piotr Borowski）、亨利克·安德鲁兹科（Henryk Andruszko）、马里乌什·姆罗卡（Mariusz Mrowca）、乔安娜·霍尔克雷伯（Joanna Holcgreber）、雅罗斯瓦夫·弗雷特（Jarosław Fret）、安娜·达布罗夫斯卡（Anna Dabrowska）、马切伊·戈尔钦斯基（Maciej Gorczyński）等艺术家为迦奇尼策剧团独到的表演语言发展做出了巨大贡献。他们中的一些人离开剧团之后，成功地走上了

---

① 见沃伊切赫·杜兹克（Wojciech Dudzik）与兹比格涅夫·塔拉尼耶科《备受瞩目的剧团》（*Teatr obiecany*），《"迦奇尼策"的教育实践》（"Praktyki edukacyjne 'Gardzienic'"），(华沙：《学术界》，2008)，第107—130页。

自己的职业道路。这样的例子比比皆是：奇热夫斯基在塞伊内（Sejny）建立了"艺术、文化和民族边界中心"（"Borderland of Arts, Cultures and Nations" Centre），罗多维奇、波罗夫斯卡和罗杰克在罗兹建立了"科利亚戏剧协会"（Theatre Association "Chorea"），布拉尔和祖布日兹基在弗罗茨瓦夫建立了山羊之歌剧团，弗雷特在弗罗茨瓦夫建立了查剧团（Theatre "ZAR"），以及博罗夫斯基在华沙建立了研究剧团（Theatre Studium）。尽管这些专业发展令人印象深刻，但也应当注意到，缘于他对待公司女性成员的相关行为，最近斯坦尼耶夫斯基被爆受到了道德指控。相关证据是非常严肃的，但这不仅指出戏剧团体运作转型的重要意义，也有助于推动对波兰另类戏剧历史进行重新评估。①

参考文献

[1] Allain, Paul, Gardzienice: *Polish Theatre in Transition* (London: Routledge, 1997).

[2] Bieliński, Krzysztof, *Staniewski—Gardzienice—Antyk* (Wołowiec: Czarne, 2015).

[3] Dudzik, Wojciech and Zbigniew Taranienko (eds.), *Teatr obiecany*, (Warsaw: Academica, 2008).

[4] "Gardzienice," Official Website, www.gardzienice.org/en (accessed on 30 August 2019).

[5] Gough, Richard and Judie Christie, "Gardzienice," a brochure issued by the Centre for Performance Research, Cardiff in 1989.

[6] Hall, Edith, "'Only what is lost can be possessed forever:' The Transcendent Theatre of Gardzienice," in Bieliński, Gardzienice, p. 13.

[7] Hodge, Allison, and Włodzimierz Staniewski, *Hidden Territories: The Theatre*

---

① 案件尚未结束，详情见 https://e-teatr.pl/mobbing-i-molestowanie-w-opt-gardzienice-i371（2020年12月1日访问）。

of Gardzienice, (London: Routledge, 2003).

[8] Taranienko, Zbigniew, *Gardzienice: Praktyki teatralne Włodzimierza Staniewskiego* (Lublin: Test, 1997).

[9] Wiśniewski, Tomasz and Dominik Gac, "Three conversations with Włodzimierz Staniewski," *Konteksty*, 1–2 (2018).

里马斯·图米纳斯戏剧的诗意视角

[俄罗斯]德米特里·特鲁博奇金* 著

崔美子 译

立陶宛导演里马斯·图米纳斯①的职业生涯与立陶宛和俄罗斯这两个国家和两种文化有关。在 20 世纪 70 年代下半叶，作为一位刚刚迈入戏剧行业的学生，图米纳斯不得不定期乘坐往返于维尔纽斯和莫斯科之间的长途火车。正是这条连接了两个首都和两种不同文化的路，塑造了他的戏剧世界观。在图米纳斯的大多数作品中，旅行主题被拟人化为一个带有大型风化手提箱的角色，这并非偶然。图米纳斯同时具有在平凡中看到新的未知事物的能力和为了获得知识而离开定居的生活，踏上航行的能力。

此外，与立陶宛戏剧的创始人们一样，图米纳斯保留了与立陶宛神话的悠久联系以及对自然灵性的信仰。图米纳斯是一个品位高雅的人，同时又像一个

---

* [俄罗斯]德米特里·特鲁博奇金（Dmitry Trubotchkin），任教于俄罗斯艺术学院（The Russian Institute of Theatre Arts，简称 GITTS），是莫斯科国立艺术学院（The State Institute for Art Studies, Moscow）古典艺术系主任、瓦赫坦戈夫剧院（The Vakhtangov Theatre）艺术总监助理，还是俄罗斯联邦戏剧联盟委员会（The Board of the Theatre Union of the Russian Federation）成员和俄罗斯基础研究基金会（The Russian Fund of Basic Research）艺术研究系主任。他用俄语、英语和意大利语发表了大量作品，并多次在世界各地举办的关于欧洲古典戏剧和当代俄罗斯戏剧的会议上发表了演讲。他有多部俄语专著在莫斯科出版，包括《古希腊戏剧》（Ancient Greek Theatre，2016 年）、《里马斯·图米纳斯：莫斯科制造》（Rimas Tuminas: Moscow Productions，2015 年）、《理解阿尔卡季·莱金剧院》（Understanding the Theatre of Arkady Raikin，2011 年）、《古代文学和戏剧学》（Ancient Literature and Dramaturgy，2010 年）和《罗曼·帕利亚塔在行动》（Roman Palliata in Action，2005 年）。

① 1952 年 1 月 20 日生人。

农场主——他亲近土壤，亲近一切从土壤中开始生长和繁荣的东西，对它们关怀备至。农场主就像一棵枝繁叶茂的大树，深深扎根于地面，但又常常仰望天空，每当微风拂过，树枝迎风飘扬。即使身处现代大都市，图米纳斯依然按照古老的旧历生活。他的家是整个地球世界的缩影，毫无疑问，他认为照顾他的小花园是将整个地球变成一个繁荣的大花园的道路。

1974 年从维尔纽斯的立陶宛音乐学院（现立陶宛音乐和戏剧学院）表演系毕业后，图米纳斯来到莫斯科，进入国立戏剧艺术学院导演系。在完成学业的前一年，1978 年，他在维尔纽斯戏剧院执导了他的第一部作品——保加利亚作家、剧作家乔丹·拉迪科夫（Jordan Radickov）的《一月》。1979 年，从国立戏剧艺术学院毕业的图米纳斯，在斯坦尼斯拉夫斯基戏剧剧院执导了斯洛伐克人奥斯瓦尔德·扎赫拉德尼克（Osvald Zahradník）的《孔雀曲》（*Peacock Melody*）。同年，图米纳斯回到维尔纽斯，开始在立陶宛国立学术戏剧剧院（自 1998 年以来称为立陶宛国家戏剧剧院）担任导演，并开始在立陶宛音乐学院表演系任教。

动荡的 20 世纪 80 年代下半叶，立陶宛国家戏剧剧院的一群演员聚集在他周围。他们是他在立陶宛音乐学院的毕业生。图米纳斯希望吸引有艺术细胞而不是有政治思想的人，实现他对新剧院的梦想。因此，这个由一些志同道合的人组成的新团队渴望创造一个新的、诗意的戏剧。它与当代现实相关，同时没有忘记舞台上文本、讽刺和戏剧性等等关于艺术性质的问题。

20 世纪 80 年代末，图米纳斯及其演员的思想与 19 世纪末欧洲"自由剧团"运动的观念非常相似。"自由剧团"运动启发了莫斯科艺术剧院的第一个工作室诞生，以及第二次世界大战后的"人民剧院"。据乔治·斯特雷勒（Giorgio Strehler）的表述，1946 年，他在米兰创办了"小剧院"（Teatro Piccolo）。实际上，图米纳斯的剧团也被冠以"小"（立陶宛语中的 maži），一是因为成员人数少，二是因为在立陶宛国家戏剧剧院的小舞台上从早到晚都可以找到无休止地排练、说话、阅读和讨论未来合作内容的图米纳斯和他的演员们。

在 20 世纪 80 年代后半期，图米纳斯与戏剧作曲家福斯塔斯·拉特纳斯（1956—2020）开始了富有成效的创作合作。"小"团体的第一部作品是根据图米纳斯本人和诗人瓦尔达斯·库库拉斯（Valdas Kukulas）撰写的戏剧改编的

《这里不会有死亡》(There Will Be No Death Here，1988 年)。该剧取材于立陶宛著名诗人保卢斯·西尔维斯（Paulus Širvys）的诗歌，将杰克·伦敦的"马丁伊甸园"片段和第二次世界大战后立陶宛外省小镇生活的历史相结合。①

通过这部作品，图米纳斯和他的演员们让新剧团在戏剧界成功出圈，并清楚地展示了他们新颖独特、令人难忘的创作风格，直到今天仍然鲜明可辨。这部作品的作者选择书写的不是官方历史——首都的英雄历史，而是隐藏在表象之下的内在的历史。图米纳斯不仅将诗歌和历史相结合，还用诗人的眼光看待历史文献。他在简单的外省故事中看到了哲学层面，能将真实的事实变成人们记忆的遗存，能以丰富的诗意联想将真实世界与幻想和传说自由转换，从而引人注目。图米纳斯似乎选择了古典文化的古老命题作为他作品的基础，即诗歌比历史更严肃，更具哲学性，因为历史谈论的是具体的（发生的事情），而诗歌谈论的是一般的（已经发生和可能已经发生的事情）。②

观众、评论家和官员都对"小"团体的专业成就、可持续性和潜力表示赞赏。1990 年 3 月 2 日，由图米纳斯领导的国家级的新剧院在维尔纽斯（Vilnius）成立（当然是因为图米纳斯不断向文化部提出申请，这才成为可能）。"小"团体的所有成员都成为新剧院的演员。这个剧院被命名为"小剧院"（Mažasis Teatras），某种程度上是它的自嘲（同时又有意义）。在同年的 3 月 11 日，立陶宛共和国最高苏维埃通过了《重建立陶宛国法案》。图米纳斯领导的小剧院注定要拉开立陶宛国家历史新时期的艺术序幕。它成为苏联解体后第一个十年中最著名的三个立陶宛新剧院中的第一个。③

立陶宛观众仍然认为小剧院在图米纳斯执导期间的四部作品是"传奇"，其中三部改编自经典戏剧，一部改编自现代散文，分别是：安东·契诃夫的《樱桃园》（1990 年）、根据格里戈里·卡诺维奇（Grigory Kanovich）1989 年

---

① 在 20 世纪 40—50 年代，Širvys 在 Panevėžys 区的 Rokiškis 地区的小城镇担任记者和报纸编辑。

② 参见亚里士多德《诗学》1451b, 3-12。

③ 1998 年，埃蒙塔斯·涅克罗修斯的艺术堡垒剧院和奥斯卡·科舒诺娃剧院（OKT）成立。

的小说《贱卖的小山羊》（*A Baby Goat for Pennies*）改编的《上帝啊，请对我们微笑》（*Smile Opon Us, Lord*，1994 年）、米哈伊尔·莱蒙托夫的《假面舞会》（1997 年）和尼古拉·果戈理的《钦差大臣》（2001 年）。它们共同包含了图米纳斯的戏剧观和他的导演手法的显著特征。值得注意的是，从《对我们微笑，上帝》开始，图米纳斯一直与舞美设计师阿多马斯·贾科夫斯基独家合作。如今知名的图米纳斯风格，其实是导演图米纳斯、作曲家福斯塔斯·拉特纳斯和舞台设计师捷科夫斯基三位大师共同创作的结果，这种令人印象深刻的创意合作目前仍在继续。

在图米纳斯看来，每个情节都传达着一个人类灵魂流浪的故事，作为生命的道路，情节在从世界的一个角落到另一个角落的旅程中延伸开。这就解释了为什么他的作品中有这么多的旅行者和旅程的符号。在《樱桃园》中，一整堆行李箱站着靠在舞台左翼，仿佛在提醒人们，他们无法找到宁静，因此他们已经需要为旅行做准备。在《樱桃园》结尾，拉涅夫斯卡娅一家人不得不离开，失去了他们美丽的果园，走向一个未知的、不安的未来。在《对我们微笑，上帝》中，中心情节线是三个犹太人乘坐一辆由一匹老母马拉着的马车，从立陶宛的米什基内（Miškiné）到维尔纽斯的公路旅行，各种遭遇在路上等待着他们。对于他们三人来说，这次旅行具有朝圣的意义，因为他们将维尔纽斯视为"立陶宛的耶路撒冷"。

图米纳斯戏剧中的世界是艺术的世界，不是按照世俗日常生活的规律生活，而是按照想象的规律生活。在这个世界里，现实和梦想之间的边界无法辨别，过去和现在的影像混成一团，想象力给任何生活的呈现提供了一种奇妙而矛盾的形式，无论这种生活是多么简单。

在《假面舞会》中，帷幕升起后，观众看到了被人造雪覆盖的舞台：冬季的花园里，矗立着一座孤独的阿佛洛狄忒裸体雕像，在傍晚的灯光照射下显得庄严肃穆。底幕和侧幕由厚厚的黑色织物制成，使得舞台看起来被黑夜笼罩。在这个无底空间中，隐藏着从地球到月球的道路（年轻的王子兹韦兹季奇登上看不见的楼梯，去向向往的地方），以及各种视觉奇迹（一个巨大的闪亮吊灯出人意料地从舞台右侧飞过整个舞台，从右到左，越过一群群众演员）。在这个梦想、幻想、记忆和现实融为一体的世界里，有人成为光明与黑暗的化身。

怪诞的贤愚来自黑暗，而穿着柔和连衣裙的跳舞女孩则从光明中出现（《假面舞会》中的妮娜看起来像浪漫芭蕾舞剧的明星）。图米纳斯加入了原剧并没有出现的角色。在《假面舞会》中有一个"冬人"，他住在冬园里，为了娱乐而滚起了一个大雪球。雪球越来越大，随着阿尔贝宁（Arbenin）的嫉妒而增长。在最后，它变成了一个巨大的白球，滚压了嫉妒的阿尔贝宁，他杀死了他的妻子，并因悲伤而发疯。

图米纳斯和捷科夫斯基喜欢在舞台的黑匣子内建造布景和道具，而不是随着场景的变化更换场景。相反，他们用富有表现力的视觉符号丰富了表演，这些符号在观众的记忆中停留了很长时间。在《钦差大臣》中，一个巨大的鬼魂住在省城里。它是如此之高，以至于它可以够到布景支架。它看起来像一个未完成的教堂，有一个小塔和一个带十字架的圆顶，同时，又像一个异教徒玩偶，面目模糊，裹着灰色的布。这个巨大的、令人毛骨悚然的幽灵，对角色来说是看不见的，但对观众来说是可见的，它提醒着当地官员犯下的最严重的罪行——他们还没有完成教堂，却偷走了分配给建造教堂的资金。似乎在《钦差大臣》漫长的演出史中，图米纳斯是第一位也是唯一一位用如此富有表现力的方式强调该镇在上帝面前犯下罪行的导演，赫列斯塔科夫的访问是对这种罪行的惩罚。"幽灵"是用电缆绑在布景之家的圆轨上（捷科夫斯基的主意）。它不时地解开自己，开始四处移动，用自己填满整个空间，扫过人们的所有行为、所有的罪孽。拉特纳斯为幽灵般的教堂的移动创作了配乐。其中我们既可以听到管风琴响亮的键盘和弦，又可以听到斯拉夫复调音乐，这种音乐在乡间被用来陪伴新娘到走向祭坛，就像秋天雨中向南飞翔的一群鹤的告别声，是一种仪式性的呻吟。

尽管在舞台上具有展示无限想象力的自由，但图米纳斯仍将剧作家的文本置于导演之上，并将此作为铁律。他反复重复，执导一部作品时"脱离戏剧"或"反对戏剧"，等于立即宣布这个人比莎士比亚、果戈理和契诃夫等作家优越。创作过程是成长的过程，如果你从一开始就"伟大"，那么你就没有地方可以成长。最好的成长是理解天才思想的伟大，用自己的想象力达到他们的高度。

20世纪90年代中后期，图米纳斯在北欧（芬兰、冰岛）剧院演出的作品和维尔纽斯小剧院充满活力的欧洲巡回演出的作品是他的标志。这段新的旅程强化了图米纳斯对世界浩瀚的感受,即使作品是为小舞台创作的,也有广阔的创意空间。在此期间,图米纳斯形成了导演经典戏剧的特定方法。导演有时将这种方法描述为"外国人的观点"或"外部观察",使他能够找到诠释经典文本的非凡方法。这种方法使观众远离感知的自动性,在艺术史上被称为"异化"或"陌生化"。俄语"ostranenie"(字面意思是"使某物看起来很奇怪"),相当于"去熟悉化",由彼得格勒文学学者维克多·什克洛夫斯基① 于1916年提出。贝托尔特·布莱希特则将类似的方法称为"陌生化"或"间离效果"(Verfremdungseffekt)。

对于图米纳斯来说,"陌生化"并不意味着"扭曲"。"陌生化"更像是从远处小心翼翼地触摸,是共同创造所必需的距离,是诗意的沉思和互动,是这些在短距离内无法辨别的符号从远处辨别出新结构的愿望。20世纪90年代初,图米纳斯在立陶宛已经享有非常高的艺术权威。1994年,他作为小剧院的艺术总监,受邀成为国家戏剧剧院的首席导演(没有离开他在小剧院的职位),但在工作了五年后离开。这一转变拉开了图米纳斯戏剧的新篇章。正值世纪之交,图米纳斯和他的小剧院在俄罗斯的戏剧之都——莫斯科和圣彼得堡,好评如潮。

1998年,小剧院首次在莫斯科巡回演出,在瓦赫坦戈夫剧院的舞台上,他们用立陶宛语表演了《假面舞会》,取得了巨大的成功。第二年,也就是1999年,同样的作品在金面具节上演出,并获得了最佳外国作品奖。这是莫斯科戏剧节历史上的第一个国际奖项,享有盛名。2000年,图米纳斯在莫斯科执导了他的第一部与俄罗斯演员合作的作品,在当代剧院(Sovremennik Theatre)上演的、根据《玛丽亚·斯图尔特》(*Maria Stuart*)改编的《演……席勒!》(*Playing...Schiller!*)。2002年,图米纳斯在瓦赫坦戈夫剧院执导了俄罗斯版的果戈理《钦差大臣》。

与此同时,他继续在维尔纽斯小剧院工作,仍然忠实于他交替执导经典作

---

① 什克洛夫斯基,第一个描述"ostranenie"方法的作者,使用俄罗斯文学的例子在他的作品《艺术作为装置》(1917年)中;见亚历山德拉·柏林娜(编辑)、维克多·什克洛夫斯基。A Reader(伦敦:布卢姆斯伯里,2017年),第73页。

品和现代戏剧的习惯。小剧院的创意高峰恰逢其历史上的一个重要事件,一栋维尔纽斯历史建筑,位于盖迪米纳斯大道22号、建于20世纪初的帝国风格展馆,经过14年的重建后,被授予小剧院使用。它的天花板是独一无二的,是由玻璃纤维添加混凝土制成的透明绿色瓷砖。今天,由于小剧院的建筑价值和剧坛荣耀,这座建筑被公认为维尔纽斯的地标之一。

2007年,图米纳斯成为俄罗斯最著名的剧院之一——莫斯科的瓦赫坦戈夫剧院的艺术总监。在俄罗斯历史上,首次任命外国公民为剧院负责人。时间证明,剧院作为创意有机体的本质和图米纳斯作为导演的本质是相吻合的,并相互加强。瓦赫坦戈夫剧院及其艺术总监合作顺利的例证就是上演俄罗斯头号剧作家安东·契诃夫的作品《万尼亚舅舅》(2009年)和上演改编自俄罗斯头号诗人亚历山大·普希金的诗歌小说的《叶甫盖尼·奥涅金》(2013年)。这两部作品都继续取得巨大成功,在戏剧节和巡回演出中,许多观众仍然将其称为契诃夫和普希金作品最佳的现代俄语演绎。

在《万尼亚舅舅》中,图米纳斯拒绝了世俗的"契诃夫式"场景。我们习惯于在剧院里看到这种场景:藤椅,秋千,俄式茶饮,俄罗斯知识分子的田园诗,秋天在他们的乡村庄园里哲学思辨。图米纳斯和捷科夫斯基用一个神秘的空间取代了这种传统场景。他们在舞台上建造了巨大而宽阔的木制门廊,背景中有一座巨大的狮子雕像,上方悬挂一弯黄色的孤月。而《叶甫盖尼·奥涅金》的空间是一个巨大的芭蕾舞教室,里面有一个把杆和一面巨大的雾镜悬挂在底幕上。这面镜子是"活的"——它不时地改变它的倾斜角度,稍微移动,幽灵般地复刻出舞台上正在发生的事情。在这两部作品中,都有我们惯于在图米纳斯的作品中看到的记忆与幻想交融的画面。在《叶甫盖尼·奥涅金》中,它们被带到矛盾中。有两个奥涅金——年轻的事件参与者和年老的事件回忆者。还有两个伦斯基——年轻的、在决斗中的死亡者和年老的、未在决斗中死亡的老去者。在他们旁边还有普希金原著中不存在的角色。战争中受伤的轻骑兵,是奥涅金在空荡荡的房间里的酒友;怪诞、沉默、凌乱的流浪者,穿着破烂的帆布衣服,手里拿着多姆拉琴,最终死在奥涅金的废弃房子里。除此之外,还有一些意想不到的情节,他们本质上都是普希金式的人物,但不是直接从文本中获取,而是通过摆弄诗意的线条而诞生。图米纳斯用一个引人注目的无声场景，解释了为什么年轻的塔季扬娜嫁给了老将军。这一幕描绘出一个美丽的画面，成为这部作品的视觉象征。七个女孩（其中包括塔季扬娜）被金属秋千抬升到舞台上方，她们看起来悲伤而毫无生气，她们的白色连衣裙和雪纺披风在空中飘扬。这次飞升意味着她们在婚礼过程中向爱情道别：她们都是被父母带到了首都的新娘"集市"，她们不是为爱结婚，而是包办婚姻，每个人都嫁给了她的"老将军"。

自 2007 年至今，图米纳斯在瓦赫坦戈夫剧院执导了 11 部作品，不同辈分的著名演员都参演过。另外两个值得一提的作品，一是在 2011 年瓦赫坦戈夫剧院成立 90 周年之际，他创作了一部名为《码头边》（*Quayside*）的戏剧。这部剧汇集了各种作家（从陀思妥耶夫斯基到阿瑟·米勒）的作品片段，所有单元都围绕着一个中心角色展开，这些角色都由剧院老一辈的传奇演员担任，他们的表演是精湛演技的真实典范。如果一个单元的主角去世了，整个单元都会被删除，因为导演不想替换演员。如今，这个鲜活的剧院集体记忆遗产已经被暂停演出，直到剧院找到能量来填充新的单元。二是《俄狄浦斯王》。2016 年，图米纳斯执导的索福克勒斯的《俄狄浦斯王》在古老的埃皮达鲁斯剧院上演，这是瓦赫坦戈夫剧院和希腊国家剧院（雅典）的联合制作。随后，图米纳斯将《俄狄浦斯王》的场景调度稍加改动后，加入瓦赫坦戈夫剧院的剧目中。俄罗斯演员用俄语表演，而希腊演员作为合唱团的一部分用现代希腊语表演。今天，俄罗斯和希腊演员仍在表演它，珍藏着对那座容纳 11 000 人，天上群星与观众一起俯视着舞台的大型露天剧院的记忆。索福克勒斯的故事汲取了埃皮达鲁斯剧院的能量，表现了那些没有原谅自己罪行的已逝之人的伟大，这在传统的欧洲带有舞台拱门的剧院中很难汲取。

如果将图米纳斯的创作方法的本质提炼成几个具体特征，当然考虑到他的职业生涯仍在继续，主要有如下几点：

他是一位坚定地根据作者的故事和演员的本性开始的创作导演，然后才转向即兴创作，有时是完全无限的，但从不背叛剧作者属于文学文本的想法。

他是一个浪漫主义者和超现实主义者，充满热情地在他的作品中融入夜间异教意象，融入自然元素（雪、雨、星星、风、月亮）和古老的动物符号（狗、鱼、熊）。他试图收集宇宙的奥秘，即使在最平凡的生活故事中，他也能感受到奥秘。

他倾向于让演员把作者的每一个单词都当作诗歌来读，强调每句台词的节奏和格律，要求他的演员提前阐述文本中的精确思想并以精确的形式表达出来，因此一直给人的印象是，他的作品中的语言是诗意的。

图米纳斯是一位承认演员至高无上的导演，对任何演员的即兴创作都感到高兴，但也总是提醒演员神秘的"天堂的压力"——看不见的神圣目光。这旨在让演员问自己一个问题："谁给了我以这种方式走上舞台的权利？"

图 1 《叶甫盖尼·奥涅金》，里马斯·图米纳斯执导，莫斯科瓦赫坦戈夫剧院，2013 年。摄影：瓦莱里·米亚斯尼科夫（Valery Myasnikov）

他也是一位认为演员的原始材料是非日常的姿势、舞蹈动作和哑剧的导演。他坚持舞台表现的音乐性，类似于梅耶荷德（Meyerhold）和瓦赫坦戈夫（Vakhtangov）。但同时要求即使是最异想天开的动作，在意义和目的上也是可识别的。对于图米纳斯来说，礼堂象征着人对世界的看法。天堂在那里与人间相连，所以天使和观众一起观看着表演。正如图米纳斯反复提及的，他们"要么在舞台支架上，要么在廊座中"。① 在如此高尚的环境中，戏剧的诗意被净

---

① 引自 2013 年 2 月，里马斯·图米纳斯在瓦赫坦戈夫剧院排练《叶甫盖尼·奥涅金》时与演员的对话。由 Dmitry Trubotchkin 录制（未出版）。

化到最清晰的地步，并受到"和谐"和"节奏"这两个最古老的艺术法则的指导。包括图米纳斯在内的导演们根据这些定律创作作品，当他们明白自己已经触动了观众灵魂中隐藏的神经，将时间和永恒结合在一起时，他们就达到了幸福的顶峰。

参考文献

[1] Aleknonis, G. and H. Šabasebičius (eds.). *Lithuanian Theater*. Vilnius: Kultūros, filosofijos is meno institutas, 2009.

[2] Aristotle, Poetics. Translated with an Introduction and Notes by A. Kenny. Oxford: University Press, 2013.

[3] Berlina, Alexandra (ed.). *Viktor Shklovsky*. A Reader. London: Bloomsbury, 2017.

[4] Trubotchkin, *D. Rimas Tuminas. Moskovskie spektakli [Rimas Tuminas. Moscow Productions]*. Moscow: Teatralis, 2015.

格日什托夫·瓦里科夫斯基：美妙的休克疗法

[波兰] 马乌戈热塔·亚尔穆沃维奇* 著

王凤娇 译

时代之子

1989年后，格日什托夫·瓦里科夫斯基成为改变波兰戏剧的著名导演之一。有关丑闻的题材以及对僵化传统和惯例的坚决抵制是他作品的标志。他的初衷是摆脱国家责任的束缚，建立一个生动、冒险、欧洲范式的、带有挑衅意识的剧场。曾与瓦里科夫斯基合作的戏剧评论家和剧作家彼得·格鲁什琴斯基（Piotr Gruszczyński）在他的书《弑父者：波兰剧场年轻有为之人》（*The Patricides: The Younger and More Talented in Polish Theatre*）中也提到了圈子里的格热戈日·亚日那、安娜·奥古斯蒂诺维茨（Anna Augustynowicz）、彼得·切普拉克（Piotr Cieplak）和兹比格涅夫·布佐扎（Zbigniew Brzoza）。②

---

* [波兰] 马乌戈热塔·亚尔穆沃维奇（Małgorzata Jarmułowicz），戏剧、剧场和表演研究学者。格但斯克大学（University of Gdansk）戏剧、剧场和表演研究系主任，波兰语言学研究所（The Institute of Polish Philology）副所长。其研究集中于表演艺术，特别是当代剧场和戏剧中的邪恶和政治极权问题，波兰和外国荒诞戏剧、传统亚洲表演中的仪式源头。著作有《错误和曲解的季节》（*The Seasons of Errors and Misrepresentations*，2003年）、《邪恶的戏剧性》（*The Theatricality of Evil*，2012年）、《作为恐怖之地的戏剧》（*Theatre as a Territory of Terror*，2008年）、《艺术公园——印度尼西亚艺术公园》（*The Garden of Art-Taman Seni Indonesia*，2015年）、《艺术公园——面具》（*The Garden of Art. The Mask*，2017年）等，在期刊、文集中发表多篇评论和论文。

② P.Gruszczyński, *Ojcobójcy (The Patricides) Młodsi zdolniejsi w teatrze polskim* (Warsaw: Wyd W.A.B.,2003).

他称克里斯蒂安·陆帕是他们的"领头人",因为作为执教于克拉科夫戏剧学院(Krakow Theatre School)的一名教师,陆帕是他们很多人心中颇具魅力的灵魂导师。陆帕一直在寻找着"我们时代的精神危机表象"①。他们追随陆帕,也一直徘徊于有难度、有争议的主题,发掘当代现实中带有羞耻性、被压抑的方方面面。

借助新政治秩序带来的便利,瓦里科夫斯基勇敢地选择了那些最刻薄、沉重的主题。他决心把舞台变成一个工具,去直面那些被社会拒绝和压制的问题,这也标志着他的伟大戏剧迎来了新的开始。正如格热戈日·尼齐奥勒克所写的,"当他不再掩盖他抵制社会的事实,并大胆抨击、大声谴责困扰他的社会现状的时候,他的剧场才开始升温。"②他对社会现实如此犀利的评价在他早期的作品中就有所体现,如陀思妥耶夫斯基的《白夜》(*White Nights*,1992年)、克莱斯特(H. von Kleist)的《侯爵夫人》(*The Marquise of O*,1993年)、贡布罗维奇(W. Gombrowicz)的《克雷科夫斯基律师的舞伴》(*Tancerz mecenasa Kraykowskiego*,1997年)、克劳斯·曼(Klaus Mann)的《禁窗》(*The Barred Window*,1994年)。正如尼齐奥莱克所说,"所有这些作品似乎都突显了社会的某种意愿,想要谴责所有不守规矩的行为,责难人们的怪癖,扼杀禁欲。而污名、罪行和耻辱却是一直都在的。这也给被大众普遍接受的社会秩序以新的阐述,就是将其颠覆。"③

在评论家眼里,瓦里科夫斯基厚颜无耻地扯下了我们社会和个人生活黑暗面的遮羞布。彼得·格鲁什琴斯基称他的戏剧为"深渊之边,在那之外,你无法用人类的语言再提出任何问题"。④拉法尔·韦格日尼亚克称他为"地狱中的美学家"。⑤格热戈日·尼齐奥莱克称他的表演为"阴影地带——这种阴

---

① G.Niziołek, *Sobowtór i utopia.Teatr Krystiana Lupy* (Cracow: Universitas, 1996), p.42.

② G.Niziołek, *Warlikowski.Extra ecclesiam* (Cracow:WydawnHomini,2008),pp.19-20.

③ G.Niziołek, *Warlikowski.Extra ecclesiam*, p.16.

④ P. Gruszczyński, *Ojcobójcy*, p.137.

⑤ R.Wegrzyniak, "Esteta w piekle. Od 'auto da fé' do 'Burzy'," *Notatnik Teatralny* 28-29 (2003).

影地带从文化角度上是被拒绝和谴责的，在国内审查机制之下被认为是'邪恶的'"。① 事实上，邪恶主题已经成为瓦里科夫斯基戏剧的标志，他的戏剧同时还抨击社会上普遍存在的禁忌和虚伪。他的作品用暴力和羞辱展现主流的规范秩序，没有美满的结局，没有对美好世界的期待，邪恶变得如此庞大，以至于它成为人性本身的可怕象征。②

在如此黑暗的戏剧世界，瓦里科夫斯基在寻找什么？在一次访谈中，他回答了一个类似的问题："逃离愧疚感。我总有一种愧疚感。年轻的时候，因为离开了我爱的人而愧疚。后来，因为离开家人而愧疚。我这一生都试图逃离蓝领阶级的环境。接下来，因为自己是同性恋而愧疚。最后，因为自己是波兰人而愧疚。成年之后，我接受了自己是波兰人的身份，进而能重塑自我，尽管这花费了我很长一段时间。"③ 他的戏剧明显反映了他一直在与内心中黑暗的阴影做斗争。

什切青市内外

在他很小时，不墨守成规的叛逆就成了他生活的一部分。这种叛逆在他高中时期就有所显露，高中毕业的他从熟悉又陌生的什切青市（Szczecin）跑到了遥远的克拉科夫市。根据家庭背景和家人的希望，他应该去当一名卡车司机，而他不想这样，于是跑到雅盖隆大学继续学习历史、哲学和法语语言学。但他并没有从大学毕业。1983年，他决定一旦波兰的军事管制结束，他就逃到巴黎去。巴黎让这个年轻的叛逆者能够认真审视自己的人生选择。他在

---

① G.Niziołek, *Warlikowski*, p.21.

② 我的书中专门有一章是介绍瓦里科夫斯基戏剧中的邪恶主题，请参考：*Teatralnosćzła:antropologicznewedrówkipo współczesnej dramaturgii i teatrze* (Theatricality of Evil: Anthropological Journeys across Contemporary Theatre and Drama) to the issue of evil in Warlikowski's theatre (Gdańsk: Wydawnictwo Uniwerstetu Gdánskiego, 2012), pp.186-195。

③ F. Pascaud, "Piekny potwór"（格日什托夫·瓦里科夫斯基访谈），请参考：dwutygodnik.com, 07/2009, https://www.dwutygodnik.com/artykul/347-piekny-potwor-piekny-potwor.html（2019年7月31日访问）。

巴黎学术界和戏剧界的涉足，促进了他的学术发展，以及进一步的深造，这些都在他回国后对他有所帮助。1989 年，在波兰一个值得纪念的日子里，27 岁的瓦里科夫斯基在他的艺途中迈出了重要的一步：在克拉科夫的国家戏剧学院（National Theatre School）学习导演专业。然而，他并没有局限于只跟自己的导师克里斯蒂安·陆帕学习。此外，他还在国外艰苦的实习中获得了宝贵的经验：在斯德哥尔摩，他学习了英格玛·伯格曼的试演；在维也纳和巴黎，他跟着彼得·布鲁克一起练习；在米兰小剧院，他加入了乔治·施特雷勒（Georgio Strehler）的工作坊。

国外的交识和周游世界的经历也影响了这位导演后期的事业，使得他能够涉足全欧洲的戏剧现场和戏剧节，他也因此获得广泛赞誉。他的戏剧曾参加过阿维尼翁戏剧节、马德里的秋季艺术节（Prensa de Otoño Festival）、爱丁堡国际艺术节、维也纳艺术节、纽约的 BAM 下一波艺术节（Next Wave Festival BAM）、雅典电影节（Athens Festival）、智利的圣地亚哥米尔国际戏剧节（International Theatre Festival Santiago and Mil）、波尔图的庞蒂国际戏剧节（International Theatre Festival Ponti）、韩国的第 21 届首尔表演艺术节（XXI Seoul Performing Arts Festival），以及贝尔格莱德国际戏剧节（BITEF Festival）。他在国外创作的作品也提升了他的名望。他在德国上演了《国王之死》（*Smierć króla*，汉堡，1994 年）、《第十二夜》（*Twelfth Night*，1999 年）、《暴风雨》（斯图加特，2000 年）、普鲁斯特（Proust）的《追忆似水年华》（*In Search of Lost Time*，波恩，2002 年）、《麦克白》（汉诺威，2004 年）。在克罗地亚的剧目有：科尔泰斯（Koltès）的《西岸》（*West Coast*，1998 年）以及欧里庇得斯的《酒神的伴侣》（2001 年）。在法国的剧目有《仲夏夜之梦》（2003 年）。在荷兰的剧目有：安德鲁·波维尔（Andrew Bovell）的《方言》（*Speaking in Tongues*，2004 年）、三岛由纪夫的《萨德夫人》（2006 年）。在意大利的剧目有《伯里克利》（*Pericles*，1998 年）。在以色列的剧目有：卡夫卡的《诉讼》（*Process*，1995 年）、《哈姆雷特》（1997 年）、欧里庇得斯的《腓尼基女人》（*The Phoenician Women*、1998 年）。在国外工作期间，他结交了艺术家蕾娜特·杰特（Renate Jett）和费利斯·罗丝（Felice Ross），二者后来加入了他的团队。

讽刺的是，对于像瓦里科夫斯基这样游历广泛的人来说，自己获得导演资格的那个城市却很陌生。他在克拉科夫老剧院进行的首演①，反响非常冷淡。1996年，他基于马泰·维斯涅茨（Matei Visniec）的作品《我们将雇用一个老小丑》（*We Will Employ an Old Clown*）也以失败告终。这些失败使得瓦里科夫斯基不想再努力去迎合克拉科夫。事实证明，他的作品与克拉科夫观众保守、资产阶级的品位完全不符。所以，他对艺术自主的追求驱使他走向那些对违抗和叛逆更包容的城市。在波兰以及国外的各个舞台巡回演出几年之后，他于1999年在华沙的多样剧院（Rozmaitosci Theatre）成为一个全职导演。这个剧院在20世纪和21世纪之交被人戏称为"马丁靴剧院"（以青少年穿的一种鞋的品牌"马丁博士"命名）。艺术总监格热戈日·亚日那很好地维系了那里叛逆的氛围，他在那里工作了九年，并导演了他最著名的几部作品：《哈姆雷特》（1999年）、《酒神的伴侣》（2001年）、萨拉·凯恩的《清洗》（2002年）、《暴风雨》（2003年）、席蒙·安斯基（Szymon Anski）和汉娜·克莱尔（Hanna Krall）的《恶灵》（*Dybbuk*，2003年）、汉诺赫·列文（Hanoch Levin）的《克鲁姆》（*Krum*，2005年），以及托尼·库什纳（Tony Kuschner）的《天使在美国》（*Angels in America*，2007年）。

2008年，为了寻找一个完全符合他的艺术需求和视野的创造空间，瓦里科夫斯基离开了多样剧院。他和一群长期合作的伙伴在市政服务公司的设施上创建了华沙新剧团（Nowy Teatr），坐落在华沙的莫科托夫区，那里促成了他最大胆、最独立的项目。他导演了《阿波隆尼亚》[*(A) pollonia*，2009年]、《终结》（*Koniec*，2010年）、《莎士比亚笔下的非洲故事》（*Opowiesci afrykańskie według Szekspira*，2011年）、《华沙夜总会》（*Kabaret warszawski*，2012年）、《法兰西人》（*Francuzi*，2015年）。这个剧院是从零起步的，一直都想要和观众进行情感和理性都具有挑衅性的对话。正如剧院现在的网页所描述的那样，这个剧院想要改变人们常规的思维方式，发掘被隐藏和压制的那部分记忆。事实上，瓦里科夫斯基这个"黑暗之子"，一直都在让观众感到心神不宁。

---

① 1993年，一部根据海因里希·冯·克莱斯特（Heinrich von Kleist）的短篇小说改编的戏剧《侯爵夫人》。

古典、莎士比亚、大屠杀、歌剧

现代戏剧和古典戏剧都是瓦里科夫斯基尖刻的输出，但他故意把波兰戏剧从古典戏剧中排除出去。2003年，彼得·格鲁什琴斯基将瓦里科夫斯基的戏剧总共分为三个"舞台"："一个舞台演莎士比亚，第二个舞台演希腊悲剧，第三个舞台演科尔泰斯和萨拉·凯恩。"① 然而，这些舞台是不可分割的——三个舞台都是由"邪恶"这个线索贯穿在一起的。瓦里科夫斯基说，"一开始，我从她（萨拉·凯恩）的剧本中就觉得要按莎士比亚的戏剧演，莎士比亚的剧本要按萨拉·凯恩的演。反过来说，萨拉·凯恩的可以按欧里庇得斯的演，而欧里庇得斯的必须按科尔泰斯的演。"② 这种不同作家之间的纵横交错，也是瓦里科夫斯基将他们从其原始的历史背景中割裂下来的结果。正是由于他大胆的诠释，使得这些戏剧有了普遍意义，触及了波兰以及全人类的共同话题。在瓦里科夫斯基的作品中，虽然他没有对古典戏剧文本进行干扰性的现代化处理，但他让神话与历史并肩同行，永恒的真理与生活经历息息相关。他明确表明了他对于"某些问题、封闭的群体和环境、过去和未来的乏味日常"③ 的厌恶。他的戏剧不是描绘琐碎的现实，而是无时无刻、无处不在发生着的现实。他对于古老风俗、莎士比亚、科尔泰斯以及萨拉·凯恩作品的着迷，是因为他想要去感知、去融入世界。

瓦里科夫斯基古典戏剧作品中渗透的现代性，体现在我们集体良知的猛烈迸发。他执导的索福克勒斯的《厄勒克特拉》就是这样的：通过背景设计和服装，他把情节转移到了饱受战争之苦的巴尔干半岛。1997年，这里流传着一个因仇恨而引发同族互杀的古老故事。在《驯悍记》(*The Taming of the*

---

① P. Gruszczyński, "Światynia/rzeznia," *Notatnik Teatralny* 28-29 (2003), p.102.

② A.Fryz-Wiecek, "Skondensowany strach"（格日什托夫·瓦里科夫斯基访谈），*Didaskalia* 47 (2002), p.6。

③ K.Mieszkowski, "Dojutra"（格日什托夫·瓦里科夫斯基访谈），*NotatnikTeatralny* 28-29 (2003), p.231。

Shrew，1998年）中，父权体系的暴力使彼特鲁乔（Petruchio）夺走了凯瑟琳（Katherine）的尊严，残忍地让反叛的她言听计从。这种父权体系的暴力是以一个醉酒的观众（后来扮演彼特鲁乔）羞辱一个引座员（后来扮演凯瑟琳）这样的现代形式呈现出来的。在莎士比亚的《暴风雨》(2003年）中，呈现了波兰要对犹太人在耶德瓦布（Jedwabne）内被害负责。此话题是由扬·托马斯·格罗斯（Jan Tomasz Gross）所写的颇具影响力的《邻居》(Neighbors）一书引发的，当时该书刚出版就引起了热议。围绕集体回忆展开的这个作品，它的主题是人们无法彼此理解、相互原谅、最终和解。《暴风雨》中所反映的大屠杀所带来的痛苦经历，是瓦里科夫斯基戏剧中经常反复出现的主乐调之一，这个主乐调的变奏曲曾出现在《恶灵》《阿波隆尼亚》及《莎士比亚笔下的非洲故事》当中。然而，这个主题并没有被当作一个历史的噩梦，而是像格热戈日·尼齐奥莱克所说的，是"身份问题背景下"和"关于侵略别人这种社会行为的个人感知"。[①]

2009年，瓦里科夫斯基开始寻找新的文学作品进行创作。与此同时，他还撰写自己的原创剧本。这些材料相互交错、紧密结合，为个人和社会主题增加了戏剧深度。这样的艺术策略将成为他作品的一个特点，并在华沙新剧团得以实现。其中一个主要例子就是《阿波隆尼亚》——一个关于无辜牺牲主题的巨作。这部作品用到了埃斯库罗斯的悲剧《俄瑞斯忒亚》，欧里庇得斯的《阿尔刻提斯》(Alkestis)、《奥里斯的伊菲格涅亚》(Iphigenia in Aulis）和《赫拉克勒斯》(Herakles)，汉娜·克莱尔的故事《普拉》(Pola)，乔纳森·利特尔（Jonathan Littell）的小说《善良者》(The Kindly Ones)，约翰·马克斯韦尔·库切（John Maxwell Coetzee）的《伊丽莎白·科斯特洛》(Elizabeth Costello)，泰戈尔的戏剧《邮局》(The Post Office)，以及马尔辛·斯维特利基（Marcin Świetlicki）的诗歌《战场》(Pobojowisko）中的片段。

瓦里科夫斯基的导演活动不仅限于戏剧，他在2000年首次担任了歌剧的导演。在华沙大剧院，他准备了一个独幕室内音乐会——罗莎娜·帕努夫尼克（Roxanna Panufnik）的《音乐节目》(The Music Program)。同样在这个舞台，

[①] G. Niziołek, *Polski teatr Zagłady* (Warsaw: Instytut Teatralny, 2013), p.70.

他还导演了朱塞佩·威尔第的《唐·卡洛斯》（2000 年）、帕维尔·什曼斯基（Paweł Mykietyn）根据托马斯·伯恩哈德的《在外国的无知者》（*Der Ignorant und der Wahsinnige*）创作的《无知和疯人》（*Ignorant i szaleniec*，2001 年）、克里斯托夫·潘德列茨基（Krzysztof Penderecki）的《于布王》（*Ubu Rex*，2003 年），以及阿尔班·贝尔格（Alban Berg）根据格奥尔格·毕希纳戏剧创作的《沃伊采克》（*Wozzeck*，2006 年）。后来，他在巴黎歌剧院导演了克里斯托弗·威利巴尔德·格鲁克（Christoph Willibald Gluck）的《伊菲革涅亚在陶里斯》（*Iphigénie en Tauride*，2006 年）和莱奥什·雅纳切克的《马克罗普洛斯事件》（*The Makropulos Affair*），在巴士底歌剧院导演了理查德·瓦格纳的《帕西法尔》（2008 年）。即使在这种极其传统的舞台类型中，瓦里科夫斯基仍不断尝试通过自由地重释歌剧、琢磨剧本，甚至是增添他自己的一些元素，来创造艺术自由。瓦里科夫斯基的多数想法确实都颇具颠覆性，让观众感到不安，或是非常震惊。比如，受史蒂夫·麦奎因（Steve McQueen）的电影《羞耻》（*Shame*）中 30 岁主演的启发，他将莫扎特的歌剧《唐璜》（2004 年）的主演描绘成一个沉迷于色情作品的性欲狂。即便如此，瓦里科夫斯基仍被认为是当代欧洲戏剧最具影响力的创作大师之一。

舞台就是实验室

瓦里科夫斯基戏剧中独特的语言是源于他与某些艺术家的紧密合作。除了作曲家帕维尔·什曼斯基和灯光师费利斯·罗丝，他还一直与布景师，也就是他的妻子马乌戈热塔·什切斯尼亚克（Małgorzata Szczęs-niak）合作。他们从一开始就是一个二人组，首次合作的作品是 1992 年埃利亚斯·卡内蒂（Elias Canetti）的戏剧《燃烧》（*Auto da fé*）。接下来的作品显示出了两人互补的性格特点，并且两人有着相似的品位和敏感。这位布景师垄断了瓦里科夫斯基的戏剧，这意味着她的作品也经历了一段特别的过程。什切斯尼亚克把这个过程看作是一次穿越迷宫的旅行，迷宫里尽是同样的图案和关联，"其实，我一直都在做同样的事情。当然，我也有所进步，但我发现自己总是回到同样的话题上……这些经历贯穿着我一个又一个的演出。我总是在用自己曾经用过的一些元素和想法，这就意味着我还在寻找、观望、徘徊。"①

瓦里科夫斯基和什切斯尼亚克的戏剧世界一直是不确定的，建立在浑浊模糊的观念之上，置于现实与象征当中。例如《清洗》，这部剧发生在具有多重意义的大学校园里，它是体育馆、医院、停尸房、浴室，甚至是一个集中营（显然，"园"和"营"意义很相近）。瓦里科夫斯基作品中的行动发生在未知的时间和未知的区域，这使得他的戏剧在语义上是开放的，充满了秘密，供观众去想象。相反，马乌戈热塔·什切斯尼亚克坚持极简主义，始终避免使用那些让戏剧意象模糊不清的装饰。我们的宇宙通常是用一个开放的、同质的、经常是空旷的空间来表示，在这个被净化的、想象的领域内可能产生的意义就自动地被普遍化了，从而变得清晰。

这样一个不同寻常的舞台世界，它的一个主要特点就是结构的人工性。现代工业材料的使用强化了这一点：玻璃、镜子、塑料、箔纸和金属。瓦里科夫斯基的剧场是建构在人工元素上的，是文明的产物，不是自然的产物。每次仿效自然，他都仿效得很惹人注目：《冬天的故事》（1997年）中人造花从舞台的地板中长了出来，《威尼斯商人》（1994年）中用到了玻璃运河，以及《第十二夜》中真正的沙子中掺杂着闪闪发光的箔纸。人类是瓦里科夫斯基剧场世界中唯一的创造者。只有人类能在幕后操纵，也只有人类要为当中的邪恶负责，并不存在什么超自然的理由。

舞台上的小宇宙反映出这样的景象：冷漠，沐浴在强光下，没有人性。在这样不利的环境下徘徊的角色，让人联想到那些解剖实验中不幸的被试者。舞台灯光的暗淡更是强化了这种疏离感，与一直存在的暴力形成强烈对比。《酒神的伴侣》中，被撕碎的彭透斯遗体装在一个"卫生"桶里，被带到了舞台上，阿伽门农（Agamemnon）的尸体躺在一个让人联想到清洁的浴缸里；《清洗》中血腥的场景非常传统化，在一间原始的瓷砖淋浴房里。在这样一个无菌的实验室空间里，每一个姿势、怪象或是声调都具有双重表现力，就好像被显

---

① K. Łuszczyk, "Przestrzeń jako miejsce spotkania"（马乌戈热塔·什切斯尼亚克访谈）, *Notatnik Teatralny* 28/29 (2003), p.78。

微镜放大了一样。没有什么能分散主角的注意力，他们全神贯注于自身，没有多余的背景。毕竟，他们才是唯一重要的。空旷的空间和人是这个舞台现实中仅有的元素。

"我们激怒人们"

瓦里科夫斯基剧场中的人没有无辜的。他的剧场拒绝做出或接受任何的妥协，无情地描述着它得出的严酷、痛苦的结论。没有保护观众的"第四堵墙"，他们也就失去了作为被忽略的观察者这样一个安全的身份。舞台世界抓住了观众的偷窥癖行为，并不自觉地吞噬了他们，从而把他们变成了额外被密切监视的对象。

其他的舞台情景是直接向观众做出忏悔，观众就是忏悔的目击者。例如，在《清洗》中，蕾娜特·杰特面对着观众，带着感人的真诚，说出了他的第一段独白，用萨拉·凯恩《渴望》(*Crave*)中的话来忏悔他的爱——爱很快会变成煎熬。《驯悍记》中扮演凯瑟琳的达努塔·斯坦卡（Danuta Stenka），在最后的独白中，也用到了这样触动观众的公开忏悔。作为男性暴力的受害者，她站在舞台前直面观众。她最后已经彻底地顺从，但她为她所蒙受的这种耻辱，责怪她身边的每一个人。在《清洗》中，格蕾丝（Grace）的台词像牛鞭一样鞭打着观众，"把他们全都杀掉。"这时，灯光亮了，所有的演员都站在台上，注视着观众。两个世界之间无形的界限被打破，这使得舞台现实中令人不安的黑暗涌到了观众当中。有一种令人不安的印象，好像格蕾丝将观众的心思说了出来。在《阿波隆尼亚》中，改编自利特尔的《善良者》的纳粹罪犯独白的结尾，阿伽门农得出了一个令人震惊的结论，"我竟和你是一样的！"瓦里科夫斯基亲自指导工作人员灯光要在观众席上停留多久。他认真研究他们的反应，以及他们对来自舞台上质问的挣扎。"直到达到了令他满意的混乱程度，灯光才能暗下来。"[①] 奥尔加·斯米乔维奇（Olga Śmiechowicz）这样说。瓦里科夫

[①] O.Śmiechowicz, *Lupa, Warlikowski, Klata. Polski teatr po upadku komunizmu* (Warsaw: Wydawnictwo Naukowe PWN, 2018), p.158.

斯基的休克疗法，唤起了社会不满和被压制的痛苦的力量，摧毁了观众的道德幸福感。导演告诉那些去看他戏剧的人："这是你们应得的。"这些观众轻信如果遵守某些行为准则，他们就能够辨别善恶。

瓦里科夫斯基的作品中，是局外人、外国人和那些非同一般的人首当其冲地承受"健康"社会的愤怒冲击。在他们的帮助下，他提出最艰难、最令人不安的问题，强调我们想要保密的那些事情。演员们也为如此极端的心理付出代价。"我太坏了，尤其是对演员，"导演承认说，"我让人物分裂，让他们重新体验他们的创伤。我用悲观主义和对肮脏的嗜好毒害他们。只有痛苦，才能产生艺术。如果你很快乐，你最好去野餐，不要去剧院。"① 当他给演员们看剧本《罗贝托·祖科》（一个十几岁的连环杀手谋杀父母并最终自杀的故事）时，大家都一致拒绝出演，"女演员们哭道：'这我们怎么演？我们都是有孩子的！'但几个月之后，排练结束了，我们觉得自己承担着一种使命。"② 瓦里科夫斯基提议演凯恩的《清洗》时，说服了不情愿的女演员们进入这样一个残忍且危险的世界。最后，作品中充满了残酷的变态虐待狂、厌恶、死亡以及残忍的牺牲，每位演员都演得很极致，"精准且不带任何个人情感，冷酷而尖锐，像一把剃刀划过眼睛。"③

瓦里科夫斯基是"厌恶大师"（格热戈日·尼齐奥莱克的原话），也是因为他试图打破文化禁忌，无论是亲密关系、肉体，还是性行为。在世纪之交，他所引发的狂热席卷了波兰戏剧。瓦里科夫斯基的《哈姆雷特》的上演，引发了一场关于赤身裸体的热议。在王子④赤身裸体地站在格特鲁德（Gertruda）的卧室这一场中，一位女性观众从观众席中站起来，要求演员把裤子穿上。《清洗》引发了正派捍卫者更强烈的反应，同性恋恋人的赤身裸体，与一位中

---

① F. Pascaud, "Piekny potwór"（格日什托夫·瓦里科夫斯基访谈），请参考：https://www.dwutygodnik.com/artykul/347-piekny-potwor.html（2019 年 7 月 31 日访问）。

② R. Pawłowski, Burza we mnie（格日什托夫·瓦里科夫斯基访谈）. *Gazeta Wyborcza*, 55 (2003), in: "Duzy Format" supplement, no 10。

③ P. Gruszczyński, *Ojcobójcy. Młodsi zdolniejsi w teatrze polskim* (Warsaw: Wydawn W.A.B., 2003), p.143.

④ 由杰克·波尼贾维克（Jacek Poniedziałek）扮演。

年肥胖女演员①"极其令人生厌的裸体"相冲突，后者以极富天赋和华丽的方式扮演一个偷窥秀的舞者。这种道德和艺术的丑行如此有力地占据了那些评论家的思想，以至于无人问及这样公然挑衅的目的所在。人们拒绝承认瓦里科夫斯基大胆进入禁区是为了展示社会规范的压迫性和反对者的无助。另一方面，一旦克服了波兰观众的胆怯，他们对类似的挑衅就不那么愤怒了。在导演《清洗》五年后，瓦里科夫斯基又导演了《天使在美国》。这部戏的评论员说："这部戏中没有任何丑行了"，"没有人对裸体的乔·皮特（Joe Pitt）或是两个男人拥抱而感到震惊。"②

尽管有这样或那样的评论，道德挑衅、残酷主题、对社会的极端批判仍主宰着瓦里科夫斯基的戏剧。马乌戈热塔·什切斯尼亚克和费利斯·罗丝精心设计的布景炫耀之美表明了这一点。残酷和堕落以精致魅力的幌子出现。充满邪恶的空间有着如画般的结构、色彩和灯光所带来的迷人的诱惑。在《罗贝托·祖科》《麦克白》或是《清洗》中，残酷和厌恶被雅致的舞台布景所环绕，恐惧感和崇高感碰撞。每一部作品都是一系列的精美布景，看似与所呈现的怨恨与畏惧相矛盾。"你不能用肮脏和忧愁去表达肮脏和忧愁……为了让污垢显得真实，首先就是将其净化并提升到艺术的最高层次。"③彼得·格鲁什琴斯基这样解释。他在瓦里科夫斯基的艺术策略中看到了一种注射到观众中的"美丽麻醉剂"，使观众能够接受它想要表达的真正意义。既然瓦里科夫斯基戏剧中充斥着整洁干净的舞台画面，那么他的休克疗法更加残酷，这是一种非常棘手的操作。但是，如果有人相信戏剧的力量，也许他就会相信美可以拯救世界。

---

① 由斯坦尼斯瓦瓦·切林斯卡（Stanisława Celińska）扮演。
② Ł. Drewniak, "Wciaż ten sam pokój," *Dziennik* 46 (2008).
③ P. Gruszczyński, "Światynia/rzeznia," *Notatnik Teatralny* 28/29 (2003), p.110.

图 1 《我们走了》，瓦里科夫斯基导演，华沙新剧团，2018 年。
摄影：玛格达·许克尔（Magda Hueckel）

参考文献

［1］Drewniak, Łukasz, "Wciąż ten sam pokój," *Dziennik* 46 (2008).

［2］Fryz-Wiecek, Agnieszka, "Skondensowany strach" (Interview with Krzysztof Warlikowski), *Didaskalia* 47 (2002).

［3］Gruszczyński, Piotr, "Światynia/rzeznia," *Notatnik Teatralny*, 28-29 (2003a).

［4］——, *Ojcobójcy* (The Patricides) *Młodsi zdolniejsi w teatrze polskim* (Warsaw: Wyd. W.A.B., 2003b).

［5］Jarmułowicz, Małgorzata, *Teatralność zła: antropologiczne wedrówki po współczesnej dramaturgii i teatrze* (Theatricality of evil: anthropological journeys across contemporary theatre and drama to the issue of evil in Warlikowski's theatre) (Gdańsk: Wyd. Uniwersytetu Gdańskiego, 2012).

［6］Łuszczyk, Katarzyna, "Przestrzeń jako miejsce spotkania" (Interview with

Małgorzata Szcześniak). *Notatnik Teatralny* 28/29 (2003).

[7] Mieszkowski, Krzysztof, "Do jutra" (Interview with Krzysztof Warlikowski). *Notatnik Teatralny*, 28-29 (2003).

[8] Niziołek, Grzegorz, *Warlikowski. Extra ecclesiam.* (Cracow: Wyd. Homini, 2008).

[9] ——, *Sobowtór i utopia. Teatr Krystiana Lupy* (Cracow: Universitas, 1996).

[10] ——, *Polski teatr Zagłady.* (Warsaw: Wydawnictwo Krytyki Politycznej, 2013).

[11] Pascaud, Fabienne, "Piekny potwór" (Interview with Krzysztof Warlikowski). dwutygodnik.com, 07 2009, https://www.dwutygodnik.com/artykul/347-piekny-potwor.html (accessed 31 July 2019).

[12] Pawłowski, Roman. "Burza we mnie" (Interview with Krzysztof Warlikowski). Gazeta Wyborcza, 55 in: "Duzy Format" supplement, no 10 (2003).

[13] Śmiechowicz, Olga, *Lupa, Warlikowski, Klata. Polski teatr po upadku komunizmu.* (Warsaw: Wydawnictwo Naukowe PWN, 2018).

[14] Wegrzyniak, Rafał, "Esteta w piekle. Od 'auto da fé' do 'Burzy'." *Notatnik Teatralny*, 28-29 (2003).